腐女子の心理学

彼女たちはなぜBL(男性同性愛)を好むのか?

山岡重行

福村出版

[JCOPY]〈出版者著作権管理機構 委託出版物〉
本書の無断複写は著作権法上での例外を除き禁じられています。複写される場合は、そのつど事前に、出版者著作権管理機構（電話 03-5244-5088、FAX 03-5244-5089、e-mail: info@jcopy.or.jp）の許諾を得てください。

まえがき

・「腐女子研究」のはじまり

「私たち、腐女子なんです。腐女子をテーマに卒業論文を書きたいんです」

2人の女子大学3年生が私のところにそう言ってきたのは、2008年1月くらいのことだった。4月になり、腐女子をテーマに卒業論文を書くために、他のゼミからもう1人の腐女子が私のゼミに移籍してきた。この3人との出会いから、私の腐女子研究が始まった。

私は大学で社会心理学関連の授業を担当している社会心理学者である。本書は、私の大学のゼミで提出されたさまざまな卒業論文のデータを再分析した結果に基づいている。客観的なデータを収集し、そのデータを統計学的に分析し、その分析結果からオタクと腐女子の心理と行動を考察していくものである。

私自身は幼い頃からSFやホラーなどの特撮映画が好きで、10歳くらいからはロックが好きになり、高校生くらいから都内のライブハウスで東京ロッカーズなどのストリートシーンに出入りするようになった。大学生になり、本格的に日本のパンク・ニューウェーブを中心としたインディーズシーンに関わった。それ以来、私はパンク〜ポジティブ・パンク〜ゴスな価値観のまま、サブカルチャーと心理学の両方の世界を行き来しながら生きてきた。

1980年代前半、インディーズシーンに集まる女性の中には雑誌「JUNE」を愛読する耽美派少女たちが多かった。大学生の頃から私のバンド関係の知り合いにはBL好きな女性が複数いたし、私も名画座で彼女たちが好きなヴィスコンティやフェリーニの映画を見るのが好きだった。異端の美意識を持つ者としてBL好きな女性には親近感を持っていたが、私自身はBLものにはまったく興味がなく、腐女子研究をしている現在でもBL作品をほとんど読んでいない。

・心理学の観点から「オタク」と「腐女子」を分析する

　腐女子研究を始めた当初、私がイメージしたBL好きな女性は「JUNE」的な耽美派少女だったが、現代の腐女子はまったく異なっていた。卒業論文のために話を始めても、しばらくは話がまったく通じなかった。なかなか現代の腐女子像がイメージできず、腐女子研究の初年度（2008年度）は、手探り状態で「オタク度尺度」と「腐女子度尺度」（第1章）を作成するしかなかった。

　その後、私も社会学などの腐女子研究の文献を読んだり、ゼミ生とディスカッションしたりする中で、自分なりの腐女子像と研究のスタンスが定まってきた。腐女子は自分自身のBL嗜好の理由がわかっていないので、腐女子の発言に依拠しているだけでは、振り回されるだけで建設的な研究はできないのである。腐女子たちの言葉をヒントに、腐女子ではない研究者側が仮説を立ててその妥当性を検証することが、少なくとも私にとっては最も建設的な研究姿勢であり、非腐女子に対しても説得力を持つ研究ができるという結論に達した。

・本書の目的

　本書は社会心理学とパーソナリティ心理学の観点から、オタクと腐女子を研究した結果をまとめたものである。オタクとはどのような人物なのか、腐女子とはどのような人物なのか、その一端を明らかにすることを目的とする。

　現代の日本には、莫大な市場を支えるかなりのオタク人口と腐女子人口が存在する。日本を代表するコンテンツの1つとして海外からも注目されているオタク文化を支えるオタクや腐女子の心理を検討することは、青年期を中心とした日本人の心性の一端を明らかにすることであり、心理学的に意義があるといえるだろう。また、本研究は日本人大学生を対象とした調査データに基づくものであるが、将来、日本のオタク文化に魅力を感じる諸外国の人々を対象とした異文化比較研究を行う場合の基礎研究になることも期待できる。

　本書はオタクや腐女子に関する研究書である。しかし本書はマンガやアニメの作品論でも、作家論でもない。オタクや腐女子の体験に基づいた、主観的オタク文化や腐女子文化に関する評論やエッセーでもない。

本書は、心理学の方法論を用いてオタクと腐女子の心理を明らかにしようとするものである。それは、オタクや腐女子という「特殊な人々」の心理を明らかにするものではない。オタクが多数派を占める、現代の青年心理を明らかにするものなのである。

目次

まえがき　iii

序章　問題「オタクと腐女子」　1

第1節　腐女子とBL　1
腐女子の定義

第2節　オタクの歴史　3
SFからアニメへ／「オタク」の誕生／「オタクは異常者である」というイメージ／拡大するオタク文化／「萌え」が大量のオタクを生んだ

第3節　腐女子の歴史　11
少女マンガとグラムロック／「JUNE」——少女のための少年愛／耽美派少女はサブカルチャーを漂う／パンク・ニューウェーブからヴィジュアル系ロックへ／耽美派からアニメファンへの勢力移行／「腐女子」の広がりとその志向

第4節　オタクと腐女子の関係　17
オタク・ノーマライゼーション／オタクと非オタク、腐女子と非腐女子の差異

第5節　腐女子とBL志向に関する先行研究　19
腐女子はなぜBLに惹かれるのか

第1章　オタクや腐女子はどのような人物なのか？　23

研究1「オタクと腐女子の基本的行動傾向」　23
a. 調査方法　オタク度尺度の作成／腐女子度尺度の作成／従属変数の作成
b. 調査対象と手続　調査対象者／調査手続
c. 調査結果　独立変数の設定／従属変数の算出／従属変数の分析
d. 考察　腐女子はオタクでもある／腐女子はオタクよりオタク度が高い／腐女子はオタクよりも排他的人間関係の傾向が強い／腐女子は同人誌への関心が高い／腐女子は現実でも同性愛への許容度が高い／腐女子は「自分

は変態だ」と考えている

　　研究1のまとめ　　35

第2章　オタクや腐女子はコミュニケーション能力が低いのか？　　37

　　研究2「オタクと腐女子のコミュニケーション能力」　　38
　　　シャイネス、特性シャイネス、シャイネス傾向／私的自己意識と公的自己意識／社会的スキル(記号化・解読・統制)
　　　a. 調査方法　使用した尺度
　　　b. 調査対象と手続　調査対象者／調査手続
　　　c. 調査結果　従属変数の設定／友人関係尺度の分析／特性シャイネス尺度の分析／公的自己意識尺度の分析／社会的スキルの分析
　　　d. 考察　オタクは友人関係に気を遣う／趣味への没入と社会的スキルの関係／オタク趣味への没入は社会的スキルを二極化させる／腐女子の排他的人間関係

　　研究2のまとめ　　51

第3章　オタクや腐女子の外見は「残念」なのか？　　53

　　研究3-1「オタクのファッションイメージと外見の不満」　　54
　　　a. 調査方法　ファッションイメージの測定／外見の不満の測定
　　　b. 調査対象と手続　調査対象者／調査手続
　　　c. 調査結果　「異質なファッション」の分析／外見の不満の分析
　　　d. 考察

　　研究3-2「オタクの体型とダイエット意識」　　61
　　　a. 調査方法　体型不満足度の作成／理想体重とダイエット目標体重／ダイエット動機
　　　b. 調査対象と手続　調査対象者／調査手続
　　　c. 調査結果　ダイエット欲求の分析／自尊感情尺度の分析／体型不満足度の分析／理想体重とダイエット目標体重の分析／ダイエット動機の分析
　　　d. 考察　体型と性格にまつわるステレオタイプ／下方比較と自己評価

　　研究3-3「オタクのオシャレ意識」　　70
　　　a. 調査方法　オシャレに関する質問項目／好印象を与える自己呈示／私的

　　　　空間と公的空間での行動の違い
　　　　b. 調査対象と手続　調査対象者／調査手続
　　　　c. 調査結果　オシャレ度の分析／好印象自己呈示の分析／私的空間と公的空間での行動の違いの分析
　　　　d. 考察　「オタクは外見の魅力に欠ける」は当てはまらない／オタクよりオタクな腐女子は残念な外見となる／食欲と美に関する欲求／オシャレに対する接近－回避の葛藤／オシャレ意識による若者のタイプ分け／擬態する腐女子、しない腐女子／オシャレに対する学習性無力感／私的空間における腐女子の振る舞い

　　研究3のまとめ　　84

第4章　オタクと腐女子のイメージを比較する　86

　　研究4-1「腐女子イメージの比較」　87
　　　　a. 調査方法
　　　　b. 調査対象と手続　調査対象者／調査手続
　　　　c. 調査結果　イメージ得点の算出
　　研究4-2「腐女子イメージとオタクイメージの比較」　90
　　　　オタク趣味と社会的な価値／ユニークネス欲求
　　　　a. 調査方法
　　　　b. 調査対象と手続　調査対象者／調査手続
　　　　c. 調査結果　違和感イメージの比較／アブノーマル感イメージの比較／腐女子やオタクを否定する者／ユニークネス尺度得点の分析
　　　　d. 考察　腐女子に対するアブノーマルイメージ／腐女子を卑下する論理／「安全な」ポルノグラフィとしてのBL／ユニークネス欲求に見る腐女子とオタクの差異／少数派としての自己意識

　　研究4のまとめ　　105

第5章　オタクと腐女子の恋愛意識　106

　　研究5-1「オタクと腐女子の交際経験率」　109
　　　　a. 調査方法　恋人との交際経験に関する質問
　　　　b. 調査対象と手続　調査対象者／調査手続
　　　　c. 調査結果　現在交際中かどうかによる比較／交際経験の有無による比較

／現在交際率が低かった理由
　　　d. 考察　「オタクや腐女子はモテない」と断定できるか

　研究5-2「オタクと腐女子の異性不安」　115
　　　a. 調査方法　異性不安尺度
　　　b. 調査対象と手続　調査対象者／調査手続
　　　c. 調査結果
　　　d. 考察　腐女子は現実の異性とは距離を置く／萌え系オタクだからこそ恋をしたい

　研究5-3「オタクと腐女子の恋愛観」　120
　　　a. 調査方法　恋愛意識に関する質問
　　　b. 調査対象と手続　調査対象者／調査手続
　　　c. 調査結果
　　　d. 考察　認知的不協和の低減策としての「恋人はほしくない」／恋愛脅迫観念に基づく異性親和欲求の差

　研究5のまとめ　130

第6章　オタクと腐女子の大学生活　132

　研究6「オタクと腐女子の大学生活満足度」　133
　　　a. 調査方法　大学生活満足度尺度の作成
　　　b. 調査対象と手続　調査対象者／調査手続
　　　c. 調査結果　因子分析／従属変数の分析
　　　d. 考察　社会的ステレオタイプに基づく偏見／「明らかに異質な少数派」故に下方比較の対象となる腐女子

　研究6のまとめ　141

第7章　オタクの／腐女子の自己表象　142
　　　ロマンティック・アタッチメント／アタッチメントの4類型／否定的恋愛行動とアタッチメントパターン

　研究7「オタクと腐女子のアタッチメント」　146
　　　a. 調査方法　使用した尺度
　　　b. 調査対象と手続　調査対象者／調査手続

c. 調査結果
　　　d. 考察　オタクの／腐女子のアタッチメントパターン／腐女子に特徴的な二律背反

　　研究7のまとめ　　159

第8章　腐女子はBLに何を求めるのか？　　162

「B」：男性同性愛なのか？／「L」：愛なのか？／フィクションにおけるリアリティ：ファンタジーとしてのBL

　　研究8「オタクと腐女子の純愛物語志向性」　　167
　　　a. 調査方法　純愛物語希求尺度の作成
　　　b. 調査対象と手続　調査対象者／調査手続
　　　c. 調査結果　従属変数の算出／従属変数の分析
　　　d. 考察　腐女子はエキセントリックな物語に惹かれ、オタクはナイーブな恋愛に憧れる／異性愛者同士のBLは純愛構造を生み出しやすい

　　研究8のまとめ　　174

第9章　腐女子は猟奇的で異常な描写を好むのか？　　176

　　研究9「腐女子の猟奇愛物語志向性」　　177
　　　a. 調査方法　猟奇愛物語志向性尺度の作成
　　　b. 調査対象と手続　調査対象者／調査手続
　　　c. 調査結果
　　　d. 考察　腐女子は加虐性を純愛の発露として理解する／なぜ猟奇愛志向が強くなるのか

　　研究9のまとめ　　185

第10章　腐女子はなぜ現実をBLとして妄想するか？　　186

　　研究10「腐女子のBL妄想」　　187
　　　a. 調査方法
　　　b. 調査対象と手続　調査対象者／調査手続

c. 調査結果　BL妄想を行う腐女子の特徴
　　　d. 考察　「関係性への萌え」がBL妄想を発動する／BL妄想を楽しむ腐女子は、オタクの超進化形である／現実に対する適応方略としてのBL妄想

　　研究10のまとめ　195

第11章　オタクや腐女子の趣味と幸福感　197

　　研究11-1「オタクと腐女子のQOL」　197
　　　a. 調査方法
　　　b. 調査対象と手続　調査対象者／調査手続
　　　c. 調査結果
　　　d. 考察　オタクや腐女子の幸福感はQOLでは測れない

　　研究11-2「オタクと腐女子の受動的幸福感」　201
　　　a. 調査方法　受動的幸福感尺度の作成
　　　b. 調査対象と手続　調査対象者／調査手続
　　　c. 調査結果
　　　d. 考察　趣味は人生に満足感や幸福感をもたらす／オタクの場合：趣味の共有が幸福感を高める／腐女子の場合：BL趣味を「友人の属性の1つ」と認識してもらう／趣味を個性とし、ユニークネス欲求を満たす

　　研究11のまとめ　212

第12章　総合考察　216

　　第1節　研究結果のまとめ　216

　　第2節　オタクと腐女子の共通点・相違点　221
　　　　変態性とアブノーマルの自己認識／一般人との距離／恋愛物語への欲求／恋愛強迫観念と受動的幸福感

　　第3節　オタクの変態性　223
　　　　何が「正常」かを規定する性規範／成熟した大人の女性からの逸脱

　　第4節　腐女子の変態性と「愛」の概念　227
　　　　同性愛を許容する世界的潮流／BLは男性同性愛者差別か？／BLの二重の安全装置／「権力構造のズラし」／それは猟奇でも暴力でもなく、愛の行為

第13章　腐女子とオタクの未来に向けて　235

第1節　少女マンガの呪い　235
アイデンティティ確立の不平等／「安定型腐女子」の自己承認と「不安定型腐女子」の苦悩／腐女子と夢女子／世界から身体を切り離した妄想世界の神／世界の外側でキャラクターを弄ぶ

第2節　少女マンガの呪いを解く方法　240
「萌え」によるオタクの民主化／「BL妄想力」を超えて／オタクの中のオタクとしてオタクと接する／趣味の不一致をバランス理論で解消する

おわりに　半径5メートルから現実世界を変える革命　244
夢中になれるものを持っている幸せ／趣味が現実を豊かにする

Intermission　社会科学としての腐女子研究　22

　　　　　　　社会的マイノリティとしての腐女子の心理学的研究　160

　　　　　　　趣味と幸福感　213

　　　　　　　「自分たちだけが正しい」と主張する人たち　233

あとがき　249

引用文献　252

謝辞　256

序章
問題「オタクと腐女子」

第1節
腐女子とBL

・腐女子の定義

　書店で流通するプロの作家によるマンガではなく、マンガ・サークルなどアマチュアが制作したマンガ同人誌の即売イベントの最大のものにコミックマーケット（コミケ）がある。1975年、第1回のコミックマーケットは約700名の参加者で開催された。その後、夏・冬の年2回開催されるようになり、2014年12月に開催された第87回のコミックマーケットでは、主催者発表によると3日間でのべ56万人が参加する巨大なイベントになっている。

　同人誌の中に、「二次創作」と呼ばれるジャンルがある。二次創作は、他のマンガ、アニメ、ゲーム、小説などの世界観やキャラクターを使って同人作家が独自のストーリーマンガを描き同人誌としたものである。マンガ同人誌の中で、原典では恋愛関係にない男性キャラクター同士を同性愛関係にした作品群がかなりのウェイトを占め、「ほとんど同人誌の主流になって久しい」（藤本, 1998）という。

　男女の恋愛ではなく、主に美少年同士での恋愛を扱ったマンガや小説の名称として、「少年愛」、「やおい」、「耽美」、「ジュネ」、「ボーイズラブ」などが存在するが、本研究では「ボーイズラブ」（以下「BL」）とする。

　BL作品を好む女性は「腐女子」と呼ばれる。金田一「乙」彦（2009a）の『オタク語事典』では、腐女子とは「男性キャラクターや現実の男性同士の恋愛を妄想して楽しむ女性のこと」であり、「広義では、その趣味を持たない男性オタクに近い趣向の女性オタクのことも含む」と定義されている。本書では、「腐女子とはBL作品やBL妄想を好む人物」と定義する。BL妄想と

は、原典では友人関係、主従関係、敵対関係にある二人の男性キャラクターを恋愛関係に置き換えて台詞や行動を想像して楽しむことである。ちなみに「BL作品を好む男性」の呼称として「腐男子（ふだんし）」や「腐兄（ふけい）」もあるが、本書では「腐女子」で統一する。

　この「腐女子」という名称は、非腐女子からの蔑称ではない。一説によると、ある女性マンガ家が自らを「男性同性愛に偏愛を示す、腐った女子だから腐女子」と述べたものが語源だとされている（堀, 2009）。同性愛的な要素を含まない作品の男性キャラクターを同性愛的視点で捉えてしまう、自らの思考や発想を「腐っている」と自嘲したというのである。

　BL系同人誌は、当初はアニメやマンガ、ゲームなどのパロディの形式で二次創作を行い、アニメのパロディを意味する「アニパロ」などと呼ばれていた。BL作品を愛好する腐女子の主な年齢層は、アニメやマンガ、ゲームの主要な購買層と重なり思春期から青年期が中心となるが、母娘二代にわたる腐女子も存在し、年齢層も拡大しているようである。

　BL作品はアマチュア作家による著作権無視の同人誌や二次創作だけではなく、多くの商業誌も出版されている。マンガ売り場に「ボーイズラブ」、あるいは「耽美」などの名称で専門のコーナーを設置している一般書店も存在する。少年マンガ誌や少女マンガ誌などと同様に、二次創作ではないBL作品のコミック雑誌も月に12から13誌程度発刊され、公称部数は10万から15万部のものが多い（堀, 2009）という。

　マンガ雑誌だけではなく、BL小説誌も複数出版されている。書籍だけでなく、BLドラマを声優が演じるドラマCD、BLゲームなどの商品展開もされている。これらのことからも、かなりのBL作品愛好者、すなわち腐女子が存在していることがうかがわれる。

　本書ではまず、オタクと腐女子の基本的行動傾向を解明していく（第1章）。次に、「コミュニケーション能力の低さ」と「外見の魅力の低さ」という、オタクの否定的ステレオタイプの真偽について検討していく（第2章・第3章）。そして腐女子の心理について検討し（第4章～第11章）、そこから現代の日本の青年心理について考察していきたい（第12章）。

研究結果を紹介する前に、まず、オタクの歴史と腐女子の歴史を概観してみたい。

第2節
オタクの歴史

・SFからアニメへ

先述の『オタク語事典』（金田一, 2009a）によれば、オタクとは「特定の趣味に対して多くの時間やお金をかける人のこと」と定義されている。この「趣味」もスポーツなどの広く知られた一般的な趣味ではなく、マンガ、アニメ、ゲームなどであり、オタクとはそれらの趣味に愛着を示す若い世代を指すことが多いとされている。

榎本（2009）は、現代のオタクの直接の母体となったのは、1950年代中盤から末に現れたSFファンダムだと主張している。1950年代当時、SFは「空想科学小説」と呼ばれ、子供向けのものと認識されていた。1959年12月、当時のSFファンの活動に後押しされる形で、早川書房より「S-Fマガジン」が創刊された。

アメリカでは1939年より「世界SF大会」が開催されている。ここではSFファンがプロの作家や映画制作者などとSF作品について語り合い、参加者の投票による前年の最優秀作品の選出などが行われる。参加者が自分の好きな作品のキャラクターのコスプレをし、思い思いに楽しむSFファンの祭典である。日本でも1962年5月に第1回日本SF大会が開催され、現在に至るまで毎年開催されている。日本SF大会の活動内容も、パネル・ディスカッション、SF作家等による講座、研究発表、前年度の優秀作品への投票（星雲賞）、上映会、同人誌等の販売会、コスプレ、パーティ、ファン同士の交流と、多岐にわたっている。榎本（2009）はこのようなSFファンの活動の中で、「子供向けとみなされる作品の中にも大人も楽しめる良質のものがあること」、「作品が絶対的なものではなくパロディやサイドストーリーなどの二次創作という楽しみ方があること」といった、現代のオタクにつながる価値観が磨かれて

いったと主張している。

　1977年、アメリカで映画『スター・ウォーズ』が公開された。日本公開は翌78年になるのだが、その間、各種メディアが盛んにアメリカのSF映画の特集を行っていた。1977年には日本映画でも劇場版『宇宙戦艦ヤマト』が大ヒットし、『スター・ウォーズ』特集との相乗効果でSFブームが巻き起こった。

　劇場版『宇宙戦艦ヤマト』は、1974年10月から75年3月にかけて放送されたテレビアニメーションの総集編である。本放送当時は視聴率が低迷していたが、再放送を繰り返す中で熱狂的なファンを生み出し、劇場版を制作する契機となった。公開前日には、入場者に対するセル画プレゼントを目当てにしたファンの行列が劇場前にできた。日本映画で徹夜組が出たのは、この劇場版『宇宙戦艦ヤマト』が初めてだと言われている。当初は東京地区の4館のみの公開予定だったが、ファンの声に後押しされて全国公開となり、最終的に観客動員数230万人、興行収入21億円、配給収入9億3千万円の興行成績（劇場版「宇宙戦艦ヤマト」DVD封入解説書より）を記録している。この『宇宙戦艦ヤマト』の予想外の大ヒットにより、従来子供向けの「まんが映画」と呼ばれていたものが、思春期・青年期の若者向けの「アニメ映画」と呼ばれるようになった。

　また、この時期にはアニメ雑誌が次々と創刊された。1978年にようやく日本でも『スター・ウォーズ』が公開され大ヒットしたが、それよりも劇場版『宇宙戦艦ヤマト』の続編である『さらば宇宙戦艦ヤマト 愛の戦士たち』の方が多くの若者たちの心を捉えた。『さらば宇宙戦艦ヤマト』は78年の日本映画第2位の興行収入を上げ、前作以上の大ヒットになった。翌79年には劇場版『銀河鉄道999』が日本映画興行収入第1位となり（『キネマ旬報ベスト・テン全史：1946-2002』キネマ旬報社、2003年）、日本ではSF映画ブームがそのままSFアニメブーム、特に松本零士原作のアニメブームへとつながっていった感がある。70年代後半のヤマト・松本零士ブームが、80年代前半の『機動戦士ガンダム』をはじめとする劇場版アニメブームに受け継がれていったのである。

・「オタク」の誕生

　1981年、大阪で開催された日本SF大会「DAICON 3」のオープニングアニメーション作成に関わった関西のSFファンの学生たちは、その後「DAICON FILM」としてアニメや特撮の自主映画を制作していた。その中心人物だった岡田斗司夫らは、翌82年にSFグッズショップ「ゼネラルプロダクツ」を設立した。ゼネラルプロダクツは、庵野秀明ら学生主体のDAICON FILMに出資するなど、密接な関係を持っていた。この2つはそのままアニメ・ゲームの制作会社「ガイナックス」の母体となり、90年代には『ふしぎの海のナディア』や『新世紀エヴァンゲリオン』を生み出すことになる。

　SF同人活動から制作者サイドへと移行したのは、「スタジオぬえ」の方が先である。スタジオぬえは、70年代前半からSF小説の表紙や挿絵のイラスト、SFアニメのメカニックデザインや文芸設定などを担当していた。『宇宙戦艦ヤマト』をきっかけにして、このスタジオぬえに当時慶應義塾高校生だった河森正治、細野不二彦、美樹本晴彦らが出入りするようになった。

　彼らが慶應義塾大学生となった1982年には、スタジオぬえ原作という形でテレビアニメ『超時空要塞マクロス』が放送された。この慶應グループがSFファンやアニメファンのイベントなどで互いを「お宅」と呼び合っていたこと、さらにこの作品内で登場人物が「お宅」と呼び合ったことから、SFファンやアニメファンがお互いを「オタク」と呼び合うようになった（岡田, 1996）と言われている。

　オタクがある特定の人々を指す言葉として初めて使われたのは、雑誌「漫画ブリッコ」（セルフ出版）1983年6月号に掲載された、中森明夫の「『おたく』の研究①　街には『おたく』がいっぱい」（中森, 1983a）という文章においてであるとされている。中森は1982年のコミックマーケットに参加し、その参加者たちを次のように描写している。

　　東京中から一万人以上の少年少女が集まってくるんだけど、その彼らの異様さね。なんて言うんだろうねぇ、ほら、どこのクラスにもいるでしょ、運動が全くダメで、休み時間なんかも教室の中に閉じこもって、日陰でウジウ

ジと将棋なんかに打ち興じてたりする奴らが。モロあれなんだよね。髪型は七三の長髪でボサボサか、キョーフの刈り上げ坊ちゃん刈り。イトーヨーカドーや西友でママに買ってもらった980円1980円均一のシャツやスラックスを小粋に着こなし、数年前にはやったRのマークのリーガルの偽物スニーカーはいて、ショルダーバッグをパンパンに膨らませてヨタヨタやってくるんだよ、これが。それで栄養のいき届いてないようなガリガリか、銀ブチメガネのつるを額に食い込ませて笑う白豚かてな感じで、女なんかはオカッパでたいがいは太ってて、丸太ん棒みたいな太い足を白いハイソックスで包んでたりするんだよね。普段はクラスの片隅でさあ、目立たなく暗い目をして、友達の一人もいない、そんな奴らが、どこからわいてきたんだろーって首をひねるぐらいにゾロゾロゾロゾロ一万人！

（中略）

　考えてみれば、マンガファンとかコミケに限らずいるよね。アニメ映画の公開前日に並んで待つ奴、ブルートレインを御自慢のカメラに収めようと線路で轢き殺されそうになる奴、本棚にビシーッとSFマガジンのバックナンバーと早川の金背銀背のSFシリーズが並んでる奴とか、マイコンショップでたむろってる牛乳ビン底メガネの理系少年、アイドルタレントのサイン会に朝早くから行って場所を確保してる奴、有名進学塾に通ってて勉強取っちゃったら単にイワシ目の愚者になっちゃうオドオドした態度のボクちゃん、オーディオにかけちゃちょっとうるさいお兄さんとかね。それでこういった人たちを、まぁ普通、マニアだとか熱狂的なファンだとか、ぜーぜーがネクラ族だとかなんとか呼んでるわけだけど、どうもしっくりこない。なにかこういった人々を、あるいはこういった現象を統合する適確な呼び名がいまだ確立してないのではないかなんて思うのだけれど、それでまぁチョイわけあって我々は彼らを『おたく』と命名し、以後そう呼び伝えることにしたのだ。

（「漫画ブリッコ」1983年6月号）

　このように、最初期のオタクに関する記述は否定的なものであった。
　この中森の文章は、極めてマイナーなエロ漫画雑誌に掲載されたものであ

る。さらに、編集の大塚英志によりわずか3回で一方的に連載打ち切りにされている（中森, 1989）。中森（1989）は、「漫画ブリッコ」1986年9月号に掲載された大塚の文章を再録している。

　　新しい読者には「おたく」という単語の意味が不明だと思うので説明しますが、これは以前『ブリッコ』誌上で、東京おとなクラブの中森明夫氏がいわゆるロリコンファンやアニメファンを指す蔑称として作り出した造語です。これほどあからさまに差別することを目的として作られた〈差別用語〉も珍しいと思います。

　　　　　　　　　　　　　　　　　　　　　　　（「漫画ブリッコ」1983年9月号）

　中森（1989）は、オタク的雑誌で読者を罵倒し挑発することに意味があると思った、と主張している。「『おたく』の研究」の連載が継続されれば彼が意図したものになったのかもしれないが、その機会も奪われ、否定的イメージを纏ったオタクという言葉だけがサブカルチャー系のメディアの中で一人歩きを始めたのである。

・「オタクは異常者である」というイメージ
　1980年代半ばにはビデオデッキが普及し、レンタルビデオショップも各地に開店した。レンタル用の映像作品の需要が過熱し、それまで日本の映画館では公開されなかったようなSF映画やホラー映画がビデオショップの店頭を賑わしていた。ビデオデッキを購入した一般の人々が、レンタルビデオショップに立ち寄るようになったのである。そこは一般の人々が今まで見たこともないSF映画やホラー映画と遭遇する場所であり、それらのコーナーを物色するオタクと遭遇する場所でもあった。
　そんな中で1989年、宮﨑勤による連続幼女誘拐殺人事件が起きた。犯人の宮﨑の部屋が大量のビデオテープに埋め尽くされている映像が繰り返し報道された。この事件をきっかけにして、オタクという言葉が大手のマスコミで使われるようになっていく。

宮崎はこの6畳間にこもりっきりのことが多かった。ほとんど人と話すことはない。面と向かって人の名前を呼べず、「お宅」と呼びかける、「通称オタク族」だったようである。たとえば「お宅どんなビデオ持ってる」と使う。アニメやビデオの熱狂的なファンに多い種族だ。

（「週刊朝日」1989年8月25日号）

　アニメやパソコン、ビデオなどに没頭し、同好の仲間でも距離をとり、相手を名前で呼ばずに「おたく」と呼ぶ少年のこと。人間本来のコミュニケーションが苦手で、自分の世界に閉じこもりやすいと指摘されている。

（「週刊読売」1989年9月10日号）

　連続幼女誘拐殺人という事件の性質から、犯人の部屋にある大量のビデオテープにはロリコンアニメやホラー映画が録画されているという連想が働く。実際には、それらのジャンルのものが録画されたビデオテープは全体の1%もなかったことが後の裁判で明らかにされている（大塚, 2004）。しかし報道の結果として、連続幼女誘拐殺人事件の犯人はオタクであり、オタクは異常者であるというイメージがマスコミにより作り上げられていった。最初期より「外見にまったく魅力がなく、コミュニケーション能力にも難がある社会的に価値の低い存在」という否定的イメージで語られたオタクであったが、連続幼女誘拐殺人事件をきっかけに、決定的に「気持ち悪い危ない奴ら」にされてしまったのである。

・拡大するオタク文化
　では、その後オタク文化は衰退していったのだろうか。実際には衰退どころか、拡大していったのである。
　1983年、ファミリーコンピュータ（任天堂）の発売により、ゲームオタクが誕生した。有料のアーケードゲームしかなかった時代には不可能だった、RPGなどのゲーム世界で長時間遊ぶことが、自宅のテレビで可能になったの

である。90年代にはパソコンや家庭用ゲーム機が進化し、CD-ROMによってゲーム世界はグラフィックの向上と声優によるキャラクターの音声を獲得した。動画と音声により、アニメとゲームの境界線が薄れていったのである。

さらに、1995年のWindows 95の発売によりパソコンが一般家庭にも普及し、それに伴ってインターネットも普及していった。90年代後半から現在に至るまで、パソコンだけでなく携帯電話、スマートフォン、タブレット端末と、インターネットを利用できる機器が人々の暮らしに入り込み、多くの人がさまざまな形でインターネットを利用するようになった。

野村総合研究所（2005）や榎本（2009）は、インターネットの普及がオタクを顕在化させたことを指摘している。インターネットは地理的条件や人的ネットワークによるオタク活動の制約を無効化した。オタクたちは同じ趣味の仲間をたやすく見つけることができるようになり、匿名のハンドルネームでコミュニケーションができるようになった。

また、従来は同人誌により限られた人数の人々にしか発表できなかった自分の作品を、ネット上にアップすることで、不特定多数の人々に手軽に発信することができるようになった。自分の好きなアニメ作品の名前で検索すると、公式サイトから個人サイト、掲示板の書き込みまで玉石混淆の膨大な関連情報がヒットする。かくして、インターネットの普及により、同人誌即売会などに興味がなかった人でもオタクの作品に簡単に接触できるようになったのである。

マンガ誌においては『ドラゴンボール』、『北斗の拳』、『キャプテン翼』、『聖闘士星矢』、『SLAM DUNK』、『るろうに剣心』などのヒット作を連載していた「週刊少年ジャンプ」が80年代から90年代前半にかけて発行部数を大幅に伸ばし、1994年12月には653万部の歴代最高部数を達成している。またこれらのヒット作品はテレビアニメ化され、アニメ版もヒット作品となった。

また、ジャンプ系以外で特筆すべきは、1992年前半から雑誌連載・テレビアニメ化された『美少女戦士セーラームーン』だろう。これは「スーパー戦隊シリーズ」（1975年〜）と東映の不思議コメディシリーズの一作である『美少女仮面ポワトリン』（1990年）に影響されたと作者の武内直子は語ってい

る。セーラームーンはキャラクターごとに色分けされた美少女戦士戦隊であり、それまでの魔法少女ものとは異なる「戦闘美少女」というジャンルを生み出すこととなった。セーラームーンはメインターゲットである少女層だけでなく成人女性や男性層にも人気を博し、97年まで連続して5作のテレビアニメシリーズが制作されている。そして1995年にはガイナックスによるテレビアニメ『新世紀エヴァンゲリオン』が放送され、70年代末の『宇宙戦艦ヤマト』、80年代前半の『機動戦士ガンダム』に続く社会現象となった。

このように、オタク系文化の中心は、SF、マンガ、アニメ、ゲーム、インターネットと変遷していった。

・「萌え」が大量のオタクを生んだ

2000年代以降、「萌え」と呼ばれる性的な趣向がオタクの特徴とされ、「オタク」イコール「萌え」という認識まで生むようになった（菊池, 2008）。野村総合研究所（2005）によると、「萌え」とはマンガ・アニメ・ゲームなどの登場人物、あるいは衣装などへの抽象的愛情表現であり、プラトニックな恋愛感情に近いものとされている。金田一（2009b）の『オタク語事典2』によれば、「萌え」とは「キャラクターをかわいい、愛しいと感じる気持ち」であり、「多少の恋愛的要素が含まれる場合が多く、そのような感情を催させるキャラクターを萌えキャラと呼ぶ」と説明されている。しかし続けて、「萌えの定義は非常に曖昧かつ複雑であり、近年では単なる『好き』と区別が難しくなっている」という解説もつけられている。榎本（2009）は何をもって「萌え」とするかはオタク各人によって違い、それらを包括する幅広い言葉として「萌え」がポピュラーになったから、共通言語として使うだけであるとしている。ガイナックスを退社させられオタク評論家となった岡田斗司夫（1996）は、オタクは次の3要素を持つ特別な存在と主張している。

①制作スタッフの違いを見抜くほど映像に対する感受性を極端に進化させた「目」を持つ人間。
②作品相互の影響を語るだけでなくジャンルをクロスオーバーできる高度な

リファレンス能力を持つ人間。

③既存のファッションや流行に踊らされない自覚があり、高い情報分析能力で消費社会をリードするマーケットリーダー。

(岡田斗司夫『オタク学入門』より抜粋)

 特に②のために、オタクになるには天文学的な経済的、時間的、知性的投資が必要になると岡田は主張した。つまり岡田は、ただのファンやマニアではなく、莫大な投資の上に成り立つ上記の能力を持った特別な存在、ある種の知的エリートとしてオタクを再定義しようとしたのである。これはオタクの否定的イメージを踏まえた上での再定義であり、オタクの自己肯定であり自己正当化であるとみなすことができるだろう。

 しかし2000年代に入り、「萌え」がオタクを特徴づける主要な要因となったために、オタクであることのハードルが低下し、アニメやキャラクターに萌える大量のオタク層を生み出すこととなった(菊池, 2008)。前述のように、岡田(1996)はオタクのハードルを知的エリートにまで高めようとした。これは極端な自己正当化だと思われるが、少なくても資金と時間と労力を趣味に対して集中的に投資することがオタクのハードルであり、それは決して低いものではなかった。しかしその高かったハードルが、「萌え」により2次元のキャラクターに疑似恋愛感情を抱く能力に変換され、一気に低下し変質化したのである。

第3節
腐女子の歴史

・少女マンガとグラムロック

 では次に、腐女子の歴史を概観してみたい。1961年に発表された森茉莉の小説『恋人たちの森』と翌年の『枯れ葉の寝床』が女性による女性向け少年愛ものの元祖だという指摘(水間, 2005; 溝口, 2015)もあるが、直接的なルーツは1970年代中期以降の少女マンガにあるというのが定説である。萩尾望都

『トーマの心臓』(1974年)、青池保子『イブの息子たち』(1975年)と翌年の『エロイカより愛をこめて』、竹宮恵子『風と木の詩』(1976年)、山岸涼子『日出処の天子』(1980年)などの作品群である。『トーマの心臓』と『風と木の詩』は、どちらもヨーロッパの全寮制の男子校を舞台にしている。男子生徒のみの空間で、少年たちの愛憎劇が展開するのである。当時の日本の少女たちにとっては、まったくうかがい知ることのできない異世界のドラマだと言うことができる。

前述の『イブの息子たち』や『エロイカより愛をこめて』などの作品は、イギリスのロックミュージシャンをモデルとしたキャラクターを主役としている。1975年から開催されたコミックマーケットは、78年までの3年ほどは、出展していた同人誌サークルの多くが耽美派の音楽系サークルで、マーク・ボランやデイヴィッド・ボウイなどのロックミュージシャンの同性愛関係を描いたものだった（松谷, 2012）という。

1976年に創刊された「ロック・マガジン」（ロック・マガジン社）という音楽雑誌がある。この「ロック・マガジン」の初期はほとんど同人誌であり、評論、詩とイラスト、それにマンガが掲載されていた。このマンガもすべてロックミュージシャンをモデルとしたものであり、男性同性愛の描写も存在していた。

1970年代前半から半ばの海外のロックミュージシャンのヴィジュアルは、日本の少女たちにとって（少年たちにとっても）遠い世界の存在だった。特に、マーク・ボランやデイヴィッド・ボウイなどのグラムロック系のミュージシャンは、そのメイクや衣装で異世界のキャラクター性を強調していた。やはり当時の日本の少女たちにとってのロックミュージシャンは、さまざまな夢と幻想を仮託しやすい異世界の存在だったのである。

・「JUNE」──少女のための少年愛

1978年、「今、危険な愛にめざめて」というキャッチコピーと共に、マンガと小説を中心に女性向けの男性同性愛をテーマとした雑誌「COMIC JUN」（サン出版）が創刊される。「BL」という名称が定着する以前は、このジャン

ルを「耽美」と呼んでいたが、この「耽美」という名称を前面に出したのが「COMIC JUN」であった。同誌は3号より「JUNE」（ジュネ）と改名し、1982年には姉妹誌「小説JUNE」も創刊されている。

　石田（2008）は「JUNE」が少女のための少年愛作品初の商業誌であったこと、執筆陣が豪華であったこと、同誌を発行したサン出版が同性愛・異性愛を問わず多様なポルノグラフィを扱う出版社だったことから、「JUNE」の創刊を事件とし、「JUNE」は前代未聞の媒体だったと評している。マンガと小説以外にもイラストや実写グラビア、コラムや読者投稿と、さまざまな方法論で少年愛の美とエロスが扱われていた。

　石田（2008）は、「JUNE」の創刊を企画した編集者の佐川俊彦の発言から、ポルノ的な部分と文学的な部分で何かできないか考え出したものが少女のための少年愛である「耽美」という概念であり、男性同性愛者向けの雑誌の男性同性愛表象とは一線を画したものとなったとしている。小説家中島梓は栗本薫名義でも多くの小説を発表しているが、「JUNE」誌上では正体を隠し、いくつものペンネームを使用して（フランス人ジュスティーヌ・セリエというものもあった）多くの小説を発表している。また中島梓は「小説道場」を、竹宮恵子（後に惠子）は「ケーコタンのお絵かき教室」というタイトルでマンガ教室を連載し、次世代の創作者を育成していたことも「JUNE」の大きな特徴である。石田（2008）は、「JUNE」がマンガ、小説、ロック、美術、映画、演劇と文化全体を視野に入れた70年代サブカルチャーの総花的雑誌となり、80年代サブカルチャーのゆりかごとなっていったと評している。

・**耽美派少女はサブカルチャーを漂う**

　1980年には、アニメ雑誌「OUT」の増刊として「ALLAN」（みのり書房）が創刊された。「少女のための耽美派マガジン」というコピーで発行された「ALLAN」には「美少年写真館」というコーナーがあり、AUTO-MOD（オートモッド）のGENET（ジュネ）など、インディーズシーンのミュージシャンたちがモデルを務めていた。

　これらの雑誌を読んでいた耽美派少女たちは、ルキノ・ヴィスコンティ監

督などのヨーロッパの芸術的な映画や、インディーズバンドのライブに集っていた。東京近郊の80年代前半の耽美派少女たちは名画座に通い、ヴィスコンティ監督の1969年の作品『地獄に墜ちた勇者ども』の屈折した美青年ヘルムート・バーガーや1971年の作品『ベニスに死す』の美少年ビョルン・アンデルセンに心ときめかせ、ライブハウスではポストパンクからポジティブパンクを志向するAUTO-MODやMadame Edwarda（マダムエドワルダ）など、華美なメイクや衣装で退廃的・文学的・暴力的な歌詞の曲を演奏し演劇的な要素の強いステージを展開するバンドに歓声を上げていたのである。また、寺山修司の演劇実験室・天井桟敷の流れをくむJ・A・シーザーの演劇実験室・万有引力、飴屋法水率いる東京グランギニョルの演劇に目眩を起こしていた。

　80年代前半の耽美派少女たちは、オタクや腐女子といった自意識ではなく、サブカルチャー全般を視野に入れた美的な意識高い系であるという印象が強かった。70年代後半から80年代前半、耽美派少女たちは少女マンガから始まり文学やロック、映画、演劇などに共通するある種の美意識をもって、サブカルチャーの中を漂っていたのである。その美意識とは、同性愛を含む従来「倒錯」、「頽廃」、「背徳」、「異端」、「狂気」などの言葉で否定的に評価されてきたものに「美」を認める意識であろう。これらはマスメディアが提供する表の文化には馴染まない美意識であり、当然マイナーなサブカルチャーの世界に耽美派少女たちを惹きつけていた。

・パンク・ニューウェーブからヴィジュアル系ロックへ

　1973年に晶文社より「ワンダーランド」という誌名で創刊された雑誌は、3号より「宝島」と改名された。70年代の「宝島」はドラッグや精神世界などカウンターカルチャー的な色彩の強いサブカルチャー誌であったが、80年代に入りパンク・ニューウェーブ系のサブカルチャー誌となり、1987年には「キャプテンレコード」というインディーズレーベルを創立した。

　1977年に創刊されたロック雑誌「FOOL'S MATE」（フールズメイト）の初代編集長であった北村昌士は、1984年にインディーズレーベル「TRANS

RECORDS」（トランス・レコード）を創立、自らも積極的にバンド活動を行っていた。現在は劇作家として活躍するケラリーノ・サンドロヴィッチ（ケラ）が1983年に創立したインディーズレーベル「ナゴムレコード」も、多くのバンドのレコードを発表していた。前述のAUTO-MODを中心としたインディーズレーベル「WECHSELBALG」（ヴェクセルバルク）も1984年に創立された。これらのインディーズレーベルがプロデュースするミュージシャンたちが人気を集め、80年代中盤から後半までのインディーズブームが盛り上がっていった。

　メジャーデビューしていたBOØWYのギタリスト布袋寅泰とドラマー高橋まことが1983年の1年間AUTO-MODのメンバーとして活動するなど、メジャーシーンとインディーズシーンの垣根は低く、インディーズシーンからメジャーデビューするミュージシャンも多かった。インディーズブームは拡大し、メジャーシーンと結び付く形で80年代後半のバンドブームにつながっていった。

　1986年、X（後にX JAPAN）のYOSHIKIによりエクスタシーレコードが設立され、80年代末から90年代前半のヴィジュアル系ブームを作り出していく。インディーズバンド好きの耽美派少女たちは、こぞってこのヴィジュアル系ブームへと参入していった。このヴィジュアル系バンドは、80年代前半にAUTO-MODたちが創り出した華美なメイクや衣装で退廃的・文学的・暴力的な歌詞の曲を演奏するというスタイルを踏襲し（実際、初期ヴィジュアル系バンドの多くはAUTO-MODをリスペクトしていた）、拡大解釈していった。

・耽美派からアニメファンへの勢力移行
　1980年代後半になると、アニメやマンガ好きなオタク少女たちが大挙して同人誌の世界へと参入していった。『キャプテン翼』が大ヒットし、続いて『聖闘士星矢』、『サムライトルーパー』などの、テレビアニメの美少年キャラクターたちを同性愛関係にしたパロディ同人誌（アニパロ）が隆盛を極めた。耽美派少女たちのマイナーなサブカルチャーとは遠いところにいたアニメファンの少女たちが、キャラクターに対する過剰な愛情に導かれ同人誌の世界

に入り、アニパロの世界にはまっていったのである。表のマスメディアが提供する大ヒットマンガやアニメのファンが、自分の好きなキャラクターで遊ぶ中で、BL妄想に目覚めていった。

　少女のための耽美派マガジンだった「ALLAN」も、読者投稿欄が人気になり、アニメやドラマのパロディがメインになっていった（石田, 2008）。マイナーなサブカルチャーの世界に生息していた耽美派少女たちは、メジャーなマンガやアニメファンと比較すると圧倒的な少数派であった。また、彼女らは圧倒的な少数派であることにも、異端であることにも価値を見出していた。アニパロを自分たちの美少年趣味とは異質なものとみなす美意識高い系の耽美派少女たちはアニパロを見下していた。しかし圧倒的な数の違いから、BL界の担い手が、美意識を持った耽美派少女から、アニメやマンガ好きなオタク少女たちに交代していったのである。

　80年代末から90年代初頭は、「JUNE」的な美意識はヴィジュアル系少女たちに、少年愛志向はコミケに群がるアニメオタクの少女たちに、大きく分裂したかに見えた。しかし、ヴィジュアル系バンドがメジャーな音楽シーンに進出していくにつれて、コミケでヴィジュアル系バンドのコスプレが見られるようになっていった。松谷（2012）は、90年代半ばには「小説JUNE」がヴィジュアル系バンドMALICE MIZER（マリスミゼル）を積極的に扱い、1997年には誌面にも登場したことを紹介している。中性的、あるいは女性的なメイクと衣装で演奏するヴィジュアル系バンドは、BL妄想の素材となるキャラクターの供給源となったのである。

・「腐女子」の広がりとその志向

　2000年代以降は、『となりの801ちゃん』や『腐女子彼女。』などの、BL作品ではなく腐女子自体をテーマにした作品がテレビドラマ化や映画化され、腐女子という名称もある程度一般に知られるようになってきた。また、「腐女子」という名称が知られるようになったため、BL趣味を持たないアニメ、マンガ、ゲーム好きな女性オタクを腐女子と呼ぶ、あるいは本人が腐女子と自称する風潮も生まれてきた。

腐女子系同人誌で二次創作のネタとして人気になるマンガやアニメは時代によって変化するが、腐女子の活動自体は好きなキャラクターをBL関係にした妄想、同人誌作成と購読、商業誌の購読といったものが中心で、大きな変化はないようである。ただし、美少年同士のカップリング（組み合わせ）から、さまざまな男性キャラクターのカップリングへと多様化し、その関係性も同様に「へたれ攻め×俺様受け」のようにさまざまなバリエーションを生み出していった。

　また、腐女子のBL妄想のネタになるのはマンガやアニメなどの2次元キャラクターだけでなく、特撮ドラマのキャラクター、スポーツ選手、ジャニーズなどの男性アイドル、ヴィジュアル系バンド、お笑い芸人など、その時点で人気のある男性キャラクターがいればなんでもBL妄想のネタにされているようだ。これはBL同人誌が出始めた1970年代後半からの現象のようである。

第4節 オタクと腐女子の関係

・オタク・ノーマライゼーション

　菊池（2008）は、大学生を対象に1998年と2007年に行った「おたく」についてのイメージ調査結果を比較している。「『おたく』と言われて自分自身に思い当たるフシがあるか」という質問に対して、「非常にある」、「多少はある」と回答した者の割合が男性では43％から54％に、女性では38％から48％となっており、特に女性で自分のオタク性を自認する傾向が有意に増えていることを報告している。

　辻・岡部（2014）は1990年と2009年の大学生を対象にした調査結果を比較し、「自分に『オタク』っぽいところがあると思う」という質問に「当てはまる」、「まあ当てはまる」と回答した者が13.4％から59.4％に増えていることを報告し、オタクという存在が一部の少数派ではなく多数派と言える存在になってきたことを示している。2009年の調査結果では、男性は69.8％で、女性の52.2％より有意にオタク性を自認する者が多くなっている。しかし、女

性でも過半数がオタク性を自認しており、オタク文化がすでに男性中心のものではなく若者を中心に広く浸透していることがうかがわれる。辻・岡部は、こうした変化を指して「オタク・ノーマライゼーション」と呼んでいる。

　第2節で述べた通り、最初期からオタクのイメージは極めて否定的なものだった。2004年に『電車男』という、オタク男性と非オタク女性のラブストーリーがネット上の掲示板から発信され、映画やテレビドラマ化された。これを契機にして従来のオタクイメージが好転した、と言われることが多い。しかし、これは『電車男』という虚実不明のラブストーリーの効果というよりも、オタク層の拡大とオタクを否定的に評価する層が減少したことによると考えた方が妥当であろう。

　ただし、菊池（2008）は「『おたく』と言われたとき」の感情として、「やはり不愉快」という回答が2007年の調査でも1998年の調査と同様に男女とも過半数を超えており、オタクのネガティブな蔑称という性格が完全に払拭されたわけではないことを指摘している。

・オタクと非オタク、腐女子と非腐女子の差異

　いずれにしても、オタク文化が一般に浸透した結果、マンガ・アニメ・ゲームなどを好み、関連グッズを購入し、カラオケでアニメやゲーム・特撮ドラマの主題歌・挿入歌・キャラクターソングなどのアニソンを歌うという行動パターンを示すだけでは、もはやオタクとは言えないようになった。同人誌作成、コスプレ、アイドルオタクのオタ芸など、一部領域に特化したオタクしかとらない特徴的な行動もあるが、それらの特徴的な行動パターンを示さないオタクの方が多いのである。一般的に、オタクとオタクではない者の違いは行動パターンの質的違いというよりも、行動の程度の違い、量的な差異である。オタク系の趣味に多くの時間と資金と労力を投資する者がオタクなのである。

　それに対して、腐女子と非腐女子はBL作品を好むかどうかで明確に判別できる。「腐女子」は「BL作品を好む人物」と、概念的にも操作的にも定義できるのである。つまり、腐女子と非腐女子の間には質的な差異が存在する。

オタクと腐女子の関係であるが、アニメやマンガ、ゲームの男性キャラクターを使ったBL同人誌やBL妄想を好むことから、腐女子はオタクという母集団の中の1ジャンルと捉えることができる。なお、BL志向と腐女子自身のセクシュアリティは無関係であり、本研究ではあくまでも趣味の志向性の問題として捉える。

第5節 腐女子とBL志向に関する先行研究

・腐女子はなぜBLに惹かれるのか

　「自分のことは自分が一番よくわかっている」という言葉を耳にすることがある。確かに、自分の体調や感情状態などは、自分が一番よくわかっていることが多いだろう。しかし、自分で自分がわかっていないこともよくある。特に趣味領域のことになると、なぜそのジャンルの作品、音楽、ファッションなどが好きなのか、どこがよいのか問われても明確に言語化して説明できないことも多い。これは、あるジャンルを肯定的に評価する価値観はその個人の生育歴の中で形成されたものであるため、一言では説明できないからである。「だって好きなものは好きだ」、「ずっとこのジャンルが好きだったからしょうがない」、というような表現になることが多くなってしまうのである。

　また、価値観を共有している相手とは少ない言葉でも共感できるが、その価値観を共有しない相手にはいくら言葉を尽くしてそのジャンルの素晴らしさを説明しても理解してもらえない。そのため、その素晴らしさを言語化して説明する努力を放棄することも多くなるだろう。

　つまり、なぜBL作品に惹かれるのか、腐女子自身にも的確に認識・表現できないから、自嘲的に「腐っている」などと言ってしまうのである。なぜ自分は男女の恋愛ものではなくBLにこんなにも魅了されるのか、なぜBL妄想がこんなにも楽しいのか、それは自分の感性が普通ではなく腐っているからだ、と自嘲的に考えることで、腐女子自身とりあえず自分を納得させているのだろう。ではなぜ、腐女子はBLに心惹かれるのだろうか。

BL作品を好む女性たちに関して、これまでにいくつかの論考がなされている。金田（2007）は、商業誌・学術誌に発表された日本の腐女子に関する論文を「なぜ腐女子はBLが好きなのか」という心理学的主題に関する心理学的議論と、「BLは女性にとって社会にとって何なのか」という社会学的主題に関するジェンダー論的議論に大別している。その中で、心理学的議論は腐女子のパーソナリティ論に対する疑問に転化されやすいことを指摘している。

　単行本として出版されているBL論や腐女子論としては、1970年代からの少女マンガに表れた女性たちの意識の変化を探った評論（藤本, 1998; 石田, 2008）や、主に社会学領域での修士論文や博士論文を元にしたもの（堀, 2009; 山田, 2007; 守, 2010）などがある。これらの論考は、いずれも少女マンガやBL作品を好む女性が少女マンガの作品論、あるいはポルノマンガの表現形態の分析を通して女性の意識を論じたものであり、BL作品を好む女性たちに直接アプローチしたものではない。女性向けポルノマンガ雑誌の読者アンケートの文面を使用し議論した守（2010）の論考があるが、これも主観的論考の材料として読者アンケートの文面をピックアップしているという印象が強い。

　腐女子本人にアプローチした社会学領域の例外的な研究として、岡部（2008）の研究が存在する。岡部は12名の腐女子にインタビューを行い、腐女子は非腐女子に対しては腐女子であることを隠し、腐女子仲間では腐女子であることの隠蔽工作をネタとして開示し合うことを報告している。ただし、これも調査対象の人数が少なく、個々のエピソードの主観的な分析である。残念ながら、個々のエピソードで記述できるのは個人の主観でしかない。全体像を記述することはできないのである。

　腐女子とオタクに関する学術研究は、このように社会学領域のものがほとんどであり、心理学領域の研究は非常に少ないのが現状である。菊池（2000）は「あなたは「おたく」をどういう人だと思いますか」という質問に対する自由記述の回答を元に、「おたく」態度尺度を作成している。菊池（2008）は2007年にも調査を行い、「おたく」イメージの変化を検討している。

　菊池（2008）の研究は、自由記述による「おたく」イメージ調査2項目と選択肢で回答する3項目の調査であり、現実のオタクとはどのような人物な

のかに関する調査ではない。菊池（2000）の「おたく態度」尺度は「おたく」ステレオタイプがどの程度調査対象者に当てはまるかの測度であり、現実のオタクの研究には適切とは言えない。「おたく」ステレオタイプの適合度は、本人のオタク度の正確な指標ではないのである。

　また、オタクと腐女子を比較し、共通点や相違点を検討した心理学領域の研究は存在しない。本書執筆時点では、なぜ腐女子はBLが好きなのかという心理学的疑問に関する客観的な量的データに基づいた研究論文も、存在しないのである。

Intermission
社会科学としての腐女子研究

　学会に参加して友人知人に腐女子研究の本を書いているという話をすると、うちの大学でも腐女子やオタクで卒論や修論を書こうとしている学生がいる、という話をよく聞く。そして異口同音に、「まともな先行研究がなくて困っているから、早く出版してくれ」という台詞が出てくるのである。本書は、腐女子やオタクをテーマに大学の卒業論文や大学院の修士論文・博士論文を書こうと考えている人たちを第一の読者として想定して書いたものである。そのため、心理学論文の文体で書いている。

　心理学をはじめとする多くの社会科学では、実験や調査により得られたデータを統計的に分析し、その分析結果を元に議論を行うという研究手法をとっている。平均値の違いやパーセンテージの違いが、誤差の範囲であり差があるとはみなせないのか、誤差の範囲を超えた意味のある差なのかを統計学的に判断するのである。

　本書では読者の理解のしやすさを考えて、基本的には腐女子群、オタク群、一般群の平均値の比較という単純な分析方法を中心に用いた。数字や統計が苦手、という読者もいるかと思うが、結論だけ読んで理解したつもりになるのではなく、なぜこのような結論が導き出されたのか、そのプロセスを含めてきちんと理解してほしい。それがさまざまな主張の真偽を確認し、自分の頭で考えるためにも必要なことである。

　本書を読んで、「自分や自分の友人たちとは違う」という感想を持つ読者もいるだろう。それが個人の主観的体験と、データから明らかになる全体像の違いである。そこから先が、読者諸氏の研究になるのである。本書の研究結果に違和感を持ったなら、読者諸氏が想定する腐女子やオタクと本書の研究結果はどこが違うのか考えてほしい。本書の調査対象や研究方法を吟味してほしい。当然、観察する対象は異なるだろう。調査・観察した時期や地域も異なるだろう。自分が感じる違和感を整理し、その違和感が生じる原因を仮説という形で明確に文章にしてほしい。仮説の妥当性を検証するための方法を考え、データを取ってほしい。そこから、新しい研究が始まるのである。

第1章
オタクや腐女子はどのような人物なのか？

　研究1ではオタクと腐女子を対象に面接調査を行い、オタクと腐女子に特徴的な行動傾向を抽出し、それを元にオタクと腐女子の基本的な行動傾向に関する質問項目を作成する。次に、そのような行動傾向が面接対象以外の多くのオタクや腐女子に当てはまるのかを検討するために、質問紙調査を実施した。オタクとは、腐女子とはどのような人物なのか、オタク度や腐女子度が低い群と比較することで、その一端を明らかにしたい。

研究1
「オタクと腐女子の基本的行動傾向」

a. 調査方法

・オタク度尺度の作成

　オタクの行動傾向を測るため、オタクであり腐女子を自認する5名の女子大生にのべ15時間以上の面接調査を行い、自分自身や友人のオタクたちに特徴的な行動傾向についての回答を得た。その回答を整理し、19項目のオタク度尺度を作成した。回答方法は5件法（1：まったく当てはまらない、2：あまり当てはまらない、3：どちらともいえない、4：ある程度当てはまる、5：とてもよく当てはまる）である。

・腐女子度尺度の作成

　序章で行った「腐女子はBL作品やBL妄想を好む人物」という定義と、上記の面接調査から、3項目の腐女子尺度を作成した。項目は「男女の恋愛小説や漫画よりもボーイズラブの恋愛ものを読む」、「ボーイズラブじゃない漫画や小説でもシチュエーションや台詞によってカップリングに変換してしま

う」、「気がつくと好きなキャラクターでボーイズラブな妄想をしてしまう」で、回答方法はオタク度尺度と同様の5件法である。

また、2010年から2013年の調査では、腐女子度尺度の3項目とは別に「あなたはBL（男性同士の同性愛）作品を好んで見ますか」という質問に、「はい・いいえ」の2件法で回答してもらった。

・従属変数の作成

オタク度尺度と腐女子度尺度作成のための面接調査の中で、オタクと腐女子の行動を特徴づけると思われるいくつかの回答が得られた。自分たちとは異なる趣味、つまりオタクや腐女子ではない他者に対して違和感を強く感じるというのである。

序章で紹介した「週刊読売」の記事でも、オタクは人間本来のコミュニケーションが苦手で、自分の世界に閉じこもりやすい人物とされている。菊池(2000)がオタクのイメージに関する自由記述から作成した「おたく」態度尺度でも、「他人と話すことが苦手である」や、「共通する趣味を持つ友人以外とはあまりつきあわない」という項目が採用されている。

オタクや腐女子の基本的行動を検討するためには、オタクがイメージ通りに閉鎖的で排他的な対人関係を形成する傾向が強いのかを検討する必要がある。そのために、面接調査で得られた回答から、「自分の趣味の仲間以外の人と付き合うと違和感がある」、「初めて会った人と話す時、話題に困ってしまう」、「自分の趣味の仲間以外の人を一般人と呼ぶ」、「友人の中だけで通じる言葉がある」の、排他的人間関係に関する4つの質問項目を作成した。

また、オタクや腐女子にとって、自分の好きなキャラクターを使って物語を創作することが重要な活動だという回答が得られた。自分の頭の中で自由に物語を作ることから始まり、それをマンガや小説という形にして同人誌を作成する者も多いという。また、自分で物語を作るだけでなく、他者が作成した物語の同人誌を購入することも重要だというのである。こうした、物語を作ったり同人誌の作成／購入を好む度合い（以下「同人誌志向性」と呼ぶ）を確認するために、「自分の好きなキャラクターを使って自由に物語を作るの

が好きである」、「同人誌を持っている、または作ったりしている」、「同人誌即売会（イベント）に行ってみたい、または行っている」の3つの質問項目を作成した。

　BL作品を好む腐女子は、作品内だけでなく現実場面でも同性愛に対する許容度が高いという回答も得られた。そこで、現実世界での同性愛許容度（現実同性愛許容度）の測度として「恋愛は異性同士でするのが当たり前である（逆転項目）」、作品世界での同性愛許容度の測度（作品内同性愛許容度）として「漫画や小説などの中の恋愛ならば、性別は関係ないと思う」の2つの質問項目を設定した。

　また、さまざまなキャラクターのBL作品が発表されているものの、腐女子はやはり美少年キャラクターを好むという回答も得られた。美少年キャラクターに対する選好度（美少年キャラ選好度）が腐女子とオタクで異なるのかどうかを確認するために、「美少年キャラが好きである」という質問項目を設定した。

　腐女子が自らを「腐っている」と認識するのは変態性を自覚しているからだ、という回答も面接調査において得られた。そこで、変態性の認識度の測度として、「自分には変態なところがあると思う」という質問項目を設定した。面接調査から得られたこれらの質問項目の回答方法はすべて、オタク度尺度や腐女子度尺度と同様の5件法である。

b. 調査対象と手続

・調査対象者

　首都圏私立大学4校に在籍する18歳から52歳の男女大学生1,912名（女性1,359名、男性552名、未記入1名）。平均年齢19.47歳（$SD=2.393$）。

・調査手続

　オタク度尺度、腐女子度尺度、従属変数の質問項目をまとめた調査用紙を作成し、通常の授業時間の一部を利用して質問紙調査を行った。調査用紙を配付し、回答を記入してもらいその場で回収した。調査は2008年と、2010

〜13年にかけて実施した。

c. 調査結果

・独立変数の設定

　オタク度尺度に関して、欠損値を除いた1,886名のデータを分析に用いた。オタク度尺度19項目の信頼性係数はα=.931であり、内的一貫性は高いと言える。

　主成分分析を行ったところ、2つの成分が抽出された（Table 1-1）。全項目が、第1主成分に.547以上の高い正の負荷を示した。これらの結果から、本研究ではオタク度尺度19項目の合計点を、オタク度尺度得点として使用する。

　腐女子度尺度に関しても、欠損値を除いた1,886名のデータを分析に用いた。腐女子度尺度3項目の信頼性係数はα=.914であり、内的一貫性は高いと言える。主成分分析を行ったところ抽出された成分は1つだけであり、全項目が.911以上の高い正の負荷を示した（Table 1-2）。これらの結果から、本研究ではこの3項目の合計点を腐女子度尺度得点として使用する。

　オタク度尺度と腐女子度尺度の両方に回答した1,886名のデータを分析に使用した。オタク度尺度の平均点（M=56.030, SD=18.369）で調査対象者を2群に分け、高得点者（834名、44.22%）をオタク度高群、低得点者（1,052名、55.78%）をオタク度低群とした。腐女子度尺度の平均点を算出したところM=5.141（SD=3.512）であり、理論上の中点よりもはるかに低かった。

　腐女子度尺度作成時の面接調査で、腐女子に共通する特徴はBL作品を読むことであるが、BL妄想に関しては腐女子の中でも個人差が大きいという回答が得られている。また、腐女子の中には男女の恋愛物語よりBL作品を好む者も、両者を同じように好む者もいるという回答も得られている。

　2010年から2013年の調査で行った、BL作品を好んで見るかどうかという質問（2件法）に「好んで見る」と回答した183名中、176名（96.2%）が「男女の恋愛小説や漫画よりも、ボーイズラブの恋愛ものを読む」の得点が3点以上であった。これらのことを考慮して、この質問に対する回答が3点以上であり、3項目の合計点が8点以上の345名（18.29%）を腐女子度高群、7点以

Table 1-1　オタク度尺度主成分分析結果

	成分1	成分2
マンガ・アニメ・ゲームなどが好きである	.667	-.282
マンガ・アニメ・ゲームのキャラクターが好きである	.731	-.335
コスプレに興味がある、または好きである	.563	-.286
趣味に対してこだわりがある	.629	.139
好きなキャラクターのためならば、いくらでもお金をかけてしまうことを厭わない	.679	-.288
自分の好きなものに対して詳しく調べる	.607	.202
声優について詳しい	.662	-.396
マンガ・アニメなどのキャラクターに情熱をかけている	.785	-.380
萌えという言葉をよく使う	.618	-.265
好きな作品やキャラクターに対する情熱は、なくならないと思う	.792	-.301
マンガ・アニメ・ゲームの話が聞こえてくると自分も参加したくなる	.781	-.311
趣味に熱中していると嫌なことを忘れる	.636	.394
友達同士で好きなものの話をしているのが楽しい	.605	.527
好きなものに囲まれると幸福感がある	.633	.511
自分の趣味の話で盛り上がりたい	.665	.403
同じ趣味の仲間同士でいると安心感がある	.662	.400
自分の趣味の世界に没頭していたい	.738	.094
自分は他の人と価値観やモノの感じ方に違いがあると思う	.547	.156
自分と同じものを持っている人や同じものが好きな人がいると仲間意識を感じる	.644	.318

Table 1-2　腐女子度尺度主成分分析結果

	成分1
男女の恋愛小説や漫画よりもボーイズラブの恋愛ものを読む	.930
ボーイズラブじゃないマンガや小説でも、シチュエーションや台詞によってカップリングに変換してしまう	.911
気がつくと好きなキャラクターでボーイズラブな妄想をしてしまう	.933

下の1,541名（81.71%）を腐女子度低群とした。このオタク度尺度と腐女子度尺度の得点により、調査対象者を4群に分けた（Figure 1-1）。

・オタク度と腐女子度の両方が高い318名（16.86%）——**腐女子群**
・オタク度が高く腐女子度が低い516名（27.36%）——**オタク群**
・オタク度と腐女子度の両方が低い1,025名（54.35%）——**一般群**
・オタク度が低く腐女子度が高い27名（1.43%）——**耽美群**

なお、腐女子群318名中男性は11名であった。
　本研究の調査を行った私立大学4校のうち2つは男女共学校、2つは女子大

	腐女子度高	腐女子度低
オタク度高	腐女子群	オタク群
オタク度低	耽美群	一般群

Figure 1-1　オタク度・腐女子度による4群の分類

学である。オタク群516名のうち、329名（63.8%）が共学校の学生で、共学校のオタク率29.0%（329/1133）は、女子大学のオタク率24.0%（187/779）よりも高かった（χ^2=5.934, df=1, p<.05）。また、腐女子群318名のうちの195名（61.3%）が女子大学生であり、女子大学の腐女子率25.0%（195/584）は、共学校の腐女子率10.9%（123/1010）よりも高かった（χ^2=66.903, df=1, p<.001）。

・従属変数の算出

　排他的人間関係に関する4つの質問項目の信頼性係数はα=.678であり、最低限の内的一貫性はあると判断できる。主成分分析を行ったところ、抽出された成分は1つだけであり、全項目が.629以上の正の負荷を示した。この4項目の平均点を、排他的人間関係得点とした。

　同人誌志向性に関する3つの質問項目の信頼性係数はα=.868であり、内的一貫性が高いと言える。主成分分析を行ったところ、抽出された成分は1つだけであり、全項目が.832以上の高い正の負荷を示した。この3項目の平均点を、同人誌志向性得点とした。

・従属変数の分析

　ここから各従属変数の群ごとの比較を行うが、耽美群の人数が他の3群と比較して極端に少ない。そのため、以下の分析からは耽美群を除外し、腐女子群、オタク群、一般群の3群について比較を行うこととする。Table 1-3に腐女子群、オタク群、一般群それぞれのオタク度尺度得点、腐女子度尺度得点、各従属変数の平均と標準偏差、および1要因分散分析結果を示した。

　オタク度尺度得点と腐女子度得点の1要因分散分析の結果、いずれも有意

な主効果が認められた。Bonferroni法による多重比較（以下の多重比較もすべてBonferroni法）の結果、腐女子群、オタク群、一般群の順にオタク度得点と腐女子度得点が高いことがわかった。

排他的人間関係得点でも同人誌志向性得点でも有意な主効果が認められた。多重比較からは腐女子群、オタク群、一般群の順に、排他的人間関係得点と同人誌志向性得点が高いことがわかった。また、現実同性愛許容度でも作品内同性愛許容度でも有意な主効果が認められた。多重比較から、腐女子群はオタク群や一般群よりも現実場面での同性愛許容度が高く、腐女子群、オタク群、一般群の順に作品中での同性愛許容度が高いと言える。美少年キャラ選好度でも変態性の認識度でも有意な主効果が認められ、多重比較からは腐女子群、オタク群、一般群の順に、作品中での美少年キャラ選好度と変態性の認識度が高いと言える。

Table 1-3　研究1の従属変数の平均と1要因分散分析結果

		度数	平均値	標準偏差	分析結果
オタク度尺度	腐女子群	318	75.085	12.947	$F=1924.019$
	オタク群	516	68.953	9.075	$df=2/1855$
	一般群	1025	42.478	9.482	$p<.001$
腐女子度尺度	腐女子群	318	11.885	2.359	$F=3242.504$
	オタク群	516	4.025	1.387	$df=2/1859$
	一般群	1025	3.354	0.894	$p<.001$
排他的人間関係	腐女子群	318	3.181	0.970	$F=402.235$
	オタク群	516	2.798	0.867	$df=2/1852$
	一般群	1021	1.900	0.722	$p<.001$
同人誌志向性	腐女子群	317	3.758	1.219	$F=1208.675$
	オタク群	516	2.021	1.097	$df=2/1854$
	一般群	1024	1.187	0.386	$p<.001$
現実同性愛許容度	腐女子群	318	3.368	1.230	$F=54.539$
	オタク群	516	2.502	1.366	$df=2/1854$
	一般群	1023	2.472	1.426	$p<.001$
作品内同性愛許容度	腐女子群	318	4.025	1.156	$F=294.213$
	オタク群	516	2.909	1.362	$df=2/1855$
	一般群	1024	2.141	1.195	$p<.001$
美少年キャラ選好度	腐女子群	318	3.500	1.377	$F=467.789$
	オタク群	515	2.322	1.474	$df=2/1855$
	一般群	1025	1.329	0.839	$p<.001$
変態性認識度	腐女子群	318	3.984	1.227	$F=399.434$
	オタク群	516	3.506	1.359	$df=2/1856$
	一般群	1025	2.034	1.250	$p<.001$

d. 考察

・腐女子はオタクでもある

　2010年以降の調査データにおける腐女子度高群は275名であるが、「BL作品を好んで見るか」という質問に、「はい」と回答したのは183名（66.5%）でしかなかった。この質問を肯定しなかった92名を腐女子度高群に加えたのは、以下の理由による。

　この質問は「はい・いいえ」の2件法の回答方式で、他の質問とは回答形式が異なり、質問紙の中で目立ちやすい位置にあった。岡部（2008）は、腐女子は非腐女子に対して腐女子であることを隠蔽するということを報告している。研究1の調査は集団実施であるため、自分の回答を他の学生に知られることを懸念した腐女子が、腐女子度尺度では肯定的な回答をしながらも、BL作品に関する2件法の質問は否定し、腐女子であることを隠蔽したのだと解釈できる。従って本研究では、この質問を肯定しなかった92名も、前述の基準に従い腐女子度高群と判断した。

　また、腐女子度が高いがオタク度は低い耽美群は極めて少数であり、分析から除外せざるを得なかった。つまり、大学生世代でBL作品を好む腐女子は、ほとんどがオタクでもあるのだ。

・腐女子はオタクよりもオタク度が高い

　私のゼミ生と卒業生の腐女子を対象に、BL好きになった契機をメールで質問した。①男性同性愛に興味があった、②好きなキャラクターや作品の情報を集めていたらBLにたどり着いた、③友人に紹介されて引き込まれた、④その他、の4つから回答を選択してもらったところ、23人から回答が寄せられた。②が13名、③が7名、④が3名だった。④のその他であるが、1名はBLアニメが、もう1名は男性同性愛をネタにしたコントを見てドキドキしたのがきっかけだったと回答している。もう1名はBLを知ったのは②であるが、そのときは嫌悪感すら感じたそうである。それが、好みの絵柄の同人誌をBLとは知らずに買ってしまい、それをきっかけにBL好きになったと回答している。

　このように、男性同性愛に対する興味からBL作品を見るようになった、と

回答した者はいなかったのである。正式な調査ではないし、対象者も少数のため一般化はできないが、腐女子にははじめからBL志向があるのではなく、キャラクターに対するオタクとしての熱中が先にあり、そこからBLにはまっていく経過が多いことが示唆される。

　女性オタクの特徴は作品全体の世界よりもキャラクターそのものへの憧れが強いことであり、二次創作やコスプレはキャラクターに対する愛の表現（野村総合研究所, 2005）であるとも言われている。腐女子は特定のキャラクターに萌えると、そのキャラクターに関する情報をさまざまな手段で収集するようになる。オタク群も好きな作品やキャラクターに関して情報収集をするが、腐女子群の方がもっと徹底的であり、同人作家の二次創作にまでたどり着く者が多くなるのだ。腐女子群がオタク群よりもオタク度尺度得点が高いのは、このような「キャラクター萌え」が、腐女子の行動を強く動機づけているためであると解釈できる。序章で触れたように、キャラクターに対する萌えが現代のオタクの特徴とされている。つまり腐女子群は、オタクの中でも特にオタク度が高い存在なのである。

・腐女子はオタクよりも排他的人間関係の傾向が強い

　腐女子群とオタク群は、自分の趣味の仲間以外との付き合いに違和感を感じ、閉鎖的で排他的な人間関係を形成する傾向が、一般群よりも現実に強い。排他的人間関係と類似した項目は、序章で紹介した菊池（2000）の「おたく」態度尺度にも見ることができる。そこから、研究1の結果はオタクに対するステレオタイプと合致するものだと言うことができる。さらにこの傾向は、オタク群よりも腐女子群に顕著である。

　特定の趣味に時間やお金をかけて熱中するということは、その趣味以外の物事に対する関心を相対的に低下させる。また、趣味に関する知識が専門的になると、その話を理解できる人物は、同じ趣味に熱中して自分と同様に専門的な知識を持っている者に限定されてしまう。そのため、自分と同レベルで話ができる同じ趣味の仲間集団が形成され、趣味を共有しない者は参加することができない排他的な人間関係が形成されるのだと考えられる。お互い

に趣味への熱中を評価し合い、趣味と仲間集団へのコミットメントをさらに高めていく反動で、趣味領域以外の人間と付き合う意欲も付き合うための社会的スキルも低下していくのかもしれない。この社会的スキルの問題に関しては、次の研究2で引き続き検討する。

　また、オタクよりも腐女子の方が排他的人間関係傾向が強いのは、その母集団の規模の違いだと考えられる。腐女子はオタクでもあるので、アニメやゲームの話でオタクと盛り上がることができる。しかし、BL趣味に関しては、腐女子同士でないと盛り上がることができない。自分の好きなキャラクターを同性愛関係にして楽しんでいる腐女子に対して、嫌悪感を抱くオタクが存在することは、容易に想像できる。腐女子はオタクの程度が強くなっただけでなく、「BL趣味」という通常のオタクとは質的に異なる特徴を持つ、オタクの中でも特殊な存在である。そのために、オタク群よりも排他的人間関係傾向が強くなると解釈できる。

・腐女子は同人誌への関心が高い

　その腐女子の特殊性の一端が、同人誌志向性に現れている。腐女子度尺度作成時の面接調査で、「特定のキャラクターに萌えると、原典にはないさまざまな姿やドラマを見たいという欲求が強くなる」という回答が、複数の腐女子から得られた。そのような欲求が妄想や二次創作を生み出し、同人誌の作成や購買への動機づけとなるというのである。

　この同人誌志向性も、腐女子群に顕著な特徴である。同人誌志向性得点が3点以上の者は、オタク群の19.6％に対し、腐女子群では79.5％である。確かにオタク群は、一般群よりも同人誌志向性の平均点が有意に高いが、ほとんどの者は同人誌や二次創作に興味を持っていない。それに対して、腐女子群では同人誌志向性を持つ者がほとんどなのである。

　原典では恋愛関係にない男性キャラクター同士のBLは、通常は同人誌でないと見ることができない。このことを考えれば、腐女子群に同人誌志向性得点が高いことも、ある意味当然だと言える。「同人誌を持っている、または作ったりしている」への回答が4点以上だったのは、腐女子群62.8％に対して

オタク群では15.3%、また「同人誌即売会（イベント）に行ってみたい、または行っている」が4点以上だったのは、腐女子群64.5%に対して、オタク群では20.9%だった。さらに、「自分の好きなキャラクターを使って自由に物語を作るのが好きである」が4点以上だったのは、腐女子群では66.4%に対して、オタク群では25.4%だった。好きなキャラクターの物語を考えることは、腐女子群にとっては当然のことだが、オタク群にとっては当然ではないのである。

また、同人誌は腐女子群にとってはなくてはならないが、オタク群にとっては必ずしも必要ではない。制作サイドが作成した、あるいは公認した公式な出版物はむろん本物であるが、アマチュア作家の二次創作はいわば「偽物」である。大多数のオタクは、公式な出版物等は収集するが、偽物にはあまり興味を持たない。それに対し、腐女子は好きなキャラクターに関連していれば、本物も偽物も区別しないで収集するのだと言うこともできるだろう。

・腐女子は現実でも同性愛への許容度が高い

同性愛許容度を見ると、腐女子群は作品内でも現実でも同性愛への許容度が高い。一方オタク群は、作品内では同性愛を許容してもよいが、現実の恋愛は男女でするものだという意識が強いと言える。

近年のテレビのバラエティ番組では、女装をして女性言葉でしゃべる、いわゆるオネエ系の男性同性愛者を登場させることが多い。そのような番組の影響もあり、オネエ系の同性愛者を登場させるマンガやアニメも増えたと思われる。オタク群は、自分の実生活とは無関係なテレビ番組や作品の中で同性愛者が登場することには慣れてきたが、現実場面で同性愛者との接触に慣れている者は少ないために、一般群と同様に現実場面での同性愛許容度が低かったと言える。それに対して、腐女子は作品内だけでなく現実場面でも、仲の良い二人の男性を見るとBL関係を妄想してしまうのである。現実をそのような視線で見ることが多くなれば、現実場面での同性愛許容度も高くなるのだと解釈できる。

腐女子群が美少年キャラクターを好むのは、序章第3節で述べたようにBL作品が少女マンガの文脈から誕生した経緯があるからであろう。「美少年キ

ャラが好きである」の得点が4以上だったのは、腐女子群では52.8%に対して、オタク群では28.2%だった。さまざまなキャラクターのBLが登場しているが、やはり腐女子にとって美少年キャラは定番なのだろう。男女の恋愛物語だと生々しくなる物語を、現実には存在しない美少年キャラクター同士のドラマにすることでファンタジー性を強調し、主な読者である女性に受容しやすくするための作劇法なのだと解釈できる。

・腐女子は「自分は変態だ」と考えている

　変態性の自己認識度は腐女子群が特に高い。「腐女子」という名称を受け入れてしまうのは、「自分はBL作品を好む変態である」という自嘲的な意識が強いからだと解釈できる。BLは男性同士の恋愛物語というだけではなく、性愛の描写を含むものが多く、女性向けのポルノグラフィとなっている（堀，2009）。男性同士の性愛描写を性的な娯楽として好む自分自身を、腐女子は変態と認識するのだろう。そこには、性的娯楽を楽しむことの許容度における男女の非対称性が影響していると考えることもできる。男性に比べると、女性が性的娯楽を享受することの社会的許容度は低いのである（第12章で詳述）。性的娯楽を享受することを社会的に許容されていない女性である自分が、社会的許容度の低い男性同士の性愛描写を性的娯楽として楽しんでいるという自覚は、変態性の自己認識をさらに高めることになるだろう。

　ちなみに、オタク群の変態性の自己認識にも触れておこう。変態性の自己認識が4点以上だったのは一般群では15.5%であるのに対し、オタク群では56.4%、腐女子群では69.5%だった。腐女子群ほどではないにしても、オタク群も「自分はどちらかというと変態だ」という自己認識を持っている者が過半数を占めているのである。オタク群はBL妄想こそしないが、現実には存在しない（人間ではないキャラクターも含んだ）2次元のキャラクターに恋愛感情に近い「萌え」、あるいは性的な嗜好を含んだ「萌え」を感じる自分自身を変態と認識するのだろう。

　さらに、BLでなくても、マンガやアニメやゲームには性描写を含む作品も、性描写が中心となっている作品もある。性描写を目的とするマンガ、いわゆ

る「エロマンガ」について振り返ると、1970年代までは「劇画」と呼ばれる、写真を絵に置き換えたような写実的な描写が主流だった。しかし80年代に入り、アニメや少女マンガ風の絵が若者向けエロマンガの主流になっていった（大塚，2004）。序章で紹介した「『おたく』の研究」（中森，1983ab）が掲載された「漫画ブリッコ」も、アニメ絵のエロマンガに特化した雑誌である。

　このようなアニメ絵のエロマンガは、「ロリコンマンガ」や「美少女マンガ」と呼ばれていた。アニメ好きな若者の性的な欲求が、2次元のアニメ絵の美少女たちに向けられていったのである。アニメ絵の美少女たちは猫耳や尻尾、翼などのパーツを付けた獣人、宇宙人、妖精、悪魔など、人間ではないキャラクターに容易に変貌する。また、美少女たちの性的行為の相手も、リアルな肉体を持つ男性から、透明人間や男性器を模した触手を持った怪物に容易に変貌する。これは劇画では不可能だった描写だ。こうした2次元のキャラクターに性的欲求を向ける自分は変態だ、とオタクたちは自己認識するようになったと考えられる。

研究1のまとめ

　研究1より、大学生世代の腐女子はオタク群よりもオタク度が高い人々であることが判明した。オタクと腐女子の違いはBLを好むかどうかという質的な違いだけでなく、オタク的行動の量的な違いでもあるのである。世間のオタクイメージの通り、オタク度が高いほど排他的人間関係が強くなるし、質的にも量的にもオタク群とは異なる腐女子群は、オタク全体の中でも少数派であるために、より排他的人間関係が強くなる。

　また、腐女子群にとって好きなキャラの物語を空想するのは当然のことであるし、同人誌も不可欠な媒体である。腐女子は作品中だけでなく、現実場面でも同性愛の許容度が高い。さらに、腐女子群の約7割が、オタク群の5割以上が変態性を自認していた。

　オタク度が高くなるから変態性の自認率が高くなるのか、それともBL好

きになるから変態性の自認率が高くなるのか、研究1のデータからは明確な答えは出せない。2次元のキャラクターに性的欲求を向けること、およびそれが男性同性愛であることを考えると、おそらく両方の要因が影響して変態性の自認率を高めると解釈できる。性的娯楽の享受における男女の非対称性の問題も含めて、今後の研究でも引き続き検討していくことにする。

第2章
オタクや腐女子は
コミュニケーション能力が低いのか？

　序章で紹介したように、マスコミ等により形成されたオタクの否定的イメージは、外見の魅力の低さとコミュニケーション能力の低さに大別できる。後者に関しては、「人間本来のコミュニケーションが苦手で自分の世界に閉じこもりやすい」(「週刊読売」1989年9月10日号) という記述がその典型例であろう。

　研究1では、オタク群と腐女子群は一般群よりも排他的人間関係が強いことが明らかになった。自分の趣味の仲間以外との付き合いに違和感と苦手意識を感じ、趣味の仲間だけの排他的な人間関係を好むのである。これはオタクのステレオタイプに合致する結果である。ではこの結果から、オタクや腐女子はコミュニケーション能力が低く、対人関係に難があると結論づけてよいのだろうか。

　人間は自分と類似した他者に好意を抱くことが、多くの対人魅力研究により明らかになっている (eg. Byrne & Nelson, 1965)。オタクであろうとなかろうと、趣味の仲間だけの人間関係が最も居心地がよい関係であることに変わりはないのである。また、オタクであろうとなかろうと、自分と同じ趣味の仲間だけとしか接触しないで生活することはできない。問題は趣味の仲間以外との交流に対する苦手意識や、そのための社会的スキルだと考えられる。研究2では、青年期の友人関係、シャイネス (後述)、社会的スキルなどの観点から、オタクと腐女子のコミュニケーション能力に関して検討する。

研究2
「オタクと腐女子のコミュニケーション能力」

　岡田努（1995）は、青年期の友人関係の特徴は、友人に対してさまざまな気を遣い、あまり相手のプライバシーに踏み込まないようにし、過度の親密さを避けながら、みんなで一緒に楽しい雰囲気で付き合うことであると考えた。岡田はこの3つの特徴に対応する「気遣い」、「ふれあい回避」、「群れ」の程度を測定する友人関係尺度を作成した。この友人関係尺度を用いて、青年期の友人関係の3つの特徴に、オタク群と腐女子群、それに一般群による違いがあるかどうかを検討する。オタクが人間本来のコミュニケーションが苦手で自分の世界に閉じこもりやすいのであれば、他者に気を遣ったりせず、他者とのふれあいを回避し、みんなで一緒に楽しい雰囲気で付き合うことも避けると考えられる。また、オタク群よりもオタク度が高い腐女子群では、さらにこの傾向が顕著になると考えられる。そこで、オタクや腐女子が、否定的イメージ通りの友人関係を形成しているのか検討する。

・シャイネス、特性シャイネス、シャイネス傾向
　コミュニケーション能力が低く自分の世界に閉じこもりやすいということは、対人場面が苦手であり行動が抑制されるということになる。対人場面での行動を抑制するパーソナリティ特性にシャイネス（Zimbardo, Pilkonis & Norwood, 1975; Zimbardo, 1977など）がある。シャイネス（shyness）とは、「内気」、「恥ずかしがりや」、「照れ屋」などの概念を総称したものとされている。このシャイネス傾向が強い者は、初対面の他者や異性との接触場面、また慣れ親しんでいない新奇な状況では特に不安が強くなるのである。慣れ親しんだ趣味の仲間以外との付き合いに違和感を感じるオタク群や腐女子群は、一般群よりもシャイネス傾向が高いと考えることもできる。
　シャイネスには状況により喚起されるシャイネスと、パーソナリティ特性としてシャイネス傾向の個人差を生み出す特性シャイネスがある。質問紙に

よる特性シャイネスに関する研究から、シャイネス傾向は公的自己意識、神経症傾向、評価懸念などと正の相関を示し、外向性、自尊感情、社会的スキルなどとは負の相関を示すことが報告されている。これらの研究から、いわゆる「シャイな人」の他者に対する抑制的行動や自己否定的な認知は、強い評価懸念、自信のなさ、スキルの乏しさからくるものなどと解釈されている。オタク群や腐女子群が一般群よりもシャイネス傾向が高いのであれば、オタク群や腐女子群は公的自己意識が高く、社会的スキルが低いと考えることができる。

・私的自己意識と公的自己意識

　自分に注意を向け、自分を意識しやすい性格特性を自己意識特性（Fenigstein, Scheier, & Buss, 1975）と呼ぶ。自己意識特性には2つのタイプ――私的自己意識と公的自己意識がある。私的自己意識とは、自分の感情や態度など、他者からは直接観察することのできない私的・内面的な側面に注意を向けやすい傾向性である。公的自己意識とは、自分の外見や行動など、他者から観察可能な自己の公的・外面的側面に注意を向けやすい傾向性である。私的自己意識傾向の強い者は個人としてのアイデンティティを重視し、公的自己意識傾向の強い者は社会的アイデンティティを重視する（Cheek & Briggs, 1982）。
　また、押見（1992）は多くの自己意識研究を分析し、自己の私的側面に注意が向く状態と公的側面に注意が向く状態では、個人が内在化した異なる基準を顕現化させると考察している。私的自覚状態では、「自分の気持ちや考えに忠実で個性的であれ、自分の能力や感性を高めよ」という自己実現基準が顕現化する。一方、公的自覚状態では、「他者と協調的であれ、他者からプラスに評価される人間になれ」という社会的受容基準が顕現化するという。私的側面でも公的側面でも、自分自身に注意が向くと、自分の信じる価値観に従って、自主的に、自覚的に、そして自分で納得できるように自己の行動をコントロールしていこうとするのである。ただし、公的自己意識はシャイネス傾向だけでなく、一般健常者に認められる人見知り・過度の気遣い・対人緊張など、青年一般に見られる対人恐怖の傾向である対人恐怖心性との正の相

関関係も報告されている（堀井, 2011）。オタクや腐女子がシャイネスや対人恐怖心性が強いのであれば、公的自己意識も高くなると考えられる。

・社会的スキル（記号化・解読・統制）

「他の人と円滑な人間関係を保持していくために必要な認知的判断や行動」を社会的スキルと呼ぶ。堀毛（1994）は、対人コミュニケーション全般に関わる基本的な社会的スキルとして、記号化、解読、統制の3つがあると仮定している。記号化スキルとは、自分の意図や感情を相手に正確に伝える技術のことである。解読スキルとは、相手の意図や感情を正確に読み取る技術のことである。統制スキルとは、自分の感情をコントロールする技術のことである。

人付き合いの上手な人と下手な人の違いは、社会的スキルを身に付けているかどうかの違いでもある。菊池章夫（1988）は初歩的なスキル、高度なスキル、感情処理のスキル、攻撃に代わるスキル、ストレスを処理するスキル、計画のスキルを測定する尺度であるKiSS-18を作成している。KiSS-18の高得点者は、初対面の相手とでも適切なコミュニケーションを持つことができ、相手の気持ちを損なうことなく自分の意見や感情を主張し、相手とのトラブルを適切に処理できるスキルを持つと自分自身を認識しているということになる。

菊池聡（2000）は「おたく」態度尺度の下位尺度と、このKiSS-18の相関分析を行っている。その結果、趣味への没入とKiSS-18得点に有意な正の相関（$r=.18$）が、社会的内向（$r=-.59$）、自己流の価値観（$r=-.32$）、孤独指向（$r=-.34$）とは有意な負の相関が認められたことを報告している。つまり他者との交流が苦手であったり、外見に気を遣わなかったり、マンガやゲーム好きで部屋にこもることが好きな人ほど社会的スキルが低いが、趣味に強くコミットしている人は社会的スキルが低下しないのである。菊池（2000）はこの結果を、ネガティブなオタク像に対する反証として重要な意味を持つと主張している。

本研究でもKiSS-18を用いてこの問題を検討する。社会的スキルの低さが、

対人コミュニケーションの抑制につながると考えられる。ステレオタイプの通りであれば、オタクは社会的スキルが低いと考えられる。

また、研究1で使用した閉鎖的人間関係の項目には「初めて会った人と話す時、話題に困ってしまう」がある。ここから、オタクや腐女子は、社会的スキルの中でも他者に話しかけるスキルが低いことが示唆される。研究2ではオタクと腐女子の友人関係、シャイネス傾向、社会的スキルを測定し一般群と比較することで、オタクに関する否定的ステレオタイプの1つであるコミュニケーション能力を検討する。

a. 調査方法

・使用した尺度

オタク度尺度と腐女子度尺度、友人関係尺度（岡田, 1995）、特性シャイネス尺度（相川, 1991）、公的自己意識尺度（押見, 1992）、社会的スキル尺度（堀毛, 1994）、KiSS-18（菊池, 1988）、話しかけスキル尺度を使用した。

話しかけスキル尺度は、本研究のために作成した尺度である。話しかけるのが大人数に対してであるか、親しい相手または初対面の相手に対してであるか、話し出すきっかけやタイミングをつかむのがどの程度苦手であるか、話している最中に聞き役にまわることが多いか、会話の中心になることが多いか、などの観点から7項目の質問を作成した。回答方法は、「1：いつもそうでない、2：たいていそうでない、3：どちらともいえない、4：たいていそうだ、5：いつもそうだ」の5件法である。得点化する際にこの回答を逆転させ、得点が低いほど他者に話しかけることが苦手で、話しかけるスキルが低いことを表すようにした。

b. 調査対象と手続

・調査対象者

質問紙調査を2008年と2014年の2回実施した。2008年の調査対象者は、都内4年制私立大学の男女大学生405名（女子226名、男子179名）、平均年齢19.34歳（SD=1.290）。2014年の調査対象者は、首都圏4年制私立大学2校

の男女大学生260名（男性67名、女性186名、未記入7名）。平均年齢19.52歳（SD=1.334）。

・調査手続

　通常の授業時間の一部を利用して質問紙調査を実施した。調査用紙を配布し、回答を記入してもらい回収した。調査は2008年7月と2014年7月に実施した。2008年の調査では、オタク度尺度と腐女子度尺度、友人関係尺度（岡田, 1995）、特性シャイネス尺度（相川, 1991）、社会的スキル尺度（堀毛, 1994）、KiSS-18（菊池, 1988）、話しかけスキル尺度を使用した。2014年の調査ではオタク度尺度と腐女子度尺度、公的自己意識尺度（押見, 1992）、KiSS-18、それに話しかけスキル尺度を使用した。

c. 調査結果
・従属変数の設定

　話しかけスキル尺度7項目の主成分分析を行った。その結果、抽出された固有値1.0以上の成分は1つだけであり、7項目すべてが.433以上の負荷量を示した（Table 2-1）。信頼性係数を算出したところ$α$=.793であり、尺度としての使用に耐え得る内的一貫性があると判断できる。7項目の合計点を話しかけスキル得点とした。友人関係尺度、特性シャイネス尺度、公的自己意識尺度、自尊感情尺度、社会的スキル尺度、それにKiSS-18は各尺度の設定に従い、それぞれの得点を算出した。

Table 2-1　話しかけスキル尺度の主成分分析結果

	成分 1
大人数で話している時、話し出すタイミングがつかめない時がありますか	.632
人に話しかけるきっかけをつかむのが苦手ですか	.820
自分から話しかけることは少ないですか	.807
親しい友人でも自分から話しかけるのが苦手ですか	.433
大勢の人がいると聞き役にまわることが多いですか	.655
複数の人と話す時、よく話題の中心になりますか	.617
初対面の人でも積極的に話しかけることができますか	.693

オタク度尺度と腐女子度尺度の回答者のうち、欠損値を除いて研究1と同様の方法で4群に分割した。耽美群は2008年の調査データでは4名（1.012%）、2014年の調査データでは5名（1.931%）と極めて少数であり、研究2でも分析から除外した。腐女子群、オタク群、一般群の各従属変数の平均と標準偏差をTable 2-2に示した。Table 2-2に従い、各従属変数の1要因分散分析を行った。

・友人関係尺度の分析
　友人関係尺度の3つの下位尺度のうち、気遣い尺度で有意な主効果が認められた（Table 2-2）。Bonferroni法の多重比較の結果、オタク群は一般群よりも

Table 2-2　各従属変数の平均と1要因分散分析結果

		度数	平均値	標準偏差	分析結果
友人関係：気遣い	腐女子群	44	17.545	2.672	$F=4.448$
	オタク群	91	18.044	2.512	$df=2/343$
	一般群	211	17.071	2.667	$p<.05$
友人関係：ふれあい回避	腐女子群	44	14.977	2.610	$F=0.839$
	オタク群	91	14.363	2.791	$df=2/343$
	一般群	211	14.621	2.539	ns
友人関係：群れ	腐女子群	44	13.864	2.493	$F=0.539$
	オタク群	91	14.363	2.830	$df=2/343$
	一般群	211	14.299	2.776	ns
特性シャイネス得点	腐女子群	44	50.364	9.541	$F=2.445$
	オタク群	91	49.418	11.661	$df=2/343$
	一般群	211	46.943	12.037	$p<.10$
公的自己意識	腐女子群	48	35.125	6.597	$F=1.213$
	オタク群	98	33.806	6.474	$df=2/245$
	一般群	102	33.412	6.056	ns
解読スキル	腐女子群	43	16.558	3.912	$F=0.706$
	オタク群	91	16.604	6.571	$df=2/341$
	一般群	210	16.014	3.110	ns
記号化スキル	腐女子群	43	16.349	2.869	$F=0.068$
	オタク群	91	16.121	3.720	$df=2/341$
	一般群	210	16.229	3.441	ns
統制スキル	腐女子群	42	11.881	2.615	$F=2.777$
	オタク群	91	12.758	3.020	$df=2/340$
	一般群	210	13.086	3.150	$p<.10$
KiSS-18	腐女子群	89	53.764	12.157	$F=0.780$
	オタク群	188	54.856	11.271	$df=2/584$
	一般群	310	55.403	10.539	ns
話しかけスキル得点	腐女子群	91	19.220	5.155	$F=5.984$
	オタク群	190	19.647	5.086	$df=2/589$
	一般群	311	20.945	5.163	$p<.01$

有意に気遣い得点が高かった。ふれあい回避や群れに関してはオタク群、腐女子群、一般群の間に差異は認められなかった。

・特性シャイネス尺度の分析

　特性シャイネス尺度得点の分散分析からは、群の違いの主効果傾向（Table 2-2）が認められた。平均値からは、オタク群と腐女子群の方が一般群よりシャイネス得点が高いことが示唆されるが、Bonferroni法の多重比較では有意差は認められなかった。

・公的自己意識尺度の分析

　公的自己意識尺度得点の分散分析では、群の違いの有意な主効果は見られなかった。公的自己意識尺度とオタク度尺度、腐女子度尺度の相関係数を算出したところ、オタク度尺度と公的自己意識尺度との間に有意な正の相関（$r=.170, p<.01$）が認められた。オタク度尺度得点が高いほど、公的自己意識も高くなることを示す結果である。

・社会的スキルの分析

　解読スキル、記号化スキル、統制スキルの分散分析では、統制スキルで群の違いの主効果傾向（Table 2-2）が認められた。平均値からは、腐女子群は一般群より統制スキル得点が低いことが示唆されるが、Bonferroni法の多重比較では有意差は認められなかった。オタク群と腐女子群の解読スキルと記号化スキルには、一般群との違いは認められなかった。

　KiSS-18得点の分散分析の結果、群の違いの有意な主効果は認められなかった。初対面の相手と適切なコミュニケーションをとり、相手の気持ちを損なうことなく自分の意見や感情を主張し、相手とのトラブルを適切に処理できるスキルには、オタク群や腐女子群と一般群との違いは認められなかった。

　話しかけスキルの分散分析では、群の違いの有意な主効果（Table 2-2）が認められた。多重比較から、腐女子群は一般群よりも他者に話しかけるスキルが低いと言える。

d. 考察

　前述のように、オタクに対する否定的なイメージは、外見の魅力の低さとコミュニケーション能力の低さに大別できる。研究2では、オタクの否定的イメージのうちのコミュニケーション能力の低さを、友人関係や社会的スキルの観点から検証した。

・オタクは友人関係に気を遣う

　友人関係に関して、オタクがステレオタイプの通りに「人間本来のコミュニケーションが苦手で自分の世界に閉じこもりやすい」のであれば、一般群よりもふれあい回避得点が高く、群れ得点は低いはずである。しかし、そのような傾向は認められなかった。オタク群や腐女子群の、相手のプライバシーに踏み込まないようにして過度の親密さを避けながら、みんなで一緒に楽しい雰囲気で友人と付き合う傾向は、一般群と同程度なのである。また、他者とのコミュニケーションが苦手で自分の世界に閉じこもりやすいのであれば、他者に対する気遣いも低くなるはずだが、オタク群は一般群よりも気遣い得点が高かった。オタク群の方が一般群よりも、友人の考えていることに気を遣い、自分も相手も傷つけないように友人と付き合っているのである。

　友人関係における気遣いをさらに検討するために、気遣い尺度の個々の項目ごとに1要因分散分析を行った。その結果、最も大きなF値（$F=6.219$, $df=2/343$, $p<.005$）が得られたのは、「友達グループのメンバーからどう見られているか気になる」という項目だった。オタク群は一般群よりも、友人の目に映る自分の姿を気にする傾向が強いのである。これはまさに公的自己意識傾向である。実際、オタク度尺度と公的自己意識尺度の間には有意な正の相関が認められている。つまり、オタク度が高い者ほど他者から観察可能な自己の側面を意識する傾向が強く、公的自覚状態になりやすいのである。前述のように公的自覚状態では、「他者と協調的であれ」、「他者からプラスに評価される人間になれという」社会的受容基準が顕現化しやすくなる。他者からどう見られているか気になるオタクほど、一般人のオタクに対する否定的イメージを敏感に察知するだろう。そのためオタク度が高いほど公的自覚状態になり、

友人集団からの社会的排斥を回避し友人から受容されるようにいろいろと気を遣うようになるのだと解釈できる。

・趣味への没入と社会的スキルの関係

　前述のように菊池（2000）は、他者との交流が苦手であったり、外見に気を遣わなかったり、マンガやゲーム好きで部屋にこもることが好きな人ほど社会的スキルが低いことを報告している。菊池の「おたく」態度尺度で測定するものは、オタクのステレオタイプが当てはまる程度である。オタクの否定的イメージが当てはまる人ほど、現実に社会的スキルが低いのである。ただし、マンガやゲームが好きという以外の尺度項目はそのまま社会的スキルの低さに直結する質問項目であり、ある意味当然の結果とも言える。

　本研究で使用しているオタク度尺度は、「おたく」態度尺度とは異なり、他者との交流の苦手意識や外見の無頓着さ、部屋に引きこもる傾向を測定するものではない。オタク系趣味に対する没入の程度、具体的にはマンガ・アニメ・ゲームやそのキャラクターが好きで情熱をかけており、趣味に熱中している程度を測定するものである。本研究では腐女子群、オタク群、一般群の間でKiSS-18得点に有意差は認められておらず、一般的な社会的スキルに関して各群に差はないと判断できる。マンガ・アニメ・ゲームなどのオタク系趣味への没入と、一般的な社会的スキル自体は無関係なのである。

　菊池（2000）は「おたく」態度尺度の下位尺度である趣味への没入と、KiSS-18得点の正の相関も報告している。趣味への没入が社会的スキルを高めるのであれば、本研究のオタク度尺度とKiSS-18にも正の相関が認められるはずである。しかし、オタク度尺度とKiSS-18得点は無相関（r=-.06, ns）だった。

　これは次のように解釈することができる。菊池（2000）の調査対象者は、「オタクと言われて自分に思い当たるフシがあるか」という質問に、男女とも60％以上が「まったくない」あるいは「ほとんどない」と回答している。つまり、趣味への没入得点が高かった回答者の60％以上は、オタク系以外の通常の趣味に強くコミットしている大学生なのである。大学生は趣味に打ち込むことが許容され、奨励される立場にある。スポーツや音楽などは一人では活動で

きないものも多く、大学公認のクラブやサークルに所属した方が練習場所の確保等で有利になる。したがって、クラブやサークル活動が活発な大学では、そのような集団内での人間関係が中心となってくる。多くの大学生は、サークル活動などの趣味の人間関係を通して、先輩、後輩、異性など自分と異なる属性を持つ他者と交流することで社会的スキルを高めている。オタク系の趣味であっても、大学内のクラブやサークル活動であれば、そこでの人間関係を通して社会的スキルが高くなるのである。そのために、菊池（2000）の趣味への没入得点は、KiSS-18得点と正の相関を示すようになったのだろう。

・オタク趣味への没入は社会的スキルを二極化させる

　では、大学のクラブやサークル外でのオタク趣味への没入は、社会的スキルを低下させるのだろうか。インターネットが普及する以前は、作品自体のビデオ、公式な出版物、サントラCD、関連したゲーム、玩具、プラモデル程度しかオタク層が消費するものがなかった。それに飽き足りない者は、作品への感想を語るための仲間を求めた。さらに、自分たちの感想や妄想を同人誌にまとめ発信していった。インターネットが普及した現代では、同じ趣味の仲間を探すことが飛躍的に容易になった。作品に対する自分の感想、イラスト、二次創作作品、コスプレ写真などを発信することも飛躍的に容易になった。そして、同人誌作成やイベント参加のノウハウを手に入れることも容易になったのである。

　ネット上で同じ作品が好きな者と知り合う。イベントが開かれることをネットで知り、自分も参加したいと思う。一人で参加するのは心細いので、ネット上で知り合った仲間と一緒にイベントに参加する。同人誌を作成するにしても、同人誌即売会などのイベントを企画するにしても、印刷会社やイベント会場などのオタクではない一般社会人との交渉や契約が不可欠である。また、自分たちの小規模な同人以外のオタク集団との交流も活発になっていく。オタク系趣味の場合であっても、仲間を求める者、自分から積極的に活動し発信していく者は、さまざまな他者との交流により社会的スキルが高くなっていくのである。

そもそも、人間は仲間を求める動物である。バウマイスターとリアリィ（Baumeister & Leary, 1995）は、人間には「所属の欲求」があると主張している。人間よりも強い力や攻撃力、猛毒を持つ動物はいくらでも存在する。一人の人間ではどうにもできない、自然災害や病気などの生存を脅かす要因もいくらでも存在する。その中で人間が生き残ってきたのは、人間が他者と連携し「社会」を形成してきたからである。他者との連携を嫌い一人で生活する者よりも、他者と連携し助け合って生活する者の方が生き残り、子孫を残す確率がはるかに高くなる。したがって我々は他者と連携した人間の子孫であり、生得的に社会に所属しようという欲求を持っているというのである。

　また、人間には自分自身をより高く評価したいという自己高揚欲求、あるいは好ましくない評価は避けたいという自己防衛欲求がある。そのため、自分は正しいと思いたいのである。自分の意見や態度、価値観などが正しいと思えるのは、どのようなときだろうか。それは、自分と同じ意見、態度、価値観の他者、自分に賛成してくれる他者がいることがわかったときである。他の人も同じように考えているのだから、自分の意見や態度は正しいと考えることができるのだ。

　このように、他者との一致や合意を自分の意見、態度、価値観、嗜好などの心理的特徴の妥当性の証明と人間は考える。この、他者との合意を自分の妥当性の根拠とみなす傾向を合意的妥当化と呼ぶ。人間が自分と趣味や考え方が類似した他者を好きになるのは、合意的妥当化に役立つためである。社会から否定的なイメージで見られることの多かったオタクたちは、なおさら「自分と同じ趣味を持つ仲間がたくさんいるのだから、自分は間違っていない」と思いたいのである。そのためにも仲間を作り、コミケなどのイベントに参加し、自分たちの妥当性を確認するのである。

　一方で、他者との交流を必要としないオタクもいる。自宅で一人でマンガを読み、アニメを見て、ゲームをする。インターネットで情報を調べ、匿名の書き込みを読んで他者の意見を知る。インターネットにより情報発信が飛躍的に容易になり、過剰な情報が供給されるようになったため、供給されるコンテンツを消費するだけで満足するオタクも多いのである。他者の書き込

みを読んで自分の感想と同じであれば、「自分は正しい」という合意的妥当性を得ることができる。さらに、現実の人間関係であれば自分とは異なる他者の意見や感想にも触れる機会が多くなるが、ネット上では自分とは異なる意見や感想を見る必要がない。自分と異なる意見や感想を持つ者に対して、まったくわかっていないレベルの低い奴らであるとか、「異教徒」、「敵」というラベルを貼り付けて、意識の上から排除することが容易にできるのである。このような状態で充足している自己完結型のオタクは、社会的スキルを向上させる機会が少なくなり、結果的に社会的スキルが低くなるだろう。

つまり、大学のクラブ・サークル内での趣味への没入は社会的スキルを高めるが、大学のクラブ・サークル外でのオタク系趣味への没入は社会的スキルを高める方向と低下させる方向に分極化するため無相関になると考えられる。一般的な社会的スキル自体はオタク趣味への熱中度とは無関係であり、オタクだから他者とのコミュニケーションを避け、必然的に社会的スキルが低くなるわけではないのである。

・腐女子の排他的人間関係

対人行動の抑制に関連した従属変数で明確な結果が認められたのは、話しかけスキルだけだった。腐女子群は一般群よりも他者に話しかけるスキルが低く、他者に話しかけることに関する苦手意識が強いのである。話しかけスキルをさらに検討するために、項目ごとに分散分析を行ったところ、オタク群と腐女子群は一般群よりも人に話しかけるきっかけをつかむことが苦手であり（F=6.814, df=2/590, p<.01）、腐女子群は一般群よりも自分から話しかけることが少ない（F=7.759, df=2/590, p<.01）と自己認識していることがわかった。

研究1で使用した排他的人間関係には「初めて会った人と話す時、話題に困ってしまう」という項目があった。これはまさしく、話しかけスキルと共通する質問項目である。自分たちを特殊な集団だと認識し、自分たちの中だけで通じる略語や隠語がある。そのような言葉の使用も集団の一体感を高め、他の集団との差異の認識をさらに高めることになる。趣味と話題を共有する友人以外とは何を話せばよいのか話題に困ってしまい、そのような付き合い

に違和感を感じる。腐女子群やオタク群は、一般群よりもこの排他的人間関係の傾向が強いのである。しかしこの結果は、腐女子群やオタク群が趣味の仲間以外とは付き合わないということを意味するのではない。

　本研究のデータは、大学の講義時間を利用した集団実施の調査により得られたものである。大学に通っていれば必然的に趣味の仲間以外とも顔を合わせることになる。仲の良い同じ趣味の友人たちとの交流が楽しいのは、オタクであるなしにかかわらず、誰にでも当てはまることである。またオタクであるなしにかかわらず、趣味に対する熱中度が高くなれば、相対的に趣味以外への興味が低下し、趣味の仲間以外との話題に困るようになるだろう。まして、それが少数派の趣味であったり、社会から否定的に評価されるような趣味であれば、趣味の仲間以外との異質性の認知も強くなり、その交流に違和感を強く感じるようになるだろう。

　オタクに関してはノーマライゼーションが進み、多くの者がマンガやアニメ、ゲームを楽しみ、それ自体を否定的に評価することは少なくなっている。携帯ゲーム機が出始めた当時は、電車内でゲームをしている若者に対し、年長者が奇異の目で見て非難の声を上げた。その当時の若者が年長者になり、今でもスマートフォンなどで電車内でゲームをしている。現代の若者たちは電車内でゲームをすることが日常になった時代に生まれ成長してきており、若者たちにとって電車内でのゲームを奇異の目で見る者の存在こそが驚きなのである。このようにして、マンガやアニメやゲームなどのオタク系の趣味を楽しむ世代が拡大し、それらを否定的に評価する世代は縮小していく。その結果、オタク系趣味自体は、多くの人が楽しむ普通の趣味になっていくのである。

　しかし、オタク群よりも深くマンガ、アニメ、ゲームなどの趣味に没入し、さらにBL好きな腐女子群はオタクの中でも少数派であり、異質な存在なのである。そして研究1で明らかになったように、男女の恋愛物語ではなくBLを好む腐女子群は、変態性の自己認知も高い。前述の通り、BL作品には性愛描写を含んだものが多い。性的な趣味や娯楽は他者に公表したりしないで隠れて楽しむものだという社会規範がある。公衆の面前で性的な行為をする者

は公然猥褻罪で逮捕される。公衆の面前で性的な話をする者は逸脱者とみなされる。また、現代においても、男性に比べて女性が性的な娯楽を楽しむことの社会的許容度は低い。人前での男性の猥談は、バカで下品な男たちという評価を招く。しかし、人前での女性の猥談は異常者という評価を招いてしまうのである。ましてや、男女の性愛描写ではなく男性同士の性愛描写を好む腐女子群はさまざまな性の規範に反する存在であると、否定的な自己認識が強くなるのだろう。「自分は変態であり、腐っているから異常な性愛描写を好むのだ」と自己認識してしまうのである。そのような自己認識が強くなれば、自分は一般人からは理解されない異質な存在だという自己概念が形成される。その結果、仲間以外の他者に積極的に話しかけようという動機づけが低下し、仲間以外とのコミュニケーションに対する苦手意識も強くなるのだろう。

研究2のまとめ

　「オタクはコミュニケーション能力が低い」という否定的イメージは、友人関係の観点からも、シャイネス傾向の観点からも、一般的な社会的スキルの観点からも否定することができるだろう。「人間本来のコミュニケーションが苦手で自分の世界に閉じこもりやすい」というイメージは、連続幼女誘拐殺人事件の犯人である宮﨑勤に代表される不適応者から逆算されたイメージであり、オタクの現実を反映したものではないのである。

　第1章で紹介したように、菊池（2008）や辻・岡部（2014）は、現代の大学生の過半数がオタク性を自認していることを報告している。もし現代の大学生の過半数が「人間本来のコミュニケーションが苦手で、自分の世界に閉じこもりやすい」のであれば、大学も日本社会も崩壊しているはずである。また、オタク系の趣味に没入することで人間本来のコミュニケーション能力を低下させ、自分の世界に閉じこもるようになるのであれば、オタク系ポップカルチャーを世界に発信しようとする日本政府は、人間社会を崩壊させる文

化侵略を行っていることになる。

　海外の日本語教育機関の調査結果では、海外の語学教育機関での日本語学習者数は増加傾向にあり、2012年には約400万人になっている。海外での日本語学習の目的は、「日本語そのものへの興味」(62.2%)、「日本語でのコミュニケーション」(55.5%)、「マンガ・アニメ・J-POP等が好きだから」(54.0%)が上位3位だった（複数回答可）。日本のポップカルチャーやオタク系文化が好きな外国人は、日本語でのコミュニケーションを求めている。オタク系文化の輸出は、コミュニケーション能力を低下させ人類社会を崩壊に導くのではなく、日本語でのコミュニケーションへの欲求を高めているのである。

　いつの時代でも若者は、年長者に比べると知識も経験も少なく、興味の範囲も限定され、視野も狭い存在である。むろん、単に年齢を重ねただけで知識も少なく視野も狭い年長者も多いが、少なくても経験値だけは若者より高いだろう。年長者と比較すると、若者は自分と同じカルチャーの仲間以外とコミュニケーションすることが苦手なものなのである。しかし、それはオタクだからコミュニケーションが苦手になるということではない。年長者と若者の違いは経験値と、それに伴う社会的スキルや知識量の違いなのである。

　ただし研究2から、オタク度が特に高い腐女子群は、他者に自分から話しかけることに対する苦手意識が一般群と比較して強くなることがわかった。腐女子群とオタク群の違いに関しては、この後の研究結果も踏まえて引き続き議論をしていくことにする。

第3章
オタクや腐女子の外見は「残念」なのか？

　研究2では、オタクや腐女子のコミュニケーション能力に関して、友人関係や社会的スキルの観点から検討した。その結果、オタクが一般人よりもコミュニケーション能力が低いことを示す結果は認められなかった。「コミュニケーション能力が低い」というオタクのイメージは、連続幼女誘拐殺人事件の犯人などの不適応者から逆算してマスコミが作り出したイメージなのである。研究3では3つの調査を行い、オタクのもう1つの否定的イメージである「外見の魅力の低さ」について検討する。

　序章で紹介したように、中森（1983a）は次のようにオタクの外見を描写している。まず体型は、男性はガリガリに痩せているか肥満体、女性はたいてい肥満体とされている。髪型も男性は七三の長髪か刈り上げ坊ちゃん刈り、女性はオカッパ。服や靴なども、オシャレとはほど遠いスーパーの安物である。このように体型、髪型、服装とまったく外見の魅力が欠如した存在とされている。菊池（2000）が自由記述の回答を元に作成した「おたく」態度尺度でも、外見に関するオタク・ステレオタイプとして、「身だしなみに気をつかわない」、「流行のファッションはくだらない」、「おしゃれだとよく言われる（逆転項目）」の3項目が採用されている。ここからも、外見の魅力の低さというオタクの否定的イメージが根強いことがわかる。

　研究3では、オタクと腐女子の外見の魅力の低さという否定的イメージに関して、3つの観点から検討する。第1の観点は、オタクの服装イメージと外見の不満である。オタクが否定的イメージ通りの魅力のない外見をしているのであれば、オタクは一般人よりも外見に関する不満が強いはずである。オタクの服装は本当に否定的にイメージされているのか、オタク群や腐女子群は自分の外見にどの程度不満を持っているのか、その不満の程度に一般群と

の差があるのかどうか検討する。

　第2の観点は、体型への不満足感とダイエット意識である。オタクが魅力のない外見をしているのであれば、オタクは体型に関する不満足感が強いはずである。また、体型に関する不満足感が、全体的な自尊感情を低下させると考えることもできる。併せて、オタクと腐女子の自尊感情も検討する。

　第3の観点は、オシャレ意識である。オタクが魅力のない外見をしているのであれば、それはオシャレに対してあまり興味がなく、努力もしないからだと考えられる。オタク群、腐女子群のオシャレ意識を一般群と比較する。

研究3-1
「オタクのファッションイメージと外見の不満」

a. 調査方法

・ファッションイメージの測定

　イメージ評定の対象として、ギャル系、ゴスロリ系、ヴィジュアル系、カジュアル系、エスニック系、森ガール系、清楚系、それにオタク系の8種類のファッションを選択した。調査対象者がイメージしやすいように、上記の8種類のファッションの人物の写真を掲載した。この8種類のファッションの中から、「自分自身に一番近いと感じるファッション」と、「一番異質だと感じるファッション」を1つずつ選択させた。これらはすべて女性の写真であるため、男性には「一番親近感を持つファッション」と「一番異質だと感じるファッション」を選択させた。

　選択した自分に最も近いファッションと、最も異質なファッションのイメージを、「正常・異常」などの18の形容詞対の尺度上で評定させた。その際、回答上の注意として、写真はあくまでも女性のファッションをイメージするための一例であり、例えば「自分がイメージするギャル系ファッション」のように、そのファッションに対する自分自身のイメージで回答するよう教示した。回答方法は肯定的な形容詞側に「よく当てはまる」を1、「どちらともいえない」を3、否定的な形容詞側に「よく当てはまる」を5とした5件法で

ある。

・外見の不満の測定

　外見の不満を測定するために、リッチモンド（Richmond, 2000）のイメージ固定質問紙（V・P・リッチモンド、J・C・マクロスキー『非言語行動の心理学』北大路書房, p.21）を、意味が伝わりやすいようにアレンジしたものを使用した。回答方法は「1：まったく当てはまらない〜5：とてもよく当てはまる」の5件法である。

b. 調査対象と手続

・調査対象者

　首都圏私立大学2校の男女大学生261名（男性66名、女性195名）。平均年齢19.4歳（SD=2.99）。

・調査手続

　オタク度尺度と腐女子度尺度、自分に一番近いファッションと一番異質なファッションのイメージ評定尺度、それにイメージ固定質問紙からなる調査用紙を対象者に配布し回答を求めた。調査は通常の授業時間の一部を利用して、2014年7月から9月にかけて実施した。

c. 調査結果

　研究1と同様の基準で回答者を4群に分けた。耽美群は6名（2.30%）しかいないため、分析から除外した。

・「異質なファッション」の分析

　254名の有効回答のうち、122名（48.0%）が「最も異質なファッション」としてオタク系を選択していた。一般群では50.0%（53/106）、オタク群でも47.6%（47/99）、腐女子群でも44.9%（22/49）が異質なファッションとしてオタク系を挙げている。「自分に最も近いファッション」としてオタク系を挙げたのは、

1名しかいなかった。

　次に、オタク系を最も異質なファッションと答えた122名が「自分に一番近い」としたファッションと、オタク系ファッションとのイメージの違いを分析した。自分に近いファッションを肯定的に、オタク系ファッションを否定的にイメージするのはオタク群、腐女子群、一般群共通の傾向であるが、そのイメージの差異に群による違いがあるかどうか比較した。肯定的な形容詞側を1、否定的な形容詞側を5として評定を得点化し、オタク系ファッションに対する評定値から自分に近いファッションの評定値を減じた。このイメージ差得点が高いほど、オタク系ファッションに対する否定的イメージが強いことを表す。各イメージ差得点を従属変数とし、1要因分散分析を行った(Table 3-1)。

　その結果、「好き－嫌い」、「清潔－不潔」「快－不快」、「理解できる－理解できない」、「女性らしい－女性らしくない」、「上品－下品」、「美しい－醜い」の各イメージ差得点で，群の違いの有意な主効果が認められた。Bonferroni法の多重比較から、腐女子群よりも一般群の方がオタク系ファッションを嫌い、不快、女性らしくない、醜いものとイメージする傾向が強いと言える。同様に多重比較から、オタク系ファッションを理解できないもの、下品なものとイメージする傾向は、腐女子群とオタク群よりも一般群の方が強いと言える。オタク群や腐女子群でも、オタク系ファッションを自分に近いファッションよりも否定的にイメージしているが、一般群はさらに否定的にイメージしているのである。一般群の方が、腐女子群とオタク群よりもオタク系ファッションを不潔なものとイメージしていることが示唆されるが、多重比較では有

Table 3-1　イメージ差得点の平均値と1要因分析結果

		度数	平均値	標準偏差	分析結果
冷たいイメージ差	腐女子群	19	0.105	1.487	F=1.382
	オタク群	45	0.556	0.990	df=2/111
	一般群	50	0.640	1.274	ns
嫌いイメージ差	腐女子群	19	0.947	1.026	F=6.229
	オタク群	45	1.556	1.673	df=2/111
	一般群	50	2.240	1.349	p<.01

(続く)

遠いイメージ差	腐女子群	19	2.421	1.465	$F=1.333$
	オタク群	45	1.822	1.497	$df=2/111$
	一般群	50	2.160	1.376	ns
親しみにくいイメージ差	腐女子群	19	2.158	1.608	$F=1.239$
	オタク群	45	2.444	1.739	$df=2/111$
	一般群	50	2.740	1.026	ns
関係ないイメージ差	腐女子群	19	1.526	1.744	$F=2.240$
	オタク群	45	1.578	1.500	$df=2/111$
	一般群	50	2.120	1.136	ns
信頼できないイメージ差	腐女子群	19	1.737	1.447	$F=0.133$
	オタク群	45	1.867	1.471	$df=2/111$
	一般群	50	1.920	1.104	ns
異常イメージ差	腐女子群	19	2.790	1.032	$F=0.827$
	オタク群	45	2.400	1.421	$df=2/111$
	一般群	50	2.660	1.171	ns
つまらないイメージ差	腐女子群	19	-1.737	1.851	$F=1.916$
	オタク群	45	-0.956	1.718	$df=2/111$
	一般群	50	-0.840	1.707	ns
不潔イメージ差	腐女子群	19	1.158	1.259	$F=3.688$
	オタク群	45	1.244	1.190	$df=2/111$
	一般群	50	1.820	1.137	$p<.05$
暗いイメージ差	腐女子群	19	0.158	1.344	$F=1.054$
	オタク群	45	0.400	1.421	$df=2/111$
	一般群	50	0.680	1.449	ns
不快イメージ差	腐女子群	19	0.789	1.437	$F=3.423$
	オタク群	45	1.489	1.576	$df=2/111$
	一般群	50	1.800	1.294	$p<.05$
非常識イメージ差	腐女子群	19	2.737	1.147	$F=0.489$
	オタク群	45	2.444	1.358	$df=2/111$
	一般群	50	2.620	1.008	ns
理解できないイメージ差	腐女子群	19	1.368	1.461	$F=6.726$
	オタク群	45	1.756	1.583	$df=2/111$
	一般群	50	2.580	1.214	$p<.01$
怖くないイメージ差	腐女子群	19	-0.947	1.508	$F=0.996$
	オタク群	45	-1.467	1.408	$df=2/111$
	一般群	50	-1.560	1.853	ns
女性らしくないイメージ差	腐女子群	19	0.211	1.182	$F=6.588$
	オタク群	45	1.111	1.837	$df=2/111$
	一般群	50	1.660	1.239	$p<.01$
おとなしくないイメージ差	腐女子群	19	2.263	1.485	$F=0.958$
	オタク群	45	1.667	1.784	$df=2/111$
	一般群	50	1.940	1.504	ns
下品イメージ差	腐女子群	19	0.842	1.068	$F=5.346$
	オタク群	45	1.044	1.415	$df=2/111$
	一般群	50	1.740	1.139	$p<.01$
醜いイメージ差	腐女子群	19	0.316	1.293	$F=5.847$
	オタク群	45	1.000	1.365	$df=2/111$
	一般群	50	1.460	1.147	$p<.01$

意差は認められなかった。

・外見の不満の分析

イメージ固定質問紙20項目（Richmond, 2000）に、主因子法プロマックス回転の因子分析を行った。その結果、固有値1.00以上の因子が6因子抽出されたが、第1因子に負荷量の高い7因子が外見の不満を表す因子だと解釈でき

Table 3-2　外見の不満尺度の主成分分析結果

	成分 1
自分の外見に関して、自己嫌悪に陥ることがある	.804
友人とオシャレの話をする時、自分の外見を変えたいと思うことがある	.777
自分の外見がもっと良ければ、人生が変わっただろうと思う	.700
自分の全体的な外見に満足している（逆転）	.641
常に自分のスタイルと顔を友人と比較している	.623
世界の誰とも身体を交換したいとは思わない（逆転）	.612
美容整形を受けたいと思う	.573

Table 3-3　外見の不満項目の平均点と1要因分析結果

		度数	平均値	標準偏差	分析結果
外見の不満	腐女子群	47	3.441	0.621	$F=1.655$
	オタク群	92	3.216	0.880	$df=2/240$
	一般群	104	3.216	0.702	ns
友人とオシャレの話をする時、自分の外見を変えたいと思うことがある	腐女子群	47	3.745	1.188	$F=0.976$
	オタク群	95	3.442	1.302	$df=2/243$
	一般群	104	3.519	1.157	ns
自分の外見に関して、自己嫌悪に陥ることがある	腐女子群	47	3.723	1.378	$F=0.343$
	オタク群	95	3.537	1.375	$df=2/243$
	一般群	104	3.558	1.237	ns
自分の外見がもっと良ければ、人生が変わっただろうと思う	腐女子群	47	4.298	0.931	$F=2.177$
	オタク群	95	3.895	1.276	$df=2/243$
	一般群	104	3.981	0.985	ns
常に自分のスタイルと顔を友人と比較している	腐女子群	47	2.936	1.466	$F=0.308$
	オタク群	95	2.811	1.378	$df=2/243$
	一般群	104	2.750	1.268	ns
世界の誰とも身体を交換したいとは思わない（逆転）	腐女子群	47	3.660	1.221	$F=0.520$
	オタク群	95	3.579	1.309	$df=2/243$
	一般群	104	3.760	1.211	ns
自分の全体的な外見に満足している（逆転）	腐女子群	47	3.851	1.083	$F=0.208$
	オタク群	95	3.758	1.099	$df=2/243$
	一般群	104	3.731	1.036	ns
美容整形を受けたいと思う	腐女子群	47	2.638	1.524	$F=0.650$
	オタク群	94	2.372	1.422	$df=2/242$
	一般群	104	2.385	1.332	ns

た。この7項目の主成分分析を行ったところ、得られた成分は1つだけであり、すべてが.574以上の高い負荷量を示した（Table 3-2）。この7項目の信頼性係数を算出したところ $\alpha=.800$ であり、内的一貫性が高いと判断できる。そこでこの7項目の平均点を外見の不満得点とした。

各群の外見の不満得点と各項目の平均と標準偏差を Table 3-3 に示した。1要因分散分析を行ったところ、外見の不満得点でも各項目の平均点でも群の違いの有意な主効果は認められなかった。

d. 考察

オタクであるなしにかかわらず、オタク系ファッションを最も異質なファッションとして選択する者が多かった。例えば、「ゴスロリ系」や「カジュアル系」などは、ファッションのジャンルとして具体的にイメージしやすい。それに対して、「オタク系」というファッションのジャンルは存在しない。

「オタク系」としてイメージされるファッションは、アニメなどのキャラクターのコスプレであったり、キャラクターやその台詞をプリントしたTシャツやトートバッグ、キャラクターの缶バッジやマスコットなどを付けたバックパックなどだろう。キャラクターの缶バッジやアクセサリー、小型の縫いぐるみなどを過剰に付けたバッグを「痛バッグ」と呼ぶ。Tシャツや痛バッグなどでキャラクターに対する情熱を過剰に表現するオタクも確かに存在する。過剰な装飾ではあるが、オシャレというイメージからは遠ざかる方向の装飾であり、まさしく「痛い」装飾である。オタクや腐女子自身にとっても、このようなオタク系ファッションのイメージは、「自分とは異質なファッション」なのである。オタク群や腐女子群も含めて、大学生の中では、オタク系ファッションはあり得ないほどオシャレじゃないというイメージなのであろう。

また、オタクや腐女子はアニメやマンガ、ゲーム等のグッズへの支出が多くなるため、相対的にファッションへの支出が少なくなる。したがって、オタクであることを示す特徴的なアイテムを身に付けていなくても、オシャレ度が低くなる者も多くなるのだろう。

「自分は違う、服装にはちゃんと気を遣っている」と考えているオタクにし

ても、そのようなオシャレ度が低いオタクの友人が、現実にいることもあるだろう。腐女子やオタクはそういった事情を理解しているために、一般群ほどはオタク系ファッションの否定的イメージが強くならないのだと解釈できる。それに対し、一般群にとってオタクは外見に気を遣わない、あり得ないほどオシャレじゃない人たちという、ステレオタイプ通りのイメージをいまだに持ち続けているのだろう。

外見の不満に関しては、平均点でも個々の項目でも群の違いの主効果は認められなかった。つまり、オタク群や腐女子群が一般群よりも外見の不満が強く、自分の外見の魅力を低く認識しているわけではないのである。項目ごとの評定平均値を見ると、どの群であっても自分の外見に関して自己嫌悪に陥ることがあり、自分の全体的な外見に不満があり、外見を変えたいと思うことがあり、外見がもっと良ければ人生が変わっていたと思う。オタクだから、あるいは腐女子だから外見の不満が強いのではなく、一般群でも外見の不満は強いのである。

もっとも、不満は期待値と結果のズレによって規定されるものである。自分の外見に関して高い理想を持っている者は、客観的には美しいと評価されていたとしても、自分の外見に対する不満が高くなる。一方、客観的には美しいと評価されない者でも、自分の外見を許容しており、高い理想を求めなければ外見に対する不満は低くなる。したがって、外見の不満の強さと現実の外見の美しさは、必ずしも負の相関関係にはないという可能性もある。

しかし、若者にとって美しいこと、可愛いこと、カッコイイことは重要度の高い評価基準であり、そこから目を背けて大学生活を送ることは困難であると考えられる（研究3-3の考察で詳述する）。身体的魅力の高い者の中に外見の不満が強い者がいたとしても、少なくとも身体的魅力が低い者は、自分の外見に対する不満が強くなると考えられる。したがって、この外見の不満から、オタクや腐女子がステレオタイプ通りに魅力の低い外見を持っていると判断することはできない。このデータから断言できることは、オタクや腐女子であるなしにかかわらず、大学生は全般的に外見の不満が強いということだけである。

研究3-2
「オタクの体型とダイエット意識」

　オタクはその否定的イメージ通りに本当に肥満体なのか、体型の問題をダイエット意識から検討する。自分の体型に不満を持っているのか、どの程度痩せたいと思うのか、何のために痩せたいと思うのか、その動機づけにオタク群、腐女子群と一般群で違いがあるのか検討する。

　日常の自らの心理や行動などについての個別の自己評価を総合した、自己の全体像に対する満足の程度が一般に自尊心、あるいは自尊感情と呼ばれる（中村, 2000）。Rosenberg（1979）は、自尊感情とは他者との比較で優越感や劣等感を抱くことではなく、自分についての自分自身による評定であって自己への尊重や価値評価の高低であると定義している。自分の体型に対する不安が強ければ、全般的な自尊感情も低くなると考えられる。研究3-2では、この全般的な自尊感情についても検討する。

a. 調査方法

・体型不満足度の作成

　どの程度自分の体型を受け入れているかを検討するために、次の5つの質問項目を作成した。「今の自分の体型に満足している（逆転項目）」、「他者と自分の体型を比べて見劣りすると思う」、「自分の体型に不満がある」、「自分のスタイルに自信がある（逆転項目）」、「新しい体に取り替えたいと思うことがある」。自分にどの程度当てはまるかを、「1：当てはまらない～5：当てはまる」の5件法で回答してもらった。得点化の際、肯定的な2項目を逆転項目とした。各得点が高いほど自分の身体・体型の受容度が低く、不満が強くなることを表す。

・理想体重とダイエット目標体重

　「身長×身長×22=標準体重」の式を使い、回答者の標準体重を算出しても

らい記入させた。次に理想とする体重と、現実にどの程度体重を落としたいかをキログラム単位で回答してもらった。

・ダイエット動機

ダイエットをしたいと考える動機を検討するために、「自分に自信がない」、「自分の体型が気になる」などの18の質問項目を作成した。「なぜあなたはダイエットしたいと思うのですか？」として、各質問項目がどの程度当てはまるかを、「1：当てはまらない～5：当てはまる」の5件法で回答してもらった。

b. 調査対象と手続

・調査対象者

都内4年制私立大学の男女大学生405名（女子226名、男子179名）。平均年齢19.34歳（SD=1.290）。

・調査手続

通常の授業時間の一部を利用して質問紙調査を実施した。調査用紙を配布し、回答を記入してもらい回収した。調査は2008年7月に実施した。

はじめにオタク度尺度と腐女子度尺度に回答してもらった。次に、ダイエットしたいとどの程度思うかを、「まったく思わない」、「少し思う」、「かなり思う」、「とても強く思う」の中から1つ選んでもらった。この質問で「まったく思わない」を選択しなかった者のみ、自尊感情尺度（Rosenberg, 1979）、体型不満足度と理想体重とダイエット目標体重、ダイエット動機の質問に回答してもらった。自尊感情尺度は山本・松井・山成（1982）の訳を使用した。

c. 調査結果

研究1と同様の基準で回答者を4群に分けた。耽美群は14名（3.46%）しかいないため、分析から除外した。

・ダイエット欲求の分析

どの程度ダイエットしたいかの質問で、「まったく思わない」を1、「とても強く思う」を4として得点化し、平均点（Table 3-4）を算出し、1要因分散分析を行った。その結果、群の違いの有意な主効果は認められなかった。また、ダイエットしたいとまったく思わなかった者は腐女子群で36.7%（18/49）、オタク群で24.0%（25/104）、一般群で32.4%（77/238）だった。この比率にも有意な違いは見られなかった（χ^2=3.313, df=2, ns）。

Table 3-4　ダイエット欲求、自尊感情、体型不満、体重差、ダイエット目標の平均値と分散分析結果

		度数	平均値	標準偏差	分析結果
ダイエット欲求	腐女子群	45	2.178	1.134	F=0.159
	オタク群	90	2.167	1.008	df=2/342
	一般群	210	2.105	1.066	ns
自尊感情	腐女子群	24	26.792	6.711	F=3.862
	オタク群	61	31.164	7.666	df=2/206
	一般群	124	30.871	6.633	p<.05
体形不満度（合計）	腐女子群	24	18.208	4.086	F=0.829
	オタク群	61	18.098	4.323	df=2/207
	一般群	125	18.856	3.868	ns
今の自分の体型に満足している（逆転）	腐女子群	24	3.667	1.049	F=1.904
	オタク群	61	3.590	1.116	df=2/207
	一般群	125	3.896	1.015	ns
他者と自分の体型を比べて見劣りすると思う	腐女子群	24	3.292	1.367	F=1.058
	オタク群	61	3.541	1.246	df=2/207
	一般群	125	3.664	1.114	ns
自分の体型に不満がある	腐女子群	24	3.750	1.294	F=0.343
	オタク群	61	3.934	1.124	df=2/207
	一般群	125	3.960	1.117	ns
自分のスタイルに自信がある（逆転）	腐女子群	24	3.958	0.955	F=1.019
	オタク群	61	3.918	1.069	df=2/207
	一般群	125	4.128	0.967	ns
新しい体に取り替えたいと思うことがある	腐女子群	24	3.542	1.062	F=0.948
	オタク群	61	3.115	1.330	df=2/207
	一般群	125	3.208	1.316	ns
理想との体重差	腐女子群	29	7.417	3.301	F=0.986
	オタク群	69	6.169	5.192	df=2/243
	一般群	148	7.059	5.050	ns
現実的なダイエット目標	腐女子群	29	5.690	5.588	F=3.911
	オタク群	66	3.811	2.468	df=2/230
	一般群	138	3.903	2.965	p<.05

・自尊感情尺度の分析

　自尊感情尺度得点（Table 3-4）の分散分析から、群の違いの有意な主効果が認められた。Bonferroni法の多重比較から、ダイエットの意志がある回答者の中で、腐女子群はオタク群や一般群よりも有意に自尊感情が低いことがわかった。

・体型不満足度の分析

　体型満足度の5つの質問項目（Table 3-4）ごとに1要因分散分析を行った。その結果、有意な主効果は1つも認められなかった。合計点でも有意な主効果は認められなかった。平均値から、ダイエットの意志のある大学生は、腐女子群、オタク群、一般群にかかわらず、自分の体型に対する不満（スタイルに自信がないなど）が強いと判断できる。

・理想体重とダイエット目標体重の分析

　自分の標準体重から理想体重を減じた差を、理想との差得点（Table 3-4）とした。理想との差得点とダイエット目標（Table 3-4）に1要因分散分析を行った。その結果、理想との差得点では有意な主効果が認められなかったが、ダイエット目標では群の違いによる有意な主効果が認められた。平均値から判断すると、どの群も標準体重よりも6キロから7キロ痩せた状態を理想体重としており、標準体重と理想体重の差に群による違いは見られなかった。ダイエット目標の多重比較から、腐女子群はオタク群と一般群よりも現実的なダイエット目標が大きいと言える。平均値からすると、一般群とオタク群のダイエット目標は4キロ弱であるが、腐女子群は6キロ弱としている。一般群とオタク群よりも腐女子群の方が、理想体重に近いダイエット目標を設定したと言える。

・ダイエット動機の分析

　ダイエット動機に関する質問18項目に主因子法プロマックス回転の因子分析を行った（Table 3-5）。その結果、負荷量1.00以上の因子が4つ抽出され

た。第1因子は、自分の体型は普通以下であり人並みの体型になりたいという体型的低自己評価動機の因子と解釈できる。8つの質問項目の信頼性係数は$\alpha=.866$であり、内的一貫性が高いと言える。主成分分析を行ったところ抽出された成分は1つだけであり、全項目が.577以上の高い正の負荷を示した。この8項目の平均点を、体型的低自己評価動機とした。

第2因子は、理想の体型になりたいという理想体型追求動機の因子と解釈できる。3つの質問項目の信頼性係数は$\alpha=.795$であり、尺度としての使用に耐え得る内的一貫性があると言える。主成分分析を行ったところ抽出された成分は1つだけであり、全項目が.829以上の高い正の負荷を示した。この3項目の平均点を理想体型追求動機とした。

第3因子は、自分の体型に自信がないので対人行動が抑制されるという体型的行動抑制動機の因子と解釈できる。4つの質問項目の信頼性係数は$\alpha=.798$であり、尺度としての使用に耐え得る内的一貫性があると言える。主成分分析を行ったところ抽出された成分は1つだけであり、全項目が.775以上の高い正の負荷を示した。この4項目の平均点を、体型的行動抑制動機とした。

Table 3-5 ダイエット動機の因子分析結果

	因子			
	1	2	3	4
もっと普通になりたいから	**.801**	.128	.120	-.219
バカにされたくないから	**.768**	.142	-.175	.061
人並みのキャンパスライフを送りたいから	**.733**	-.018	.060	-.013
異性に嫌われるから	**.696**	-.103	-.161	.242
今の自分は人に優しくされる価値がないから	**.642**	-.230	-.043	.197
いまの自分を受け入れがたいから	**.567**	-.156	.429	-.174
人に太っていると言われたから	**.499**	.175	.017	-.065
別人のように新しい自分になりたいから	**.402**	.265	.092	.104
理想の体型になりたいから	-.044	**.781**	-.114	.002
洋服を着こなしたいから	.025	**.760**	-.104	.114
自分の体型が気になるから	.071	**.725**	.164	-.073
今の体型では人前に出たくないから	.107	-.173	**.704**	-.010
自分に自信がないから	.015	.298	**.601**	.008
今の自分は格好悪いから	.038	.198	**.521**	.195
積極的になれないから	.287	-.119	**.475**	.152
体型を維持したいから	.170	-.026	-.219	.144
異性にもてないから	-.046	.010	.175	**.741**
恋人がほしいから	-.027	.077	-.030	**.729**

Table 3-6 ダイエット動機の平均値と1要因分散分析結果

		度数	平均値	標準偏差	分析結果
体型的低自己評価	腐女子群	27	2.949	0.715	$F=5.571$
	オタク群	66	2.367	0.969	$df=2/227$
	一般群	137	2.349	0.847	$p<.01$
理想体型追求	腐女子群	27	4.037	0.844	$F=0.003$
	オタク群	66	4.030	0.918	$df=2/227$
	一般群	137	4.041	0.920	ns
体型的行動抑制	腐女子群	27	3.315	0.768	$F=2.389$
	オタク群	66	2.864	1.099	$df=2/227$
	一般群	137	2.909	0.903	$p<.10$
恋愛欲求	腐女子群	27	3.019	0.849	$F=0.542$
	オタク群	66	2.841	1.370	$df=2/227$
	一般群	137	2.774	1.048	ns

　第4因子に負荷量が高かったのは、「異性にもてないから」と「恋愛したい」の2項目で、恋愛欲求動機の因子と解釈できる。2つの質問項目の信頼性係数は$\alpha=.738$であり、尺度としての使用に耐え得る内的一貫性があると言える。主成分分析を行ったところ抽出された成分は1つだけであり、2項目とも.892の高い正の負荷を示した。この2項目の平均点を、恋愛欲求動機とした。

　体型的低自己評価動機、理想体型追求動機、体型的行動抑制動機、それに恋愛欲求動機の各群の平均値と標準偏差をTable 3-6に示した。この4変数に1要因分散分析を行った結果、体型的低自己評価動機で有意な主効果が認められた。Bonferroni法の多重比較から、腐女子群はオタク群や一般群よりも体型的低自己評価動機が強いと言える。

　また、体型的低自己評価動機をさらに検討するため、項目ごとに1要因分散分析を行った。その結果、腐女子群は一般群よりも、「バカにされたくないから」、「異性に嫌われるから」ダイエットしたいと強く思うこと、および腐女子群は「人に優しくされる価値がないから」、「別人のように新しい自分になりたいから」ダイエットしたいと、オタク群や一般群よりも強く思うことがわかった。

d. 考察

・体型と性格にまつわるステレオタイプ

　俳優、タレント、ミュージシャンからアニメやゲームのキャラクターまで、

若者がきれい、カッコイイと肯定的に評価する存在に基本的に肥満体型の者はいない。皆痩せ型から標準体型であり、女性の場合はそこにグラマーなナイスバディ型、男性の場合は筋肉型が入るだろう。相撲の力士も筋肉型のバリエーションであり、肥満型ではない。肥満型に与えられる役割はお笑い担当であったり、善良な一般市民、あるいは被害者役である。良い人役か、かわいそうないじめられ役である。

　オタク群や腐女子群が、一般群よりもダイエットしたいと強く思っているわけではなかった。ダイエットしたいと思っているオタク群や腐女子群が、一般群よりも自分の体型に対する不満が強いわけでもなかった。ただし、体型不満足度に関しては、ダイエットの意志がある大学生は、どの群でも自分の体型に対する不満が強い。これは研究3-1の外見の不満得点の分析結果と整合する結果である。ダイエットしたいと思う者、すなわちもっと痩せたいと思っている者は、オタクであるなしにかかわらず、自分の外見や体型に対する不満が強いのである。

　太っている人は何だか性格がよさそうだ。痩せている人は何だか神経質で気難しそうだ。筋肉隆々とした人は精力的で強そうだ。このように、体型によって異なる性格がイメージされる。ドイツの精神病理学者クレッチマー（Kretschmer, 1921）は、精神疾患の種類により患者の体型が異なると考えた。クレッチマーは患者の体格を、痩せて胸囲や腹囲が狭く筋肉や骨の発達も充分でない細長型、首が短く胸囲も腹囲も広い肥満型、肩幅が広くがっちりとした闘士型、小児体型で発育不良の形成不全型、その他に分類し、診断結果との関係を検討した。その結果、分裂病患者の半数が細長型、躁鬱病患者の6割強が肥満型に分類できた。

　クレッチマーは、患者の発病前の性格にも一定の特徴があると主張した。クレッチマーが主張した肥満型の性格は、「社交的、善良、親切、ユーモアがある」といったものであり、まさしく良い人キャラである。アメリカの医師シェルドンとスティーブンス（Sheldon & Stevens, 1942）もクレッチマーと類似した説を主張している。しかし、これらの体格と性格の関連説の妥当性を明確に支持するデータはなく（Atkinson, Atkinson & Hilgard, 1981）、現代の心理

学で通用する理論ではない。

　体格と性格の関連を明確に示す研究はないが、体格によって性格が異なるというステレオタイプの存在を示す研究（Wells & Siegel, 1961）がある。120人の成人に、典型的な痩せ型、肥満型、筋肉型の3つの体型と平均型の4つのシルエットを見せて、そのような体型の人物の性格傾向を評定させたところ、シェルドンが主張する体型別の性格特徴と同様の結果が得られた。つまり一般的に、太っている人は心が温かくおしゃべりなお人好し、筋肉質の人は強く男らしく挑戦的な自信家、痩せている人は神経質で猜疑心が強く悲観的で強情な人物であるというステレオタイプが存在するのである。

・下方比較と自己評価

　諸橋（1994）は女性週刊誌の広告分析から、女性の美しさの理想型は20代の白人女性であり、読者がその基準に達していないというレッテル貼りをメディア自身が行うことを指摘している。諸橋は、メディアが散布するそのような美の基準から外れた人が「太っている」と定義され、美醜や体型が人間性や性格の判断基準となることも多く、その基準は女性に特に厳しくなると主張している。緑川（1993）は女子中学生を対象にした調査から、実体重が「普通」の生徒の4割、「痩せ型」の生徒の1割が自分を肥満型と認識していることを報告している。明らかな肥満型ではない女性も自分を肥満型と認識し、美の基準から外れた自分の外見に対する不満が強くなるのである。

　ウィルス（Wills, 1981）の下方比較理論は、自分よりも不遇な他者と自分を比較することで、人間は主観的な幸福感を感じることができるという考えが前提になっている。下方比較は、主観的幸福感が感じられない場合、特に自己評価が脅威に晒されているときに生起しやすいのである。

　ウィルスが主張する下方比較は、自分よりも現実に不遇な相手と自分を比較して安心するというという消極的なプロセスだけではない。他者を傷つけ中傷し、自分よりも不遇な状態を自分で作り出し、その相手と自分を比較して主観的幸福感を高めるという積極的・攻撃的なプロセスをとる場合もあるとされている。この攻撃的な下方比較プロセスにより、事実に基づかない非

難や中傷、自分の持つ否定的特性を他者も持っていると考える投影、他者の不運や弱点を揶揄する皮肉やブラック・ユーモア、特定の他者や集団に対する社会的偏見、社会的弱者や少数者集団をスケープゴートとする攻撃行動などが生じるとウィルスは主張している。

　肥満型ではなくても自分のことを肥満型だと認識し、自分は美の基準以下だと思えば自己評価が脅かされ、下方比較が生じる可能性が高くなる。比較対象として、自分よりも太めの相手を選ぶのである。その際、体格ステレオタイプが攻撃的下方比較を促進させると考えられる。太っている人はお人好しでユーモアのある温かい人だから、少しぐらいからかっても笑って許してくれるだろう。少なくとも攻撃的な人ではないから、自分が逆に攻撃されることはないだろう。このようにして、体格ステレオタイプが、肥満型に対する攻撃を促進するのである。攻撃された者は、自分が美の基準以下の存在であることを他者からも突きつけられ、さらに自己評価が低下することになる。

　腐女子群は一般群よりも現実的なダイエット目標値が高いことから、ダイエット意志のある腐女子群は、オタク群や一般群よりも太っている傾向があると考えられる。さらに、資金・時間・労力を趣味につぎ込むためにあまりオシャレをしないのであれば、そのような腐女子は下方比較の対象として選択されやすくなるだろう。

　岡部（2008）は、腐女子が腐女子であることを隠蔽するのは、腐女子は一般の人々から否定的に見られる存在であり、腐女子であることが晒されると偏見を含んだ社会的制裁につながる可能性があるからだと主張している。太っていてあまりオシャレではないというだけで下方比較の対象になりやすいのに、さらに腐女子であることがばれてしまった者はなおさら攻撃対象になりやすいだろう。

　このような攻撃的下方比較の対象とされた腐女子は、現在の自分の体型が普通以下であるという否定的な自己評価を形成する。腐女子群は一般群よりも、自分の体型は人並みより太っていて、人からバカにされたり異性に嫌われるような魅力の低い状態であると自己評価しているのである。自分の体型をこのように否定的に捉えている腐女子群は、全般的な自尊感情も低くなる。

自分の理想に近づくというよりも、少なくとも人並みの状態に近づくために、腐女子群はダイエットをしたいと思うのである。

ただし、ダイエットを必要としない腐女子群はこれらの質問には回答していないので、これは極めて限定された結果である。すべての腐女子が体型に関する否定的な自己評価を形成し、全体的な自己評価が低いわけではないことに留意しておく必要がある。

研究3-3
「オタクのオシャレ意識」

研究3-1と3-2から、オタク自身さえもオタクのファッションに違和感を覚えていること、オタクが一般群と比較して自分の外見や体型に対する不満を強く持っているわけではないこと、ダイエットの意志がある大学生はオタクであるなしにかかわらず自分の体型に対する不満が強いこと、ダイエットの意志がある腐女子群はその体型に関する低い自己評価のためにダイエットに動機づけられていることがわかった。また、おそらく体型に関する自己評価の低さのために、ダイエットの意志がある腐女子群はオタク群や一般群よりも自尊感情が低いことが示唆された。

オタクの「外見の魅力の低さ」というステレオタイプには、身体の魅力のなさだけでなく、ファッションの魅力のなさも含まれている。菊池（2000）の「おたく」態度尺度にあるように、本当にオタクは身だしなみに気を遣わない、流行のファッションに関心を持たない、オシャレじゃない人たちなのだろうか。

確かに、オタクは自分の持つ資金、時間、労力、興味、関心といった資源を自分の特定の趣味、多くは非生産的な趣味に集中的に投資するからオタクなのである。したがって、一般群と比較すると、オタクは可処分所得の多くを自分の趣味に費やすため、ファッションにはあまり投資しないと考えられる。また、趣味に対する資源の集中投資が強くなれば、オシャレに対する関心は相対的に低下すると考えられる。研究3-3では、オタク群と腐女子群の

ファッションやオシャレに関する意識を比較検討する。

　中森（1983a）の『「おたく」の研究』を見ると、単に体型やファッションだけではなく、オタクの行動にまで否定的な視線が向けられている。しかし、オタク群は一般群よりも友人関係において気遣いをする傾向が、研究2で認められている。研究2で考察したように、オタク群が防衛的な動機で友人に対して気遣いをするのであれば、他者の前での行動にも防衛的自己呈示の傾向が認められると考えられる。研究3-3では、オタクの人前での行動が他者に不快な印象を与えるものなのか、それとも不快な印象を与えないように気遣いするのかどうかも併せて検討する。

　また、腐女子は「擬態」という表現をよく使用する。腐女子であることを隠すために、他者の前では一般人のように擬態するというのである。そうであるのなら、腐女子群は私的な空間での行動と、他者が存在する公的な空間での行動が大きく異なると考えられる。研究3-2で、腐女子群は一般群よりも、異性に嫌われないためにダイエット動機が強くなるという結果が得られた。「異性に嫌われないように」という自己呈示動機が強いのであれば、腐女子群は特に異性の前で擬態行動をとると考えられる。研究3-3では、私的空間と公的空間での行動の違いについても検討する。

a. 調査方法

・オシャレに関する質問項目

　ファッションやオシャレに関する興味、関心、資金や労力などの投資の程度を測定するために、次の質問項目を設定した。「メイクやファッションの知識が高いと思う」、「ファッションの流行に敏感だ」、「服やコスメにお金をかけていると思う」、「美容に労力を惜しまない」、「ヘアアレンジやパーマ、カラーリングをしている」、「オシャレだとよく言われる」の6項目である。

・好印象を与える自己呈示

　肯定的な印象を他者に与える自己呈示の程度を比較するために、次の質問を設定した。「清潔感がある、とよく言われる」、「いつも笑顔を心掛けてい

る」、「気配りや気遣いが上手いとよく言われる」、「誰にでも親切にするよう心掛けている」、「大人数でご飯を食べるときなどで全員分の料理を取り分けてあげることが多い」の5項目である。

・私的空間と公的空間での行動の違い

私的空間と公的空間での行動の違いを検討するために、次の質問を設定した。「家の外と中で自分の性格にギャップがかなりあると思う」、「接する相手が異性の場合、言葉遣いや声のトーンが変わる」、「異性と会う場面では普段と比べて服装が大きく変わる」の3項目である。

腐女子は外ではボロが出ないように擬態していても、その必要がない自分の部屋の中はどうなっているだろうか。雑談の中であるが、複数の腐女子から「自分の部屋は整理整頓しないので汚い」という話を聞いている。これが腐女子全体に当てはまる傾向なのか確認するために、「整理整頓が得意だ」と「今の自分の部屋は人に見せられないくらい汚い」の2つの質問項目を設定した。

また研究2の考察で、公的空間での女性の猥談は異常者という評価を招いてしまうと書いたが、腐女子であることを告白し、それを受け入れた相手の前では、腐女子同士で猥談を始めることがある。腐女子は性愛描写を含むBLを好んでおり、一般群よりも猥談を好むと考えられる。そこで、「下ネタが苦手だ」という質問項目を設定した。

b. 調査対象と手続

・調査対象者

首都圏私立大学2校の男女大学生261名（男性66名、女性195名）。平均年齢19.4歳（$SD=2.99$）。

・調査手続

調査は通常の授業時間の一部を利用して実施した。オタク度尺度、腐女子度尺度、オシャレに関する質問項目、肯定的印象の自己呈示に関する質問項目、それに私的空間と公的空間での行動の違いに関する質問項目からなる調

査用紙を調査対象者に配付し、回答を記入してもらった。調査は2014年7月から9月にかけて実施した。

c. 調査結果

オタク度尺度と腐女子度尺度に回答漏れのなかった259名を、研究1と同様の基準で4群に分けた。耽美群は5名（1.93%）しかいないため、分析から除外した。

・オシャレ度の分析

オシャレ度の6つの質問項目の信頼性係数は$\alpha=.851$であり、内的一貫性が高いと言える。主成分分析を行ったところ抽出された成分は1つだけであり、全項目が.598以上の高い正の負荷を示した。この6項目の平均点を、オシャレ度とした。

オタク群、腐女子群、一般群のオシャレ度と、6つの質問項目の平均と標準偏差をTable 3-7に示した。それぞれに1要因分散分析を行った結果、オシ

Table 3-7　オシャレ度の平均値と1要因分散分析結果

		度数	平均値	標準偏差	分析結果
オシャレ度	腐女子群	46	2.486	1.021	$F=6.160$
	オタク群	98	2.730	0.941	$df=2/242$
	一般群	101	3.028	0.832	$p<.01$
オシャレだと人からよく言われる	腐女子群	47	2.340	1.027	$F=8.980$
	オタク群	99	2.828	1.143	$df=2/245$
	一般群	102	3.127	0.982	$p<.001$
美容に労力を惜しまない	腐女子群	48	2.500	1.130	$F=3.018$
	オタク群	99	2.768	0.998	$df=2/246$
	一般群	102	2.961	1.134	$p<.10$
ヘアアレンジやパーマ、カラーリングをしている	腐女子群	47	3.128	1.789	$F=5.153$
	オタク群	98	3.102	1.543	$df=2/243$
	一般群	101	3.743	1.354	$p<.01$
服やコスメにお金をかけていると思う	腐女子群	48	2.458	1.398	$F=2.389$
	オタク群	99	2.869	1.209	$df=2/246$
	一般群	102	2.922	1.232	$p<.10$
メイクやファッションの知識が高いと思う	腐女子群	48	2.042	1.336	$F=2.672$
	オタク群	99	2.414	1.152	$df=2/246$
	一般群	102	2.520	1.158	$p<.10$
ファッションの流行に敏感だ	腐女子群	48	2.229	1.171	$F=5.667$
	オタク群	99	2.424	1.107	$df=2/246$
	一般群	102	2.833	1.153	$p<.01$

ャレ度に有意な主効果が認められた。Bonferroni法の多重比較から、腐女子群は一般群よりも有意にオシャレ度が低いことがわかった。

　オシャレ度の個々の項目を見てみると、「ファッションの流行に敏感だ」、「美容に労力を惜しまない」、「ヘアアレンジやパーマ、カラーリングをしている」、「オシャレだとよく人から言われる」で有意な主効果が認められた。多重比較から、オタク群と腐女子群は一般群よりもファッションの流行に敏感ではなく、腐女子群は一般群よりも美容に労力を惜しみ、腐女子群はオシャレだと人から言われることが一般群やオタク群よりも少ないことがわかった。また、オタク群は一般群よりもヘアアレンジ、パーマ、カラーリングをしている者が少なかった。

・好印象自己呈示の分析

　好印象自己呈示に関する5つの質問項目の信頼性係数は$α=.743$であり、尺度としての使用に耐え得る内的一貫性があると判断できる。主成分分析を行ったところ抽出された成分は1つだけであり、全項目が.563以上の高い正の負荷を示した。この5項目の平均点を、好印象自己呈示度とした。

Table 3-8　好印象自己呈示の平均値と1要因分散分析結果

		度数	平均値	標準偏差	分析結果
好印象自己呈示度	腐女子群	48	3.113	0.815	$F=3.993$
	オタク群	99	3.424	0.807	$df=2/244$
	一般群	100	3.494	0.742	$p<.05$
清潔感がある、とよく言われる	腐女子群	48	3.000	0.989	$F=5.490$
	オタク群	99	3.535	1.003	$df=2/246$
	一般群	102	3.529	1.002	$p<.01$
いつも笑顔を心掛けている	腐女子群	48	3.208	1.398	$F=3.549$
	オタク群	99	3.333	1.204	$df=2/245$
	一般群	101	3.713	1.219	$p<.05$
気配りや気遣いが上手いとよく言われる	腐女子群	48	3.104	1.259	$F=3.359$
	オタク群	99	3.626	1.192	$df=2/245$
	一般群	101	3.554	1.136	$p<.05$
誰にでも親切にするよう心掛けている	腐女子群	48	3.500	1.092	$F=2.182$
	オタク群	99	3.788	1.023	$df=2/246$
	一般群	102	3.510	1.032	ns
大人数でご飯を食べる時などで、全員分の料理を取り分けてあげることが多い	腐女子群	48	2.750	1.212	$F=2.654$
	オタク群	99	2.838	1.122	$df=2/246$
	一般群	102	3.127	1.002	$p<.10$

好印象自己呈示度と5つの質問項目の平均と標準偏差をTable 3-8に示した。それぞれに1要因分散分析を行った結果、好印象自己呈示度に有意な主効果が認められ、Bonferroni法の多重比較から、腐女子群は一般群よりも好印象自己呈示度が低いと言える。

個々の項目を見てみると、「気配りや気遣いが上手いとよく言われる」、「清潔感があるとよく言われる」、「いつも笑顔を心掛けている」の3項目で有意な主効果が認められた。多重比較から、オタク群は腐女子群より気配りや気遣いが上手いとよく言われ、一般群とオタク群は、清潔感があると腐女子群よりよく言われると言える。

・私的空間と公的空間での行動の違いの分析

私的空間と公的空間での行動の違いに関する3項目の信頼性係数は$\alpha=.565$であり、内的一貫性が高いとは言えない。しかし主成分分析の結果、抽出された成分は1つだけであり、全項目が.624以上の高い正の負荷を示した。信頼性係数は高いとは言えないが、主成分分析から、この3項目から尺度得点を算出することに問題はないと判断した。この3項目の平均点を、擬態度とした。

各群の擬態度と3項目の平均と標準偏差をTable 3-9に示した。それぞれに1要因分散分析を行った結果、擬態度で有意な主効果が認められ、多重比較から腐女子群は一般群よりも有意に擬態度が高かった。

それぞれの項目を見てみると、「接する相手が異性の場合、言葉遣いや声のトーンが変わる」で有意な主効果が認められた。多重比較から、腐女子群はオタク群や一般群よりも、異性と接する場合に言葉遣いや声のトーンが変わると認識していることがわかった。

部屋の汚さに関する2項目に分散分析を行ったところ、いずれも有意な主効果が認められた。多重比較から、腐女子群は一般群よりも整理整頓が苦手であり、自分の部屋は人に見せられないくらい汚いと認識していることがわかった。また、下ネタに関する質問項目の分散分析でも有意な主効果が認められた。多重比較から、一般群とオタク群は腐女子群よりも下ネタが苦手で

Table 3-9 私的空間と公的空間の行動の違いに関する従属変数の平均値と1要因分散分析結果

		度数	平均値	標準偏差	分析結果
擬態度	腐女子群	48	2.792	0.880	F=3.649
	オタク群	99	2.529	0.864	df=2/246
	一般群	102	2.399	0.774	p<.05
家の外と中で自分の性格にギャップが	腐女子群	48	3.042	1.487	F=2.248
かなりあると思う	オタク群	99	3.071	1.319	df=2/246
	一般群	102	2.706	1.191	ns
異性と会う場面では普段と比べて服装が	腐女子群	48	2.438	1.270	F=1.289
大きく変わる	オタク群	99	2.152	0.983	df=2/246
	一般群	102	2.186	1.002	ns
接する相手が異性の場合、言葉遣いや	腐女子群	48	2.896	1.225	F=5.688
声のトーンが変わる	オタク群	99	2.364	1.073	df=2/246
	一般群	102	2.304	0.920	p<.01
今の自分の部屋は人に見せられないくらい	腐女子群	48	3.333	1.562	F=5.523
汚い	オタク群	98	2.867	1.455	df=2/245
	一般群	102	2.520	1.295	p<.01
整理整頓が得意だ	腐女子群	48	2.375	1.424	F=5.373
	オタク群	99	2.929	1.342	df=2/246
	一般群	102	3.147	1.316	p<.01
下ネタが苦手だ	腐女子群	48	1.917	1.200	F=10.063
	オタク群	99	2.707	1.189	df=2/246
	一般群	102	2.853	1.262	p<.001

あると言える。

d. 考察

・「オタクは外見の魅力に欠ける」は当てはまらない

　研究3-3の結果から考えると、オシャレ度、好印象自己呈示、擬態度や部屋の汚さ、下ネタへの抵抗感のいずれに関しても、オタク群と一般群に有意差は認められなかった。

　オシャレ度の個々の項目を見ると、オタク群は一般群よりもファッションの流行に敏感ではなく、ヘアスタイルや色をあまり加工していないという側面があるが、他者からオシャレと評価される程度も、服やコスメにかけるお金や美容にかける労力も、オタク群と一般群とでは差はなかったのである。

　1990年代初めのバブル崩壊後、若者がファッションにあまりお金をかけないようになり、ユニクロやしまむらなどの安価なファストファッションや、古着を組み合わせるスタイルが普及した。若者にとってファッションそのも

のの重要さが昔に比べると低下したのであり、ファッションの流行に敏感でないことが、必ずしもオシャレでないことを意味するわけではない。オタク群は一般群よりもファッションの流行に対する敏感さやヘアアレンジの傾向が低いが、それはオタク群が一般群よりも魅力のない服装をした、オシャレじゃない人たちであることを示す証拠にはならないのである。

　好印象自己呈示に関して、オタク群は腐女子群よりも気配りや気遣いが上手いと評価されることが多いことを示す有意な結果が得られた。これは研究2の、友人関係における気遣いの分析結果と整合するものである。研究2の結果と考え合わせると、周囲に気を遣いながら付き合う傾向がオタク群の特徴だと判断することができるだろう。また、オタク群は腐女子群よりも、清潔感があると評価される頻度も高かった。少なくともオタク群の外見や自己呈示が、一般群よりも嫌悪感を喚起するような不快なものではないと言うことはできるだろう。

　ただし研究3-3の結果は、昔からオタク群と一般群のオシャレ度や自己呈示に差がなかったということを意味するものではない。近年のオタク・ノーマライゼーションにより、オシャレ度に関しても、一般群と差がないオタクが増えた可能性もある。また、多くの若者がオシャレに多額の投資をしていた1980年代に、オタクたちがオシャレに投資しなかったのであれば、一般群と比較してオタクはやはり魅力に欠ける残念な外見と評価されていた可能性も高いだろう。いずれにしても、現代のオタク群は一般群と遜色のない外見をしており、魅力に欠ける外見というステレオタイプはもはや当てはまらないものであると判断できるだろう。

・オタクよりオタクな腐女子は残念な外見となる

　オタク群と異なり、残念さを露呈したのが腐女子群だった。腐女子群は一般群よりオシャレ度も好印象自己呈示度も低く、擬態度が高かった。部屋も汚く、下ネタへの苦手意識も低かった。腐女子群は、腐女子であることを隠すために他者の前では擬態し、キャラを作っているつもりであるが、群全体としてみるとあまり成功はしていないようである。擬態に成功しているので

あれば、オシャレ度でも好印象自己呈示度でも有意な主効果は認められないはずである。しかし、現実にはオシャレ度も低く、自己呈示がそれほど好印象を与えてもいないと彼女たちは認識している。オシャレ度の個々の項目を見ると、腐女子群は一般群ほどファッションの流行に敏感ではなく、美容にも労力をかけず、オシャレだと評価されることが少ない。では、腐女子群は一般群と比較して、現実に残念な服装や髪型をしていると判断してよいのだろうか。

ちなみに、「メイクやファッションの知識が高いと思う」でも「服やコスメにお金をかけている」でも群の違いの主効果傾向が認められ、腐女子群はメイクやファッションの知識が低く、服やコスメにあまりお金をかけないことが示唆されている。これらの項目での傾向も、全体としてのオシャレ度の有意差に貢献していると判断できる。

ここでもう一度、「オタクはなぜオタクであるか」と問おう。自分の持つ資源を、オタク系の趣味に集中的に投資するからオタクなのである。研究3-3のデータに関しても、腐女子群はオタク度得点と腐女子度得点の両方が高いばかりか、オタク群よりも有意にオタク度得点が高いのである（$F=305.574, df=2/250, p<.001$）。やはり、オタク度が極端に高くなると、オシャレに対する関心も投資する金額や労力も低下してしまうということのようである。

さらに、腐女子が好む同人誌は、俗に「薄くて高い本」と呼ばれるものである。原典で恋愛関係にない男性キャラのBLを見ることができるのは同人誌だけであり、コミックマーケットなどの同人誌即売会に腐女子が群がるのはそのためである。自主制作の同人誌は、制作する部数が少ないため、一部あたりの制作費が高くなる。研究1で論じたように、オタク群にとって同人誌はなくてもよいが、腐女子群にとっては同人誌はなくてはならないものである。公式の出版物などのグッズだけでなく、非公式の同人誌を買いあさる腐女子たちは、オシャレに費やすことができる資金が、オタク群よりもさらに少なくなるのである。

・**食欲と美に関する欲求**

人間には、美味しい食べ物に対する欲求と、美しくなりたい欲求がある。ダ

イエットに関する書籍、器具、サプリメントなど、市場にはさまざまなダイエット関連の商品があふれている。なぜさまざまなダイエット方法が提唱され、さまざまな器具やサプリメントが発売され、大きな市場を形成しているのか。それは痩せたいと願っている多くの人がいるからであり、かつ多くの人が痩せることができないでいるからである。

　痩せること自体は、それほど困難なことではない。唯一確実なダイエット方法は、食べないことである。食事の量を減らせば痩せられる。困難なのは、美味しいものを食べながら痩せることである。食事制限も運動もしないで、楽して痩せることが困難なのである。

　食べることは快である。美味しいものを食べることは快楽である。その快楽を我慢することは困難である。人間は、いや人間だけでなく快不快の感覚のある生物すべてに共通する行動の大原則は、「快を求め不快を避ける」ことである。食事に当てはめれば、人間は美味しい食べ物を求め、空腹を避けるように行動するようにできているのである。

　美も快である。美しくなることも人間の快楽である。生物の行動の大原則を美にも当てはめれば、人間は美を求め、醜さを避けるように行動する。現代社会は食の情報ばかりでなく、美容とファッションに関する情報もあふれている。その情報の氾濫の中で生活している現代人は、常に「美しくあれ」という圧力をかけられていると言うこともできる。第2章で触れたように、人間には自分自身をより高く評価したいという自己高揚欲求、あるいは好ましくない評価は避けたいという自己防衛欲求がある。したがって、誰でもその社会で美しいと評価される理想像に少しでも近づきたいと思うし、醜いと評価されないよう自分の外見を管理するように動機づけられているのである。

　さらに、その「美しくあれ」という圧力は、若者に対して最も強く加えられる。加齢により容姿が衰えることは避けられない。年長者に対しても容姿の衰えを防ぐアンチエイジングの圧力が加えられるようになったが、年長者にとっては健康や体力の維持の方が、美容よりも優先順位の高い切実な問題である。また年長者は、今まで自分が達成した業績が、自分の社会的価値の根拠となる。容姿が衰えてもその価値が低下することはない。しかし、多く

の若者は、自分の社会的価値の根拠となる業績をまだ持っていない。そのため若者にとっては、自分の社会的価値の根拠として、美しさの比重が年長者よりも高くなる。また、恋愛と結婚を社会的に期待されている若者は、異性を魅了するためにも、美しくなることを年長者よりも強く期待されているのである。

・オシャレに対する接近－回避の葛藤

では、食べることと美を求めること、どちらの欲求の優先順位が高いのだろうか。それは、食べることである。

美味しいものをたくさん食べたい、けど痩せたい。これは2つの異なる対象を同時に求める葛藤であり、古典的な心理学（Lewin, 1935）では接近－接近の葛藤と呼ばれる。ダイエットの苦労をするのは嫌だが、他者から格好悪いと評価されるのも嫌だ。これは2つの異なる対象を同時に避けたいと思う葛藤であり、回避－回避の葛藤と呼ばれる。オシャレに見られたいけれど、オシャレに労力や資金などの自分の資源を投入するのは嫌だ。これは同じ対象に対して接近と回避を同時に求める、接近－回避の葛藤と呼ばれる。

前述のように、誰でも美しいと評価されたいし、醜いとは評価されたくない。オシャレの場合、美しさやオシャレさの感覚は服装や靴を含めたコーディネートのバランス、コーディネートと体型のバランス、コーディネートと顔や髪型のバランスなど、さまざまなバランスの上に成立している。それらのバランスが崩れていくと、オシャレ度が低下していくのである。美しく見られたい、オシャレに見られたいけれど、それに失敗して格好悪く見られる可能性もある。オシャレに見られるためにはファッションや美容のためのコスト、ダイエットなどのコストも必要になる。オシャレに見られたいけれど、コストはかけたくない。つまり、オシャレに関しては接近－回避の葛藤が存在するのである。

この接近－回避の葛藤の観点から、若者のオシャレ意識を考察してみたい。

・オシャレ意識による若者のタイプ分け

　「オシャレを楽しみたい」、「オシャレだと評価されたい」というオシャレへの接近の強さと、それが成功する可能性やそのために必要となるコストを推定する。オシャレの失敗や高コストの回避の強さから、若者のオシャレ意識をいくつかのタイプに分けることができるだろう。

　まずは、美容やファッションに投資すれば確実に成果を実感し、オシャレの満足感を感じることができる葛藤の少ないタイプである。これを母子の愛着のタイプ（Ainsworth, et al., 1978）に倣って安定型と呼ぶことにする。つまり、オシャレの努力が成功する可能性が高いと感じているのが安定型である。

　オシャレの努力が成功する可能性が中程度だと感じているのがアンビバレント型である。オシャレはしたいけれどあまり資金や労力を投資できない、自分の体型やファッションセンスに自信がないので失敗を回避したい。オシャレに対する接近－回避の葛藤が最も強いタイプである。そのため、自信を持ってオシャレできないし、オシャレの満足感をあまり感じることができないのである。オシャレをした自分を肯定的に評価してもらいたいけれど、否定的に評価されることを恐れてしまい、効果的にオシャレできないタイプである。

　さらに、回避型が存在する。本当は美しくなりたいけれど、身体的自己評価が低すぎるために、何をやっても無駄だ、自分がオシャレをしたって笑われるだけだと思い込んで、オシャレへの接近を放棄してしまうタイプである。

・擬態する腐女子、しない腐女子

　これを腐女子に当てはめて考えてみよう。むろん、腐女子がすべてオシャレに対して強い葛藤を持っているわけではない。積極的にオシャレを楽しみ、オタク趣味やBL趣味と両立させている安定型の腐女子も多数存在する。安定型は研究3-2で見られたような身体的自己評価が低い腐女子ではなく、ダイエットを必要としないタイプである。すでに人並み以上の容姿を持ち、オシャレに対するコストが低く、より美しくなりたいというオシャレに対する動機づけも強いため、成功可能性が高くなるのである。研究3-2におけるダイエットの意志がない腐女子群の割合から類推すると、腐女子群の3割から

4割が安定群に該当すると思われる。

　後の6割から7割が、ダイエットの意志を持ち、身体的自己評価が高くない、あるいは低い腐女子ということになるだろう。その中で、アンビバレント型はオシャレへの接近と失敗回避の葛藤に悩み、結局、否定的に評価されない人並みで無難なオシャレを選択することが多くなるだろう。それが「一般人の擬態」となる。より美しくなることよりも否定的に評価されないことが目的となり、積極的にオシャレを楽しむことができないのである。

　さらに、回避型の腐女子は、オシャレや美容へ投資しないで、自分の趣味に投資してしまう。自分は腐女子だから、社会から否定的に評価されている。腐女子をやめることはできないが、バカにされるのは嫌だから、人並みに見えるように擬態しよう。でも、人並み以上に魅力的になるために、資金と労力を美容とファッションに投資することはやっても無駄だ。いくら頑張っても腐女子なんだから、それだけで肯定的に評価されない。だから、美容やファッションにお金をかけるよりは趣味にお金をかけた方が、少なくても自分にとって有意義なお金の使い方だ。このように考える者は、美容とファッションのための投資が最小限になるだろう。

・オシャレに対する学習性無力感

　オタクであろうとなかろうと、腐女子であろうとなかろうと、身体的魅力の高い者と低い者がいる。身体的魅力が低い者でも、資金と労力を美容とファッションに投資することで、自分を人並みに見せることは可能である。身体的魅力が低い者の多くは、自分を人並みに見せるための動機づけが強くなるだろう。容姿をカバーするためのファッションやメイク、ヘアスタイルなどを研究するだろう。

　しかし、身体的魅力の低い者の中には、何をやっても無駄だという学習性無力感にとらわれ、オシャレへの接近を諦める者も出てくる。さらに、腐女子やオタクの中には、「自分は腐女子だから（オタクだから）努力したって人並みになれない」と思う者も存在すると考えられる。つまり、世間的にはオタクや腐女子に関する否定的イメージが強いために、それだけで自分は人並

みになれない存在だと思い込んでしまうのである。努力すれば人並みになれるのに、学習性無力感にとらわれてしまうとオタクや腐女子であることを言い訳にしてオシャレの努力を放棄してしまうのである。

「美しくあれ」という社会的圧力の中で、自分を美しくするための努力をしない自分に対する言い訳として腐女子であることを利用する者は、人並みに擬態できるのか疑問である。目的とするレベルが低く、最低限の投資しかしない者の外見は、オシャレ意識の高い者から見ると、人並み以下の魅力のない外見に見えてしまうのではないだろうか。

腐女子群の中には、否定的ステレオタイプの通りオシャレ意識の低い者が一般群よりも多いことは、研究3-3のデータが示している。一般的には、オシャレ意識が低いと現実の外見の魅力も低くなると考えられる。ただし、現実には太っていない女子中学生でも太っていると自己評価しているように（緑川, 1993）、現実の身体的魅力はそれほど低くなくても、自分はオシャレ度が低い魅力のない存在だと自己評価している可能性もある。

研究3-2から、ダイエット意識がある腐女子は自分の外見に関する自己評価が低く、自尊感情も低い。そのような自己評価の低さが、オシャレ度の低い自分という認識につながった可能性もある。

・私的空間における腐女子の振る舞い

腐女子は公的空間では否定的評価を避けるために一般人に擬態するが、腐女子の私的空間はどのような状態になっているのだろうか。

自分の印象を取り繕う必要がない私的空間である腐女子の部屋は、他者に見せられないほど汚いようである。それは、整理整頓が苦手であり散らかしてそのままにしているからである。腐女子の話を聞くと、次第に自室の床には同人誌が散乱し、足の踏み場もなくなってしまうのだそうである。

その同人誌に掲載されているBLは主として女性向けの性的娯楽であり、ポルノグラフィでもある。性愛描写がまったく登場しない商業BL作品も存在するが、一般的な少女マンガと比較するとBLマンガに性愛描写が登場する比率は非常に高いようである（堀, 2009）。堀（2009）は、ほとんどのBL小説に

は性愛描写があり、二次創作同人誌はキャラクターや設定を了解している読者が対象であるために性愛描写のみの作品も見られるほど、BLと性愛描写は深いつながりがあることを指摘している。

また、BLは恋愛関係になる二人の関係性が重視されるジャンルである。一人のキャラクターが魅力的であるかどうかではなく、恋愛関係になる二人のキャラクターの関係が読者の趣味に合うかどうかで作品の評価が決定されるほど重要なのである。そのキャラクターの関係性は、性器を挿入する「攻め」と、挿入される「受け」として表現される。どのようなタイプの攻めと受けの組み合わせなのかによって、BLはジャンル分けされる。この性愛における役割関係をカップリングと呼ぶ。

公衆の面前で猥談をする女性は、一般的には異常者とみなされる。そのため腐女子は一般人の前では腐女子であることを隠し、擬態して一般人のふりをするのである。そして腐女子同士になると、思う存分BLについて熱く語り合う。性愛における役割関係で人間関係を捉える腐女子同士の会話は、必然的に「あの作品の中でのマイベストカップリングはAとB」であり、「絶対Aが攻めでBが受け、それ以外は考えられない」、というような下ネタになってしまう。このようなところが、研究1で検討したような変態性の自己認知につながり、「自分は腐っている」という認識につながるのだろう。

研究3のまとめ

研究3からは、一般群とオタク群の外見や自己呈示に大きな差はないことがわかった。研究2の結果と考え合わせると、コミュニケーション能力の低さも、外見の魅力の低さも、オタクに対する否定的ステレオタイプは、少なくとも現代のオタク群には当てはまらないものだと言える。しかし、菊池(2008)は「オタク的と言われたとき」の感情として「やはり不愉快」という回答が過半数を超えており、「オタク」が依然としてネガティブな蔑称であることを指摘している。それは、研究3-1で明らかになったように、オタク群自身がそ

う思っているほど、「オタクはオシャレ度が壊滅的に低い」というイメージが強固であることにも由来するのである。

　私が卒業論文や大学のゼミなどで交流した腐女子の印象からすると、腐女子群がオシャレ度が低いというのは意外な結果であった。残念なルックスの腐女子がいなかったわけではないし、オシャレに対する投資を無駄だと思っていた腐女子も現実に存在した。しかしそれは例外であり、私が接触した多くの腐女子たちは人並み以上のルックスをもっていたし、オシャレに関心があり努力もしていた。腐女子やオタクではない学生でも、残念なルックスの学生はいくらでも存在する。そのため、腐女子やオタクであるかどうかとルックスのレベルは関係がないと、主観的に認識していたのである。

　ただ、私に腐女子であることを開示する者は、社会的スキルがある腐女子なのだと考えることもできる。大学の教員に腐女子であることを開示し、それを卒業論文のテーマとして研究しようと考えるのは、やはり活動的で積極的な者が多かった可能性が高い。そのように考えると、腐女子であることを隠し、自分では一般人に擬態したつもりになっている腐女子との交流は、私にはほとんどなかったのかもしれない。社会的スキルが低く外見の魅力も低い、まさに否定的イメージの通りの腐女子も、サイレント・マジョリティとして相当数存在すると考えるべきなのかもしれない。

　研究4ではオタクと腐女子のイメージ評定を行い、オタクや腐女子は依然としてネガティブな存在としてイメージされているのかどうか検討する。

第4章
オタクと腐女子のイメージを比較する

　研究1では、腐女子群は自らを変態であると認識する度合いが、一般群やオタク群より高いことがわかった。研究3-2では、ダイエットの意志がある者について、腐女子群は自分の体型に対する自己評価が低く、自尊感情も低いことがわかった。また、研究3から、オシャレ意識や自己呈示に関して腐女子群とオタク群、腐女子群と一般群に差があることがわかった。

　腐女子はオタクの中でも特殊な存在なのだろうか。一般群やオタク群は、そして腐女子自身は、腐女子のことをどのようにイメージしているのだろうか。

　人間には自己高揚欲求と自己防衛欲求があるため、通常は自分のことを肯定的にイメージしている。人間として健康な生活を送るためには、自分自身の存在価値や自分の行為の持つ意味の認識が必要である。自分は誰にも必要とされない価値のない人間であり、自分の存在や自分の行為には何の意味もない、と思いながら生きていくことは苦痛でしかない。自分の価値や意味の認識が持てない場合には、人間は精神的な病気になったり、自殺することもある。

　「腐女子」のイメージは、腐女子群と一般群でどのように異なるのだろうか。普通に考えれば、腐女子群は一般群よりも腐女子についてのイメージ（以下「腐女子イメージ」）が肯定的であると予測できる。しかし、変態性の自覚が強いことを考えると、腐女子も自分自身を異常な存在としてイメージしている可能性も高い。

　また、たびたび触れてきたように、オタクは否定的存在としてイメージされてきた。オタクを自認する者が大学生世代の過半数を超えたとはいえ、依然としてオタクにはネガティブな蔑称としての性格があることも指摘されている（菊池, 2008）。研究4では、オタクと腐女子に関して2つのイメージ調査

を行う。

　研究4-1では腐女子イメージの群による違いを検討する。研究4-2では、腐女子イメージをマンガ・アニメ・ゲームオタクのイメージと比較する。

研究4-1
「腐女子イメージの比較」

a. 調査方法

　腐女子に対する親近感や好意的イメージと、異常で非常識というイメージの強さを測定するために、「好き−嫌い」、「近い−遠い」、「親しみやすい−親しみにくい」、「関係ある−関係ない」、「信頼できる−信頼できない」、「おもしろい−つまらない」、「正常−異常」、「清潔−不潔」、「明るい−暗い」、「快−不快」、「常識的−非常識」、「理解できる−理解できない」の12の形容詞対を作成した。「腐女子」のイメージについて以下の形容詞対がどのくらい当てはまるかを、「左側の形容詞によく当てはまる」を1、「左側の形容詞にやや当てはまる」を2、「どちらともいえない」を3、「右側の形容詞にやや当てはまる」を4、「右側の形容詞によく当てはまる」を5とした評定尺度上で数字に○を付けて回答を求めた。

b. 調査対象と手続

・調査対象者

　首都圏私立女子大学の大学生171名。平均年齢19.18歳（SD=1.281）。

・調査手続

　通常の授業時間の一部を利用して質問紙調査を行った。オタク度尺度、腐女子度尺度と腐女子イメージに関する評定尺度で構成した質問紙を調査対象者に配付し、回答記入後に回収した。調査は2011年11月に実施した。

c. 調査結果

・イメージ得点の算出

　腐女子イメージの12項目の評定値に主因子法プロマックス回転の因子分析を行った。その結果、固有値1.00以上の因子が2因子抽出された。第1因子は「関係ある－関係ない」、「近い－遠い」、「理解できる－理解できない」、「親しみやすい－親しみにくい」、「好き－嫌い」、「快－不快」、「おもしろい－つまらない」の7つの形容詞対に負荷量が高かった。これらは、腐女子に対する心理的距離の大きさと否定的評価を表すものだと解釈できる。したがって、第1因子を違和感イメージとした。この7項目の信頼性係数は$\alpha=.922$であり、内的一貫性が高い。主成分分析を行ったところ得られた成分は1つだけであり、すべてが.724以上の高い正の負荷量を示していた。この7項目の平均を、違和感得点とした。

　第2因子は「正常－異常」、「清潔－不潔」、「常識的－非常識」、「明るい－暗い」、「信頼できる－信頼できない」の5項目に負荷量が高かった。これらは、アブノーマルな存在としての腐女子イメージを表すものだと解釈できる。この5項目の信頼性係数は$\alpha=.842$であり、これも内的一貫性が高いと判断できる。主成分分析を行ったところ得られた成分は1つだけであり、すべてが.694以上の高い正の負荷量を示していた。この5項目の平均を、アブノーマル感得点とした。

　研究1と同様の方法で、調査対象者を腐女子群、オタク群、一般群、耽美群に分けた。耽美群は6名（3.51%）しかいないため分析から除外した。各群の違和感とアブノーマル感のイメージ得点について、平均と標準偏差をTable 4-1に示した。Table 4-1に従って、1要因分散分析を行った。

　1要因分散分析の結果、違和感では有意な主効果が認められた。Bonferroni法の多重比較から、一般群、オタク群、腐女子群の順に、腐女子に対する違和感イメージが強いといえる。しかし、アブノーマル感では有意な主効果は認められなかった。腐女子は非腐女子よりも、腐女子を自分に近く好意的な存在としてイメージしているが、その一方で非腐女子と同様に、腐女子をアブノーマルな存在としてイメージしていることがわかった。

腐女子は自分たちのBL志向を非常識で異常と認識するからこそ、「腐っている」と自嘲するのである。

Table 4-1　腐女子イメージの平均と1要因分散分析結果

		度数	平均値	標準偏差	分析結果
違和感	腐女子群	34	2.309	0.635	$F=28.586$
	オタク群	54	3.058	0.755	$df=2/162$
	一般群	77	3.409	0.701	$p<.001$
関係ない	腐女子群	34	2.147	0.892	$F=19.847$
	オタク群	54	3.278	1.366	$df=2/162$
	一般群	77	3.636	1.087	$p<.001$
遠い	腐女子群	34	2.088	0.933	$F=27.576$
	オタク群	54	3.259	1.231	$df=2/162$
	一般群	77	3.662	0.912	$p<.001$
理解できない	腐女子群	34	2.088	0.965	$F=20.130$
	オタク群	54	2.796	1.035	$df=2/162$
	一般群	77	3.403	1.042	$p<.001$
親しみにくい	腐女子群	34	2.235	0.855	$F=23.418$
	オタク群	54	3.278	1.036	$df=2/162$
	一般群	77	3.636	1.025	$p<.001$
嫌い	腐女子群	34	2.294	0.938	$F=19.807$
	オタク群	54	3.148	0.920	$df=2/162$
	一般群	77	3.468	0.882	$p<.001$
不快	腐女子群	34	2.559	0.860	$F=11.129$
	オタク群	54	3.093	0.784	$df=2/162$
	一般群	77	3.338	0.788	$p<.001$
おもしろくない	腐女子群	34	2.294	0.871	$F=7.036$
	オタク群	54	2.593	1.037	$df=2/162$
	一般群	77	3.013	0.993	$p<.01$
アブノーマル感	腐女子群	34	3.106	0.688	$F=1.710$
	オタク群	54	3.133	0.677	$df=2/162$
	一般群	77	3.314	0.651	ns
異常	腐女子群	34	3.412	1.184	$F=0.848$
	オタク群	54	3.259	0.873	$df=2/162$
	一般群	77	3.468	0.788	ns
不潔	腐女子群	34	3.059	0.736	$F=0.785$
	オタク群	54	3.185	0.870	$df=2/162$
	一般群	77	3.260	0.733	ns
非常識	腐女子群	34	3.294	0.836	$F=0.511$
	オタク群	54	3.148	0.878	$df=2/162$
	一般群	77	3.143	0.643	ns
暗い	腐女子群	34	2.882	0.977	$F=4.089$
	オタク群	54	3.037	1.115	$df=2/162$
	一般群	77	3.416	0.951	$p<.05$
信頼できない	腐女子群	34	2.882	0.808	$F=4.002$
	オタク群	54	3.037	0.699	$df=2/162$
	一般群	77	3.286	0.741	$p<.05$

研究4-2
「腐女子イメージとオタクイメージの比較」

　研究4-1では、腐女子群は自らをアブノーマルな存在であるとイメージしていることが示された。では、オタクはどのようにイメージされているのだろうか。オタク群と腐女子群、それぞれのイメージを比較してみたい。

・オタク趣味と社会的な価値
　オタクや腐女子を異質な存在として否定的にイメージしているのは、どのような趣味に熱中している人たちなのだろうか。
　スポーツや芸術のように、社会的にその価値を認められた趣味がある。体育系部活動に所属する生徒は文化系部活動の生徒よりも学校社会でのヒエラルキーが高く、音楽系や美術系以外の文化部の男子生徒はオタクのスティグマを付与されることもある（石田・岡部, 2014）という。スポーツや芸術への熱中は技能の向上など肯定的方向へと本人を変化させ、さらに他者に感動を与えるものとして社会的に高く評価される。
　菊池（2000）は、オタクイメージ調査で「世間であまり認められない分野で他人には感じられない魅力を感じ執着する人」や「世間的にはつまらないことでも仲間内で盛り上がれる」という回答を紹介している。つまり、社会的に価値が低いとみなされるものに熱中するのがオタクであり、社会的に価値を認められた活動に熱中する人々はオタクとは呼ばれないのである。社会的に価値を認められた活動に熱中している人は、オタクや腐女子を否定的にイメージする傾向が強くなると考えられる。

・ユニークネス欲求
　なぜ腐女子は、自分たちをアブノーマルとイメージするのだろうか。人は自分の主観的認識の世界に生きている。前述のように、人間には自分自身をより高く評価したいという自己高揚欲求と、好ましくない評価は避けたいと

いう自己防衛欲求がある。他者との一致や合意を自分の意見、態度、価値観、嗜好などの正しさの証明と人間は考える。そのため意見、態度、価値観、嗜好などが類似した人たちが「類は友を呼んで」集団を形成し、合意的妥当化を行う。そのため通常人間は、自分の主観的認識の中では自分自身をまともであり正しいと思っているのである。しかし、腐女子は自分たちをアブノーマルな存在とイメージし、研究1で示したように自分たちの変態性を認めるのである。

　ここには、ユニークネス欲求（Snyder & Fromkin, 1977）が影響していると考えられる。山岡（1994）はユニークネス欲求を「自尊感情を高めるようなポジティブな側面における他者との差異の認識に対する欲求」と定義し、その個人差を測定するためのユニークネス尺度を作成した。山岡（1994）は、ユニークネス欲求の高群と低群を自己概念の観点から比較し、次のような結果を報告している。

　ユニークネス欲求高群は「非凡でユニーク、個性的で独立的・自立的」、低群は「平凡で個性がなく、依存的で妥協的」という自己概念を持つ者が多い。研究1で見たように、腐女子は趣味の仲間以外を「一般人」と呼ぶ傾向が強い。つまり、趣味の仲間以外は平凡で個性のない一般的な人であり、自分たちは一般的ではない特別な存在だと認識していると考えることができる。

　マルキ・ド・サド、ザッヘル・マゾッホ、ジョルジュ・バタイユ、ジャン・ジュネらの作品を日本に紹介し評価したのは、三島由紀夫や澁澤龍彦、種村季弘らの高い美意識を持つ作家たちだった。序章で書いたように、70年代後半から80年代前半の耽美派少女たちは、従来「倒錯」、「頹廃」、「背徳」、「異端」、「狂気」などの言葉で否定的に評価されてきたものに「美」を認める美意識を持っていた。マスメディアが提供する表の文化とは異なるマイナーなサブカルチャーの世界で、耽美派少女たちは前述の作家たちに連なる高い美意識を受け継いでいたのである。

　BL作品を今でも「耽美」と称するのは、美少年趣味が高い美意識と共にあった時代の残滓なのだろう。腐女子はBL志向を異常と自嘲する一方で、普通の人には理解できないものを理解し楽しむことができる高度な感性や美意

識を持った存在だと、自らを特別視していると解釈することもできる。研究4-2ではユニークネス欲求の観点からも、腐女子のアブノーマルイメージについて検討する。

a. 調査方法

研究4-1で使用した違和感イメージに関する7つの形容詞対と、アブノーマル感に関する5つの形容詞対を使用し、アニメ・マンガ・ゲームオタクのイメージと腐女子のイメージを評定させた。評定尺度は研究4-1と同様の5件法である。同一の評定尺度上で、アニメ・マンガ・ゲームオタクのイメージには○、腐女子のイメージには×を付けて回答してもらった。

また、回答者が熱中している趣味や夢中になっている対象に関する質問項目を設定した。「あなたが熱中している趣味や夢中になっている対象がありますか。あなたがファンまたはオタクだと思うもので、最も当てはまると思うもの1つに○を付けて下さい」として、次の13の選択肢の中から1つを選択させた。選択肢は以下の通りである。

①ジャニーズなどの男性アイドル、②AKB48などの女性アイドル、③宝塚・ミュージカル、④スポーツ、⑤アニメ・マンガ・ゲーム、⑥EXILEなどのダンス・ボーカルグループ、⑦お笑い・芸人、⑧ディズニー、⑨サンリオ、⑩バンド、⑪シンガーソングライター、⑫特になし、⑬その他。

b. 調査対象と手続

・調査対象者

首都圏私立大学3校の大学生304名（男性105名、女性199名）。平均年齢19.97歳（$SD=2.240$）。

・調査手続

通常の授業時間の一部を利用して質問紙調査を行った。オタク度尺度、腐女子度尺度と腐女子イメージとオタクイメージに関する評定尺度、熱中している趣味に関する質問項目、それにユニークネス尺度（山岡, 1994）で構成さ

れた質問紙を調査対象者に配付し、回答記入後に回収した。調査は2015年7月に実施した。

c. 調査結果

　研究1と同様の基準で回答者をオタク群、腐女子群、一般群、耽美群に分けた。耽美群は3名（0.99%）しかいないため分析から除外し、オタク群、腐女子群、一般群の比較を行った。研究4-1と同様に、オタクの違和感イメージ得点とアブノーマル感イメージ得点、腐女子の違和感イメージ得点とアブノーマル感イメージ得点を算出した。各群におけるオタクと腐女子の違和感およびアブノーマル感のイメージ得点について、平均と標準偏差をTable 4-2に示した。Table 4-2に従って、群の違いとオタクと腐女子の違いを独立変数とした1要因が繰り返し要因である2要因分散分析を行った。

・違和感イメージの比較

　違和感イメージに関して、群の違いの主効果、オタクと腐女子の違いの主効果、それに2要因の交互作用（Figure 4-1）が認められた。Figure 4-1から、全体として腐女子の方がオタクより違和感が強い存在としてイメージされていることがわかる。

　交互作用が認められたために、オタクと腐女子のイメージごとの1要因分

Table 4-2　オタクと腐女子のイメージ得点の平均値と2要因分散分析結果

	群	平均値	標準偏差	N	分析結果	2要因分散分析結果
オタク違和感	腐女子群	2.226	0.739	43	$F=54.673$	群の主効果
	オタク群	2.324	0.884	95	$df=2/283$	$F=110.787, df=2/277, p<.001$
	一般群	3.360	0.840	142	$p<.001$	オタクと腐女子の違いの主効果
腐女子違和感	腐女子群	2.161	0.824	43	$F=108.545$	$F=90.612, df=1/277, p<.001$
	オタク群	3.405	0.957	95	$df=2/282$	2要因交互作用
	一般群	4.178	0.683	142	$p<.001$	$F=21.701, df=2/277, p<.001$
オタクアブノーマル感	腐女子群	3.133	0.586	45	$F=3.655$	群の主効果
	オタク群	3.147	0.670	98	$df=2/284$	$F=12.089, df=2/282, p<.001$
	一般群	3.342	0.610	142	$p<.05$	オタクと腐女子の違いの主効果
腐女子アブノーマル感	腐女子群	3.193	0.587	45	$F=14.598$	$F=39.728, df=1/282, p<.001$
	オタク群	3.560	0.678	98	$df=2/287$	2要因交互作用
	一般群	3.818	0.715	142	$p<.001$	$F=5.224, df=2/282, p<.01$

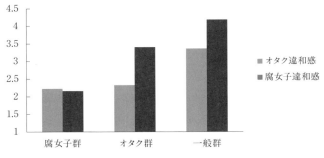

Figure 4-1　違和感イメージ

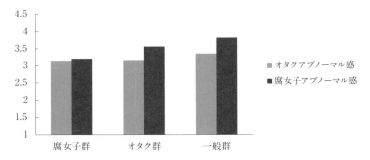

Figure 4-2　アブノーマル感イメージ

散分析を行った。オタクに対する違和感イメージでも、腐女子の違和感イメージでも、有意な群の違いの主効果が認められた。

　Bonferroni法の多重比較から、一般群はオタク群や腐女子群よりもオタクに対する違和感イメージが強いと言える。オタク群と腐女子群にとってマンガ・アニメ・ゲームオタクは身近で違和感のない存在としてイメージされているが、一般群にとってはいまだオタクは違和感の強い存在としてイメージされていることがわかる。

　多重比較から、腐女子イメージに関しては、一般群、オタク群、腐女子群の順に違和感イメージが強いと言える。これは研究4-1と同じ結果である。腐女子群にとって腐女子は身近で違和感のない存在としてイメージされているが、一般群にとってだけでなく、オタク群にとっても腐女子は違和感の強い

存在としてイメージされていることがわかる。

・アブノーマル感イメージの比較

　アブノーマル感イメージに関して、群の違いの主効果、オタクと腐女子の違いの主効果、それに2要因の交互作用（Figure 4-2）が認められた。Figure 4-2から、全体としてオタクより腐女子の方がアブノーマル感が強い存在としてイメージされていることがわかる。

　交互作用が認められたために、オタクと腐女子のイメージごとの1要因分散分析を行った。オタクのアブノーマル感イメージでも、腐女子のアブノーマル感イメージでも有意な群の違いの主効果が認められた。オタクのアブノーマル感イメージに関しては、平均値からは、オタク群や腐女子群よりも一般群にオタクのアブノーマル感イメージが強いことが示唆されるが、Bonferroni法の多重比較では有意差は認められなかった。多重比較から、腐女子イメージに関しては一般群、オタク群、腐女子群の順にアブノーマル感イメージが強いと言える。これは研究4-1とは異なる結果である。

　平均値から判断すると、腐女子群が腐女子自身を「アブノーマルではない存在」としてイメージしているのではなく、オタク群と一般群において、研究4-1よりも腐女子のアブノーマルなイメージが強くなったと言える。

　各群の違和感イメージ得点とアブノーマル感イメージ得点に関して、研究4-1のデータと研究4-2のデータをt検定により比較したところ、いずれも腐女子群では有意差が認められなかった。一方、オタク群と一般群ではいずれも有意差が認められ、研究4-1よりも研究4-2の方で腐女子の違和感イメージ（オタク群 $t=2.365$, $df=149$, $p<.05$：一般群 $t=7.752$, $df=219$, $p<.001$）とアブノーマル感イメージ（オタク群 $t=3.715$, $df=150$, $p<.001$：一般群 $t=5.231$, $df=221$, $p<.001$）が強くなっていることがわかった。

　これは、研究4-1では腐女子のイメージのみの評定であったが、4-2では「腐女子とオタクの」イメージ評定という、調査方法の違いに由来するものと解釈できる。つまり、自分の持つオタクイメージと比較することで、オタク群と一般群では腐女子イメージのネガティブさが強調されたのである。

いずれにしても、腐女子群でも腐女子をアブノーマルな存在としてイメージしており、オタク群や一般群は、腐女子をさらにアブノーマルな存在としてイメージしているのである。

・腐女子やオタクを否定する者

「熱中している趣味や夢中になっている対象がありますか」との質問に対して、「ジャニーズなどの男性アイドル、AKB48などの女性アイドル、宝塚・ミュージカル、EXILEなどのダンス・ボーカルグループ」を選択した者をアイドル群、「バンドとシンガーソングライター」を選択した者をポップス群、「お笑い・芸人、ディズニー、サンリオ、特になし、その他」を選択した者をその他群、「スポーツ」を選択した者をスポーツ群、「アニメ・マンガ・ゲーム」を選択した者をアニメ・マンガ・ゲーム群とした。

次に、オタク群、腐女子群、一般群が熱中している趣味の内訳を Table 4-3 に示した。群によって熱中している趣味や対象が有意に異なり（χ^2=82.464, df=8, p<.001）、残差からオタク群と腐女子群ではアニメ・マンガ・ゲームが有意に多く（p<.01）、一般群では逆にアニメ・マンガ・ゲームが有意に少なかった（p<.01）。また、オタク群ではスポーツが有意に少なく（p<.05）、一般群で

Table 4-3　熱中している趣味の群による違い

		趣味再分類					合計
		アイドル	ポップス	その他・なし	スポーツ	アニメ・マンガ・ゲーム	
腐女子群	度数	6	2	6	3	31	48
	期待度数	8.3	4.8	11.3	7.0	16.6	48.0
	％	12.50%	4.17%	12.50%	6.25%	64.58%	100.00%
	調整済み残差	-1.0	-1.5	-2.0	-1.8	4.8	
オタク群	度数	12	6	21	6	57	102
	期待度数	17.6	10.2	24.1	14.9	35.2	102.0
	％	11.76%	5.88%	20.59%	5.88%	55.88%	100.00%
	調整済み残差	-1.8	-1.7	-0.9	-3.1	5.6	
一般群	度数	34	22	44	35	16	151
	期待度数	26.1	15.0	35.6	22.1	52.2	151.0
	％	22.52%	14.57%	29.14%	23.18%	10.60%	100.00%
	調整済み残差	2.4	2.7	2.3	4.2	-8.8	
合計	度数	52	330	71	44	104	301
	期待度数	52.0	30.0	71.0	44.0	104.0	301.0
	％	17.28%	9.97%	23.59%	14.62%	34.55%	100.00%

はスポーツが有意に多く（$p<.01$）、ポップスも多い傾向（$p<.10$）が認められた。

この5つの群を独立変数とした。各群のオタク違和感イメージ得点、腐女子違和感イメージ得点、オタクアブノーマル感イメージ得点、腐女子アブノーマル感イメージ得点の平均と標準偏差をTable 4-4に示した。Table 4-4に従い1要因分散分析を行った。その結果、すべての従属変数で有意な主効果が認められた。

オタク違和感イメージと腐女子違和感イメージでは、Bonferroni法の多重比較から、アニメ・マンガ・ゲーム群では他の4つの群よりもオタクと腐女子の違和感イメージが低いことがわかった。オタクアブノーマル感イメージでは有意な主効果が認められたが、Bonferroni法の多重比較では有意差は認められなかった。腐女子アブノーマル感イメージの多重比較から、その他群とスポーツ群はアニメ・マンガ・ゲーム群よりもアブノーマル感イメージ得点が高かった。

Table 4-4　趣味が異なる群ごとのイメージ得点の平均値と1要因分散分析結果

		度数	平均値	標準偏差	分析結果
オタク違和感	アイドル	51	3.053	0.913	$F=29.892$
	ポップス	28	3.383	0.792	$df=4/281$
	その他・なし	67	3.215	0.955	$p<.001$
	スポーツ	43	3.264	0.847	
	アニメ・マンガ・ゲーム	97	2.082	0.699	
	合計	286	2.826	0.990	
腐女子違和感	アイドル	52	3.793	0.873	$F=15.254$
	ポップス	27	3.791	0.870	$df=4/280$
	その他・なし	65	3.963	0.984	$p<.001$
	スポーツ	42	4.102	0.741	
	アニメ・マンガ・ゲーム	99	2.992	1.135	
	合計	285	3.599	1.074	
オタクアブノーマル感	アイドル	50	3.204	0.604	$F=3.537$
	ポップス	28	3.443	0.491	$df=4/282$
	その他・なし	66	3.339	0.696	$p<.01$
	スポーツ	42	3.395	0.586	
	アニメ・マンガ・ゲーム	101	3.080	0.623	
	合計	287	3.243	0.632	
腐女子アブノーマル感	アイドル	50	3.672	0.628	$F=6.019$
	ポップス	29	3.566	0.619	$df=4/285$
	その他・なし	67	3.875	0.726	$p<.001$
	スポーツ	42	3.855	0.767	
	アニメ・マンガ・ゲーム	102	3.402	0.693	
	合計	290	3.640	0.718	

Table 4-5 各群のユニークネス尺度平均点と1要因分散分析結果

	度数	平均値	標準偏差	分析結果
腐女子群	48	73.063	12.769	$F=5.487$
オタク群	101	78.683	12.251	$df=2/294$
一般群	148	74.385	10.809	$p<.01$

・ユニークネス尺度得点の分析

　オタク群、腐女子群、一般群のユニークネス尺度得点をTable 4-5に示した。1要因分散分析により比較したところ有意な主効果が認められ、Bonferroni法の多重比較より、オタク群は腐女子群と一般群よりも有意にユニークネス尺度得点が高いことがわかった。

d. 考察

・腐女子に対するアブノーマルイメージ

　オタクイメージに関して、オタク群と腐女子群にとってマンガ・アニメ・ゲームオタクは自分に近い親しみやすいポジティブな存在としてイメージされているが、一般群にとっては自分には関係がないネガティブでアブノーマルな存在としてイメージされている、と言うことができる。菊池（2008）が指摘するように、オタクのネガティブな蔑称という側面は、一般群には根強く残っているのである。

　オタク違和感イメージ得点が3点未満で、オタクに対して違和感が低く肯定的なイメージを持っているのは、オタク群76.3％、腐女子群77.3％であるのに対し、一般群では31.0％でしかない。逆に、オタク違和感イメージ得点が3点よりも高く、否定的なイメージを持っているのはオタク群19.6％、腐女子群15.9％であるのに対し、一般群では62.1％に上っている。ただし、一般群でもオタク違和感イメージ得点が4点以上で、明らかに否定的なイメージを持っているのは22.8％である。

　また、オタクアブノーマル感イメージ得点が3点よりも高く、否定的なイメージを持っているのはオタク群51.0％、腐女子群51.1％であるのに対し、一般群では66.0％でそれほど大きな違いはない。オタクアブノーマル感イメー

ジ得点が4点以上で、明らかに否定的なイメージを持っているのはオタク群13.3%、腐女子群11.1%、一般群18.1%であり、こちらも大きな違いはない。アニメ・マンガ・ゲームオタクに対して、それほど強くはないものの、どちらかというと否定的なイメージを持っている者が一般群では多いと判断すべきだろう。また、オタク群や腐女子群でも、どちらかというとオタクはアブノーマルだというイメージを持っている者が多いと言える。オタクアブノーマル感イメージ得点の多重比較で有意差が認められなかったのは、そのためだと解釈できる。

しかし腐女子に関しては、一般群だけでなくオタク群も、腐女子をネガティブでアブノーマルな存在とイメージしているのである。腐女子違和感イメージ得点が3点よりも高く、否定的なイメージを持っているのはオタク群66.0%、腐女子群13.6%で、一般群では93.8%に上っている。腐女子違和感イメージ得点が4点以上で、明らかに否定的なイメージを持っているのはオタク群33.0%、腐女子群2.3%であるのに対し、一般群では63.2%に上っている。また、腐女子アブノーマル感イメージ得点が3点よりも高いのは、オタク群75.5%、腐女子群56.5%であるのに対し、一般群では82.9%である。腐女子アブノーマル感イメージ得点が4点以上で、明らかに否定的なイメージを持っているのはオタク群29.3%、腐女子群15.2%であるのに対し、一般群では43.2%である。

つまり、腐女子群の腐女子イメージは「どちらかというとアブノーマル」なものであるが、オタク群、特に一般群にとっては、腐女子は「明確にアブノーマル」な存在としてイメージされているのである。これは結果で見たように、腐女子イメージをオタクイメージと同一の評定尺度で評定させたために、腐女子イメージがよりネガティブなものになったと解釈できる。

アブノーマル感について研究4の平均点を見ると、オタク群のオタクアブノーマル得点と、腐女子群の腐女子アブノーマル得点はほぼ同レベルである。つまり、腐女子だけでなく、オタク群も自分自身をある程度アブノーマルな存在としてイメージしているのである。研究1の変態性の自己認知で論じたような理由で、オタクも自分をアブノーマルな存在と評定したということもあるだろう。さらに、世間の多くの人からは価値を認められない対象に熱中

し、多くの時間と労力と金銭を投入し、他者からはどうでもよいとみなされることに強くこだわる自分自身を自嘲的に評定したのだと解釈できる。

・腐女子を卑下する論理

　アニメ・マンガ・ゲームに熱中している者は、一般的な意味でのオタクである。研究4-2では、オタクはオタクや腐女子に対してあまり否定的イメージを持っていないという、ある意味当たり前の結果が出たということである。一方、オタクや腐女子に違和感を持つのは、アニメ・マンガ・ゲーム以外に熱中している者（アイドル群、ポップス群、スポーツ群、その他群）ということになる。

　第2章で述べたように、通常人間は自分自身をまともであり正しいと思っている。自分を正しいと思うためには、合意的妥当化が必要となる。そして、自己評価を護るために下方比較が行われる。

　趣味に流行り廃りはあっても、本来「正しい趣味」や「間違った趣味」はないはずである。本人の価値観で本人が楽しいと思えることが趣味であり、他者がとやかく言う筋合いのものではない。にもかかわらず、人間は「自分の趣味が正しい」と思いたいのである。そのため、自分たちよりも世間的に否定的イメージが強いオタクや腐女子を下方比較の対象として、アニメ・マンガ・ゲーム以外の自分たちの趣味はオタクや腐女子に比べるとましだと思い、安心するのである。

　人間は自分に理解できないものを否定しようとする。自分は正しいと思うために、自分と同じ趣味の者を増やそうとする。多数派は少数派に同調の圧力をかける。同調しない者に対しては、その集団から排除しようとする力が働くのである。その中で、「みんなが否定的に評価しているのだから、自分も否定的に評価することが正しいのだ」という合意的妥当化が生じる。対象に対する否定的ステレオタイプが強いほど、その対象を否定する自分を正当化できるのである。

　スポーツ群とその他群で、腐女子のアブノーマル感イメージが高かったのは、基本的に自分たちをオタクではないと認識している集団だからだと考え

られる。スポーツ好きな自分たち、あるいはお笑いやディズニー好きな自分たちは社会の多数派であり、健全な存在だと自己正当化しやすい。自分たちに理解できない不健全な趣味に熱中する腐女子を異常者として否定することは当然だ、と考えやすいのである。

・「安全な」ポルノグラフィとしてのBL
　研究4の2つの調査で共通した結果は、
　　・違和感に関して、腐女子群だけは腐女子を好意的な存在としてイメージしているが、
　　・アブノーマル感に関しては、腐女子群でも腐女子をアブノーマルな存在としてイメージしている
ということである。
　この結果は、「腐女子は非腐女子を一般人と呼び普通と考え、自分をアブノーマルと規定している」という溝口（2015）の主張と整合するものである。溝口は、腐女子が自らをアブノーマルと規定する理由として、以下の2つを挙げている（以下は溝口の引用であり、文中の「　」は原文のまま）。

　　　ひとつ目は、女性が性的主体として行動することをよしとしない社会にあって、ポルノグラフィの積極的な作り手であり読み手であるという意味での「異常性」。もうひとつは、女性でありながら、男性同士が恋愛をする物語を必要とする「不自然な」「嗜好」を持つという意味での「アブノーマル」性。この2点のために、多くのBL愛好家女性達は実生活では異性愛者であっても、自らを一種の「性的少数者」だと位置づけている。

　溝口が主張するこの2つの理由は、性的行動の許容度における男女の不平等性と、おそらくその不平等性故に生じた、読者と作品中の人物の性のねじれの不自然さである。
　ここで、性的主体と社会規範について検討しておきたい。アダルトビデオなどのポルノグラフィは、ほとんどが男性向けに製造された製品である。つ

まり男性は、女性より性を娯楽として楽しむことが許容されているのである。さらにポルノグラフィにより性的欲求が高まれば、男性向けに性的サービスを提供する風俗店が多数存在している。男性は娯楽としてポルノグラフィを楽しみ、娯楽として性的行為を楽しむことが許容されており、それが産業となって社会に組み込まれているのである。しかし、女性向けに性的サービスを提供する風俗店は、繁華街を歩いていても目にすることはない。存在はしても隠蔽されているのである。

　男性向けのポルノグラフィで女性の同性愛行為が描かれることもある。しかし、それは女性向けのBLとは意味が異なるだろう。男性はあくまでも、自分が性的欲求を向ける対象である女性の性的魅力を、娯楽として楽しむ。鑑賞者である異性愛者の男性にとって見たくない対象である男性を排除し、見たい対象である女性の身体と性行為に特化したものであり、そこに行為者間の愛は必要ではない。しかし、女性向けポルノグラフィであるBL作品では、行為者間の愛は不可欠である。そのため、BLでは恋愛関係になる二人の関係性が重視される。

　第3章で二次創作同人誌には性愛描写のみの作品も見られると書いたが、これはあくまでも読者がそのキャラクターや設定を了解していることが前提になっている。例えば、原作中ではライバル関係にある男性キャラクター同士の性愛描写だけで成り立つ二次創作同人誌の読者は、ライバル関係が恋愛関係に移行していくという原作にも同人誌にも描かれていない物語を、自分の頭の中で創っているのである。

　女性がBL作品を見て性的に興奮しても、男性のように作品で描かれている性行動を実行することは不可能である。その実行不可能性故に、BLは女性が社会規範を逸脱することがないように造られた、安全なポルノグラフィなのである。腐女子は自分の頭の中の男性キャラクター同士の恋愛物語を具体的に完成させるパーツとして、二次創作同人誌を購入するのである。

　BL作品で描かれる同性愛は、男性キャラクター同士の愛の帰結としての性愛行為である。ここに、「愛がなければ性行為をしてはいけない」という社会規範が埋め込まれていることを指摘することができるだろう。BLは、女性に

とっての実行不可能性と、愛の帰結としての性愛という、二重の安全装置がかけられたポルノグラフィなのである。BLにおける愛の問題に関しては、第8章以降で詳しく検討することにする。

・ユニークネス欲求に見る腐女子とオタクの差異

　研究1で見たように、腐女子群は自分の趣味の仲間以外を「一般人」と呼ぶ傾向が強い。普通の人には理解できないものを理解し楽しむことができる、高度な感性や美意識を持った存在と自らを特別視しているのではないかと考え、ユニークネス欲求の強さを検討した。

　溝口（2015）は次のように主張している。

　　　BL愛好家たちは、自らを「アブノーマル」だと恥じると同時に「特別」だと誇りも抱いており、それゆえに「ふつう」だが「凡庸」な「一般人」と差別化している。

　この「特別だという誇り」のために腐女子はユニークネス欲求が高いと考えていたのだが、ユニークネス欲求が高かったのは腐女子群ではなく、オタク群だった。

　すでに述べたように、ユニークネス欲求とは自尊感情を高めるようなポジティブな側面における、他者との差異の認識に対する欲求である。ユニークネス欲求の高い者は他者との差を強調し、他者との類似を避けるような行動をとる。基本的に他者との差異を自己呈示していくのである。

　それに対して、腐女子は腐女子であることを基本的に隠蔽する。凡庸な一般人と異なる特別な自分を誇りにするのかもしれないが、それを一般人に誇示することはしないのである。そこが、溝口が指摘する「自らをアブノーマルだと恥じる」ということなのかもしれない。気がついたら、オタクをこじらせたあげく、BLというアブノーマルな趣味にはまってしまい、自分の好きなキャラクターでBL妄想してニヤニヤするような多くの人とは違う変な人間になっていた、ということであり、決して他者に差を付けて悦に入るために

腐女子になったわけではないのだろう。

　では、なぜオタク群のユニークネス欲求が、腐女子群や一般群よりも高かったのだろうか。オタクは自分の好きな作品やキャラクターに関する情報を集める。関連グッズを買い集める。多くの人がそこまではしないような時間と労力と金銭を、趣味に投入するからオタクなのである。人が持っていない情報を手に入れたい、人が持っていないグッズを手に入れたい。そのような欲望がオタクを動かしている。その意味では、オタク的行動は他者に差を付ける行動であると言うことができ、そこがユニークネス欲求と結び付いたのだと解釈できる。

　序章で紹介した岡田（1996）のオタクの定義は、莫大な投資の上に成り立つ能力を持った特別な存在であり、ある種の知的エリートだった。これは岡田本人が、自分自身を特別な存在にしたいという個人的な願望の発露であると解釈できる。岡田ほどではないにしても、他者と差を付けたいというユニークネス欲求に、オタクの行動のある部分が動機づけられていると解釈できる。

・少数派としての自己意識
　異性愛だけがまともで正しい愛の形であるとする異性愛規範が強い社会で、異性愛者である両親に育てられ、異性の恋愛を美しいものとする物語やラブソングがあふれる環境で成長した者は、必然的に異性愛規範を身に付ける。異性愛規範に背く者はアブノーマルだと自動的に判断するのである。いくら自分と同じ趣味の仲間の中にいて合意的妥当化を図っても、圧倒的多数派の異性愛規範信奉者の前では、「自分たちの方が正しい」と思うことはできない。

　それでも合意的妥当化により、自分たちは異性愛規範に背くアブノーマルなマイノリティだけど、これだけの同じ趣味の仲間がいるのだから「自分たちも間違っていないのではないか」と思うことはできるだろう。自分たちだって文化の多様性として存在してもよいだろう、異性愛規範を否定したりしないし、一般人の前では腐女子であることを隠蔽するから、自分たちの存在を否定しないでほしい、と思うこともできるだろう。腐女子が自らをアブノーマルとみなすのは、自らのビリーフ・システムに組み込まれた異性愛規範に

よる自己否定と、趣味の仲間による合意的妥当化によるギリギリの自己肯定の産物であって、腐女子であることを密かに誇りに思うことはあっても、それは隠蔽すべきものなのである。

　芸能人などがマスコミでBLの魅力を語ったりするとネット上で激しく批判されるのは、隠蔽という腐女子の掟に背く行為と判断されるからだろう。他者との差異を誇示するユニークネス欲求とは異なる、自己の少数派意識なのである。その意味では、腐女子も現実の性的少数者と通底する自己否定と自己肯定の葛藤状態（むろん、現実の性的少数者ほどその葛藤は深刻ではないが）におかれていると解釈することもできる。

研究4のまとめ

　研究4ではオタクと腐女子のイメージ評定を行った。2015年現在でもオタクは一般群から否定的にイメージされており、菊池（2008）が指摘するネガティブな蔑称は払拭されていないことがわかる。しかし、そのオタク群でさえも、腐女子を否定的に評価していた。腐女子群自身も、腐女子をアブノーマルな存在とイメージしているのである。そこから、腐女子は自己否定と自己肯定の葛藤状態にあることが示唆された。研究5では、オタクと腐女子の恋愛に対する意識から、この問題をさらに検討してみたい。

第5章
オタクと腐女子の恋愛意識

　内閣府は、2014年12月から2015年1月にかけて「結婚・家族形成に関する意識調査」を実施している。調査対象は層化二段無作為抽出法により抽出した全国の20歳から39歳の男女7,000名である。調査用紙を郵送し、郵送あるいはインターネットで回答を回収した。有効回答者数は2,643名（回収率37.8%）だった。

　この調査によると、恋人がいない未婚者は未婚者全体の約63%（男性69%、女性57%）だった。恋人がいない未婚者のうち、「交際経験なし」と回答したのは男性42%、女性36%、全体では39%だった。「あなたは今、恋人がほしいですか」という問いに対して、恋人のいない未婚者の37.6%が「いいえ」と回答した。過去に交際経験があり現在は恋人がいない未婚者では、恋人がほしくないと回答したのは29.5%であるのに対し、交際未経験者では50.3%と過半数に達している。

　恋人がほしくない理由を複数回答可で選択してもらったところ、最も多かったのは「恋愛が面倒」で46.2%、次に多かったのは「自分の趣味に力を入れたい」で45.1%だった。この2つの理由に関しては、交際経験の有無によるパーセンテージの違いはほとんどなかった。ただし3番目に多かった理由は、交際経験者では「仕事や勉強に力を入れたい」（36.5%）だったのに対し、交際未経験者では「恋愛に興味がない」（38.9%）だった。

　現在恋人がいない者に、恋人と交際する上での不安を複数回答可で選択してもらったところ、最も多かったのは「そもそも出会いの場所がない」で55.5%、次に多かったのが「自分は魅力がないのではないかと思う」で34.2%だった。交際経験者と未経験者で不安の順位は同じだが、自分の魅力の低さを選択したのは交際経験者では28.8%であるのに対し、未経験者では42.6%と差が見ら

れた。3番目に多かった不安は交際経験者が「自分が恋愛感情を抱くことができるのか不安だ」で18.9%であるのに対し、未経験者では「恋愛交際の進め方がわからない」で31.8%、「気になる人がいてもどのように声をかけてよいかわからない」が31.4%だった。

　この内閣府の調査結果から浮かび上がる、恋人がほしくないと答えた交際未経験者像は、表向きは「自分の趣味に力を入れたいから恋人はほしくない、そもそも恋愛は面倒だし興味がない」という態度をとるが、自分の魅力の低さや恋愛の社会的スキルの低さのために恋人との交際を不安に思っている、というものである。これはまさに世間のオタクイメージに合致する回答だろう。

　オタクに対する否定的ステレオタイプとして外見の魅力の低さとコミュニケーション能力の低さがあるわけだが、そこから「オタクはモテない」というステレオタイプも導き出される。中森（1983b）の「『おたく』の研究②」は、「『おたく』も人並みに恋をする?」というタイトルで、オタクの恋について次のように論じている。

　　そいでまぁきゃつらも男なんだから、思春期ともなればスケベ心のひとつも出てくるだろう。けどあのスタイルでしょ。あの喋りでしょ。あのセーカクでしょ。女なんかできるわきゃないんだよね。それに『おたく』ってさぁ、決定的に男性的能力が欠如してんのよね。

　　　　　　　　　　　（中略）

　　それにさぁ、奴ら男性的能力が欠如してるせいか妙におカマっぽいんだよね。二十歳越えた大の男がだよ、お気に入りのアニメキャラのポスターが手に入ったとかで、うれしさのあまり「わーい」なんちゃって両ひざをそろえてL字型にうしろに曲げ、ピョンって跳びはねて見せたりさドジ踏んだ時なんか「ぐっすん」なんてゆって泣いたふりしたりさ、キモチ悪いんだよホント。だいたいこんな奴らに女なんかできるわけないよな。

　　でもさぁ、結局世の中誰でも最後は結婚するんだよね。で『おたく』は誰と結婚するのかなぁってずっと不思議だったんだけど、恐ろしい事実に気づいたね。なんとこれが、『おたく』は『おたくおんな』と結婚して『おたく

こども』を生むのであった。ジャンジャン。

「『おたく』の研究①」（中森,1983a、序章参照）では、マンガ・アニメをはじめとするさまざまなジャンルに熱中する者を男女含めて「おたく」と呼んでいたが、「『おたく』の研究②」でいう「おたく」とはアニメやマンガオタクの男性のことである。ともかく、オタクは外見と性格と話の内容に難があるから魅力がなくモテない、と中森は揶揄しているわけである。菊池（2000）が自由記述の予備調査から作成したオタク態度尺度の項目にも、「異性の友人が多い（逆転項目）」というものがある。ここからも、「オタクはモテない」というステレオタイプが存在することが確認できる。

山岡（2006）は、異性に嫌われる恋人の欠点を調査している。女子大生193名を対象に、「自分が恋人にしたくない男性、または友達に『別れた方がいい』と忠告する男性はどのような男性か」を自由記述で回答してもらった。その中に、「美少女モノにはまる秋葉系オタク」という回答があった。

大学生1,203名（男性552名、女性651名）を対象に、76の欠点項目に「それぞれの欠点が恋人にあったらどれくらい許せないか、どれくらい別れたいと思うか」を、「1：完全に許せる・絶対に別れない〜7：完全に許せない・絶対に別れる」の7件法で回答させた。「美少女モノにはまる秋葉系オタク男」の平均評定値は5.913（SD=1.478）、「美少年モノにはまる秋葉系オタク女」の平均評定値は5.205（SD=1.908）だった。いずれも中点の4.0をはるかに超えており、「美少女モノあるいは美少年モノにはまるオタク」は恋人として許容できない欠点だと、男性からも女性からも認識されていることがわかる。

研究4からオタクに対する、そして特に腐女子に対する否定的なイメージがいまだに根強いことが確認された。「美少女モノにはまるオタク男」は萌え系オタクであり、「美少年モノにはまるオタク女」は腐女子であると考えてよいだろう。萌え系オタクや腐女子の嗜好そのものが、異性から「恋人として許容できない欠点」として認識されているのであれば、萌え系オタクや腐女子は異性にモテない者が多いと考えられる。

菊池（2008）が指摘するように、2000年代になり「萌え」がオタクの主要

属性となったのであれば、それはモテないオタク層を増加させたと考えることもできる。研究5では、オタクと腐女子の恋愛意識を検討する。

研究5-1
「オタクと腐女子の交際経験率」

a. 調査方法

・恋人との交際経験に関する質問

　「あなたには恋人として交際している異性がいますか、現在恋人がいない方は過去に恋人と交際した経験がありますか」という質問に、「1：現在恋人と交際中、2：過去に交際経験あり、3：これまで異性と交際したことはない」の中から1つ選択して回答してもらった。現在交際中と回答した者には、今日までの交際期間を月単位で回答してもらった。過去に交際経験ありと回答した者には、「もっとも最近の恋人との交際はどのくらい前で、どのくらい続いたのか」それぞれ月単位で回答してもらった。

b. 調査対象と手続

・調査対象者

　都内4年制私立大学の18歳から26歳の男女大学生336名（女性213名、男性123名）。平均年齢19.27歳（$SD=1.354$）。

・調査手続

　通常の授業時間の一部を利用して質問紙調査を実施した。調査用紙を配布し、回答を記入してもらい回収した。調査は2008年6月に実施した。はじめにオタク度尺度と腐女子度尺度に回答してもらい、次に現在の恋人の有無、過去の交際経験の有無、現在恋人がいる者には現在までの交際期間、過去に交際経験がある者には過去の交際期間を回答してもらった。

c. 調査結果

研究1に従い、調査対象者をオタク群、腐女子群、一般群、耽美群に分けた。耽美群は3名（0.75%）のみだったので分析から除外した。

・現在交際中かどうかによる比較

オタク群、腐女子群、一般群について、現在および過去の恋人の有無の人数とパーセンテージをTable 5-1に示した。χ^2検定を行ったところ、全体では有意傾向の結果が得られた（$\chi^2=8.572, df=4, p<.10$）。残差からオタク群では交際未経験者が期待度数より多く、一般群では逆に交際未経験者が少ないことがわかった。腐女子群では、期待度数と観測度数の有意なズレは認められなかった。

男女別に同じ分析を行った。男性では腐女子群がいなかったので、オタク群と一般群との比較だけである。その結果、男性では有意な結果（$\chi^2=9.360, df=1, p<.01$）が得られた。残差から全体と同様、オタク群では交際経験者が少なく未経験者が多く、一般群では交際経験者が多く未経験者が期待度数より少なかった。女性では有意なχ^2値は認められなかった。

群による現在の恋人との交際率を比較したところ、群による差は認められなかった（$\chi^2=1.024, df=2$, ns）。男女別に分析したが、やはり差は認められなかった（男性：$\chi^2=0.540, df=1$, ns; 女性：$\chi^2=0.349, df=2$, ns）。つまりオタクや腐女子が、一般群よりも恋人がいない割合が高いわけではないのである。

・交際経験の有無による比較

現在の恋人との交際率では群による差が認められなかったので、「現在交際中」と「過去に交際経験あり」と回答した者を交際経験者とし、「交際経験なし」と回答した交際未経験者と比較した。

オタク群、腐女子群、一般群の交際経験者と未経験者の、人数とパーセンテージをTable 5-1に示した。χ^2検定を行ったところ有意な結果が得られた（$\chi^2=8.329, df=2, p<.05$）。残差からオタク群では交際経験者が期待度数より少なく、未経験者が期待度数より多かった。一般群では逆に交際経験者が期待度

Table 5-1 腐女子群・オタク群・一般群の交際経験の有無

性別			条件			交際経験の有無		合計
			現在恋人あり	過去に恋人あり	交際経験なし	交際経験者	交際未経験者	
女性	腐女子群	度数	11	20	14	31	14	45
		期待度数	11.2	17.5	16.3	28.7	16.3	45.0
		%	24.44%	44.44%	31.11%	68.89%	31.11%	100.00%
		調整済み残差	-0.1	0.8	-0.8	0.8	-0.8	
	オタク群	度数	11	16	23	27	23	50
		期待度数	12.4	19.5	18.1	31.9	18.1	50.0
		%	22.00%	32.00%	46.00%	54.00%	46.00%	100.00%
		調整済み残差	-0.5	-1.2	1.7	-1.7	1.7	
	一般群	度数	31	47	40	78	40	118
		期待度数	29.4	46.0	42.7	75.3	42.7	118.0
		%	26.27%	39.83%	33.90%	66.10%	33.90%	100.00%
		調整済み残差	0.5	0.3	-0.8	0.8	-0.8	
	合計	度数	53	83	77	136	77	213
		期待度数	53.0	83.0	77.0	136.0	77.0	213.0
		%	0.2%	0.4%	0.4%	0.6%	0.4%	1.0%
男性	オタク群	度数	10	14	14	24	14	38
		期待度数	11.7	18.5	7.7	30.3	7.7	38.0
		%	26.32%	36.84%	36.84%	63.16%	36.84%	100.00%
		調整済み残差	-0.7	-1.8	3.0	-3.0	3.0	
	一般群	度数	28	46	11	74	11	85
		期待度数	26.3	41.5	17.3	67.7	17.3	85.0
		%	32.94%	54.12%	12.94%	87.06%	12.94%	100.00%
		調整済み残差	0.7	1.8	-3.0	3.0	-3.0	
	合計	度数	38	60	25	98	25	123
		期待度数	38.0	60.0	25.0	98.0	25.0	123.0
		%	0.3%	0.5%	0.2%	0.8%	0.2%	1.0%
合計	腐女子群	度数	11	20	14	31	14	45
		期待度数	12.2	19.2	13.7	31.3	13.7	45.0
		%	24.44%	44.44%	31.11%	68.89%	31.11%	100.00%
		調整済み残差	-0.4	0.3	0.1	-0.1	0.1	
	オタク群	度数	21	30	37	51	37	88
		期待度数	23.8	37.5	26.7	61.3	26.7	88.0
		%	23.86%	34.09%	42.05%	57.95%	42.05%	100.00%
		調整済み残差	-0.8	-1.9	2.8	-2.8	2.8	
	一般群	度数	59	93	51	152	51	203
		期待度数	55.0	86.4	61.6	141.4	61.6	203.0
		%	29.06%	45.81%	25.12%	74.88%	25.12%	100.00%
		調整済み残差	1.0	1.5	-2.6	2.6	-2.6	
	合計	度数	91	143	102	234	102	336
		期待度数	91.0	143.0	102.0	234.0	102.0	336.0
		%	27.08%	42.56%	30.36%	69.64%	30.36%	100.00%

Table 5-2 腐女子群・オタク群・一般群の恋人との交際期間（月数）

	度数	平均値	標準偏差	分析結果
腐女子群	31	13.129	16.629	F=1.828
オタク群	50	14.820	13.809	df=2/222
一般群	144	18.403	17.142	ns

数より多く、未経験者が少ないことがわかった。腐女子群では、期待度数と観測度数の有意なズレは認められなかった。

男女別に同じ分析を行った。男性では腐女子群がいなかったので、オタク群と一般群との比較だけである。その結果、男性では有意な結果（χ^2=9.263, df=1, p<.005）が得られた。残差から全体と同様、オタク群では交際経験者が少なく未経験者が多く、一般群では交際経験者が多く未経験者が期待度数より少なかった。女性では有意なχ^2値は認められなかった。

オタク群、腐女子群、一般群における交際経験者の、交際期間の平均と標準偏差をTable 5-2に示した。1要因分散分析で各群の交際期間（月数）を比較したところ、有意な主効果は認められなかった。平均値からは一般群よりもオタク群と腐女子群は交際期間が短いように見えるが、統計的には誤差の範囲でしかない。

・現在交際率が低かった理由

現在の恋人の有無について、本研究の調査対象者のうち、現在恋人と交際中と回答した者は全体の27.1%だった。前述した内閣府の「結婚・家族形成に関する意識調査」では、現在恋人がいる未婚者は37%で、本研究結果より10%高い。ただし内閣府調査が20歳から39歳を対象にしたものであるのに対し、本研究は大学1・2年生を中心とした授業の受講者を対象とした調査であり、調査対象者の83.09%が18歳から20歳である。

本研究の調査対象者の学年を見ると、1年生が全体の51.8%となっている。学年を1年生と2年生以上に分けて現在の恋人の有無を分析したところ（Table 5-3）、有意な結果が認められた（χ^2=4.935, df=1, p<.05）。男女別に分析したところ、男性で有意な結果が認められた（χ^2=9.980, df=1, p<.01）。残差から全体の現在交際率27.1%と比較すると2年生以上の32.9%は有意に多く、1年生の

Table 5-3　学年と恋人の有無

性別			恋人の有無		合計
			恋人あり	恋人なし	
女性	1年生	度数	29	99	128
		期待度数	31.3	96.7	128.0
		％	22.66%	77.34%	100.00%
		調整済み残差	-0.7	0.7	
	2年生以上	度数	30	83	113
		期待度数	27.7	85.3	113.0
		％	26.55%	73.45%	100.00%
		調整済み残差	0.7	-0.7	
	合計	度数	59	182	241
		期待度数	59.0	182.0	241.0
		％	24.48%	75.52%	100.00%
男性	1年生	度数	12	63	75
		期待度数	21.9	53.1	75.0
		％	16.00%	84.00%	100.00%
		調整済み残差	-3.5	3.5	
	2年生以上	度数	32	44	76
		期待度数	22.1	53.9	76.0
		％	42.11%	57.89%	100.00%
		調整済み残差	3.5	-3.5	
	合計	度数	44	107	151
		期待度数	44.0	107.0	151.0
		％	29.14%	70.86%	100.00%
合計	1年生	度数	41	162	203
		期待度数	53.3	149.7	203.0
		％	20.20%	79.80%	100.00%
		調整済み残差	-2.8	2.8	
	2年生以上	度数	62	127	189
		期待度数	49.7	139.3	189.0
		％	32.80%	67.20%	100.00%
		調整済み残差	2.8	-2.8	
	合計	度数	103	289	392
		期待度数	103.0	289.0	392.0
		％	26.3%	73.7%	100.0%

　22.1%は有意に少ないのである。男性に限定すると、全体の現在交際率30.9%と比較して2年生以上の44.8%は有意に多く、1年生の18.5%は有意に少ない。

　調査時期は6月である。大学に入学した1年生にとっては大学の授業や新しい人間関係にようやく慣れてきた時期であり、まだ恋人をつくるような余裕がない時期だと考えられる。この1年生の現在交際率が低いために、内閣府の調査結果より現在交際率が低かったと解釈できる。

d. 考察

・「オタクや腐女子はモテない」と断定できるか

　森川（2007）は、腐女子向けのマンガ情報誌「ぱふ」が2002年に読者3,156名（そのうち女性が98%）を対象に実施したアンケート結果を紹介している。それによると、現在恋人もしくは配偶者のいる回答者は全体で22%、20歳以上に限定すると28%である。本研究の腐女子群の現在交際率24.4%、女性オタク群の現在交際率22.0%、女性一般群の26.3%とほぼ同じ結果であると言える。

　森川は、「ぱふ」読者アンケートの恋人もしくは配偶者ありの割合28%を、2002年の国立社会保障・人口問題研究所の「結婚と出産に関する全国調査」の20代の恋人・配偶者がいる割合48%と比較し、「腐女子は女性一般に比して縁遠い傾向がある」と表現している。ただし、この「結婚と出産に関する全国調査」でも、独身女性に限定すると恋人がいる割合は29.7%となり、「ぱふ」読者や本研究の結果と同程度になる。

　とはいえ内閣府調査における、20歳から39歳の独身女性で恋人がいる割合43%と比較すると、「ぱふ」読者や本研究の腐女子群の恋人がいる割合は低い。前述のように本研究の調査対象者は大学生であり、約半数が1年生であるため、単純な比較はできない。本研究結果からは、少なくとも大学生に関しては、オタク群、腐女子群、一般群で恋人がいる者の割合に違いはないと主張しておくことにする。

　森川（2007）は、「ぱふ」の読者アンケートで「恋人・配偶者あり」と回答した割合が低いことを根拠に「腐女子はモテない」と断定することはできないとしている。頻繁にデートの誘いを受けても断り続けたら恋人や配偶者はできないし、「好みでない彼氏ならいない方がいい」と考えているのならやはり恋人や配偶者はできないからだと、断定できない理由を説明している。

　本研究でも、恋人との交際経験率の低さをオタク群の「モテなさ」や「魅力の低さ」の指標とは解釈しない。研究5-1では、交際経験者は一般群に多くオタク群に少ない、逆に交際未経験者はオタク群に多く一般群に少ない傾向が認められた。特に男性オタク群で交際未経験者が多いのである。しかしこれは、全体の交際経験率69.6%と比較して一般群の74.9%は有意に多く（$p<.01$）、

オタク群の58.0%は有意に少ない（$p<.01$）ということである。男性に限定すると、男性全体の交際経験率79.7%と比較して一般群の87.1%は有意に多く（$p<.01$）、オタク群の63.2%は有意に少ない（$p<.01$）ということである。中森（1983b）が、「『おたく』の研究②」で「こんな奴らに女なんかできるわけない」と評したオタク群の男性でも63.2%が恋人との交際を経験しているのであり、オタク全体が恋人との交際を経験していないということを意味するのではない。

「オタクはモテない」というステレオタイプがあるのは前述の通りだが、オタクはモテないから異性交際の経験がないことを示す結果とステレオタイプ的に解釈するべきではない。そうであれば、オタク群の交際経験者よりも、未経験者の方がはるかに多くならなければならない。しかし現実には、オタク群全体でも、男性オタク群でも、恋人との交際経験者の方が未経験者よりもはるかに多い。この調査結果から言えることは、あくまでも、恋人との交際経験率がオタク群は全体よりも低いということだけである。

研究5-2
「オタクと腐女子の異性不安」

腐女子がBL作品に魅了されるのは、セックスを恐れる未熟な女性だからだと中島（1998）は解釈している。藤本（1998, 2007）は少女の内面の性への恐れ、成熟拒否、女性嫌悪の象徴が「少年」であり、現実社会のジェンダーの抑圧、性に対するさまざまな忌避から逃れるための装置として「少年愛」が生まれたと解釈している。そしてその「少年愛」装置の発明により少女が性を遊ぶことが可能になり、性的に見られる存在から見る存在へと視線の転換が生じたと藤本は論じている。

堀（2012）は、女性が性的に能動性を持つことを非難する社会では女性が楽しめる性表現は圧倒的に少ないが、女性を排除したBL作品の世界では、性的なものも含めたファンタジーを自由に楽しむことができると主張している。

堀は、男女の権力差がある社会で対等な恋愛を楽しむためには、権力差のない男性同士という表現が適していると分析している。また、湯山（2014）は、自分の性の事情を絡ませずにお気軽に性の快楽を楽しむものがBLだとしている。これらの解釈が正しいのであれば、腐女子は異性に対する不安が強いと考えられる。

　研究5-2では冨重（2000）の異性不安尺度の下位尺度を使用し、オタクと腐女子の異性不安について検討する。

a. 調査方法

・異性不安尺度

　冨重（2000）が作成した異性不安尺度の下位尺度である異性不安、異性対人行動、異性に対する親和志向（以下「異性親和志向」）を使用した。

　異性不安は、「異性と話をする時は、自分の言いたいことをうまく伝えられないような気がする」といった、異性との相互作用における不安や緊張、苦手意識などを測定する9項目の尺度で、回答方法は「1：まったく当てはまらない〜6：非常に当てはまる」の6件法である。

　異性対人行動は、異性との日常的な接触がどれくらいあるかを測定するための尺度で、異性と「冗談を言って笑わせる」など13項目の行動の過去2か月間の頻度を、「1：1回もしなかった〜6：週に4回以上」の6件法で回答させるものである。

　異性親和志向は、異性に対する関心の強さや、異性に対する親和欲求の強さを測定する8項目の尺度である。回答方法は「1：当てはまらない〜4：当てはまる」の4件法である。

b. 調査対象と手続

・調査対象者

　首都圏私立大学4校の18歳から51歳の男女大学生1,004名（女性720名，男性280名，未記入4名）。平均年齢19.42歳（SD=2.325）。

・調査手続

　オタク度尺度、腐女子度尺度と異性不安尺度の3つの下位尺度から構成された調査用紙を作成した。通常の授業時間の一部を利用して質問紙調査を行った。調査用紙を配付し、回答を記入してもらいその場で回収した。調査は2010年と2012年、2013年に実施した。

c. 調査結果

　研究1に従い、調査対象者をオタク群、腐女子群、一般群、耽美群に分けた。耽美群は16名（1.59%）のみだったので分析から除外した。

　異性不安尺度の3つの下位尺度の信頼性係数を算出した。異性不安は$\alpha=.888$、異性対人行動は$\alpha=.916$、異性親和志向は$\alpha=.808$であり、これも尺度としての使用に耐え得る高い内的一貫性を持っていると言える。

　異性不安尺度の3つの下位尺度について、各群の平均と標準偏差をTable 5-4に示した。1要因分散分析の結果、異性不安、異性対人行動、異性親和志向のいずれにおいても有意な主効果が認められた。多重比較から、腐女子群とオタク群は一般群よりも異性不安が強いが、腐女子群とオタク群には有意差は認められなかった。異性対人行動は腐女子群、オタク群、一般群の順に少なかった。異性親和志向では、腐女子群はオタク群と一般群よりも低いが、オタク群と一般群には有意差は認められなかった。

Table 5-4　異性不安下位尺度の平均値と1要因分散分析結果

		度数	平均値	標準偏差	分析結果
異性不安傾向	腐女子群	149	34.168	10.412	$F=12.576$
	オタク群	265	32.170	10.463	$df=2/953$
	一般群	542	30.070	8.614	$p<.001$
異性対人行動	腐女子群	151	27.351	13.474	$F=22.192$
	オタク群	261	33.399	14.321	$df=2/948$
	一般群	539	35.985	14.249	$p<.001$
異性親和志向	腐女子群	150	15.267	5.404	$F=8.919$
	オタク群	267	17.390	5.636	$df=2/958$
	一般群	544	17.090	4.926	$p<.001$

d. 考察

・腐女子は現実の異性とは距離を置く

　本研究で使用した異性不安尺度は、異性との相互作用における不安や緊張、苦手意識の強さを測定するものである。異性対人行動は、過去2か月間の日常生活で異性と一緒に行動した程度である。異性親和志向は、異性への関心と親密になりたいと思う程度である。

　腐女子群は一般群よりも異性不安が強く、現実の異性との接触も少なく、異性親和志向も低かった。つまり、腐女子群は現実の男性の前では緊張して思うように振る舞えないので苦手意識が強く、現実にも男性と一緒に行動することが少なく、異性と仲良くなりたいともあまり思っていないのである。腐女子は現実の異性とは距離を置いた存在だと言うことができるだろう。

　研究1で述べたように、共学校よりも女子大学の方が腐女子率が高い。共学校では、授業でもクラブ・サークル活動でも、嫌でも男性と接触することになる。調査を実施した女子大学は、クラブ・サークル活動が共学校と比較するとかなり低調であり、大学での人間関係は同じ学科の友人との交流が主となっている。アルバイト先で異性と知り合うこともあるが、共学校の学生と比較すると異性との出会いの場も圧倒的に少なく、異性と親密な関係になることに対するコストが高い。

　女子大学の学生にとって、同じ趣味の同性の友人たちとの交流が気楽で楽しいのであれば、高いコストをかけて異性と親密になる必要は感じないのである。腐女子群は現実の男性との付き合いよりも、腐女子仲間との排他的人間関係とBL作品の世界に安住していると解釈することができる。

　共学校では同じ大学の同じクラブ・サークルの学生と恋愛関係になることが多く、一緒に授業を受け、クラブ・サークル活動をし、恋愛行動と大学生活が不可分になる。勉強でもクラブ・サークル活動でも助け合って、お互いの大学生活に恋愛関係がプラスになることも多い。しかし、女子大学では事情が異なってくる。恋人との関係にのめり込み、常に一緒にいないと不安になるようだと、女子大での大学生活に支障を来すのである。恋人がいる女子大学の学生は、共学校の学生と比較すると恋人との関係の比重が低くなり、大

学内の友人関係の比重が高くならざるを得ない。もちろん恋人のいる腐女子もいるが、女子大学生の場合、恋人の前では抑制しているBL趣味を解放できる貴重な場所を、大学の腐女子仲間が提供してくれるのである。

前述の内閣府「結婚・家族形成に関する意識調査」の報告書では、恋人がほしくないと答えた恋人のいない未婚者について次のように考察している。

> 恋愛や結婚に興味がないというよりは、それが難しい現状を正当化する意識が示されていると考えるべきだろう。結婚に関心をもたずにマイペースに生きていくのであれば、交際経験のないことが低い自己評価に結び付くことはないと考えられるからである。

女子大学の学生で恋人がいない腐女子にとって、現実に男性と出会う場所がないのだから仕方がないし、恋人がいない方が思う存分BL趣味に浸っていられるので楽しい、と現状を正当化することができる。自分の趣味を理解しない異性には関心もないし、高いコストをかけて付き合いたくもないと考えるのだろう。

それに対しオタク群は、一般群よりも異性不安が強く異性との接触は少ないが、異性親和志向は一般群と同程度に強い。つまりオタク群は、現実の異性の前では緊張して思うように振る舞えないので苦手意識が強く、現実にも異性と一緒に行動することが少ないけれど、一般群と同じくらい異性に対する関心も強く、異性と仲良くなりたいと強く思っているのである。オタク群は異性に対して不安も親和志向も強い、接近-回避のアンビバレントな状態にあると解釈できる。

・萌え系オタクだからこそ恋をしたい

研究5-1で、交際未経験者はオタク群に多いという結果が認められた。未経験な行動、慣れていない状況に対しては誰でも緊張感や苦手意識を持ちがちである。研究5-1で示されたように、オタク群の約4割強が交際未経験者なのであれば、この交際未経験者の苦手意識がオタク群全体の異性不安得点を引

き上げたと解釈できる。また、交際経験者であっても恋人に嫌われ振られたのであれば、やはり異性に対する苦手意識が強くなるだろう。

　先に紹介したように、「美少年、あるいは美少女にはまるオタク」は、恋人として異性から嫌われる欠点と認識されている（山岡,2006）。美少年趣味や美少女趣味を恋人の前で解放した場合、それを理由として恋人に嫌われ振られることもあるだろう。異性に対する苦手意識が強くなれば、異性と接触しやすい共学校の学生でも、異性との接触を避けるようになるだろう。しかしその一方で、恋愛要素を多く含んだ萌え系アニメやマンガを大量に摂取する萌え系オタクは、自分もそのようなシチュエーションに憧れるのである。

　人間は入力情報を材料にして思考する。入力される情報が異なれば、思考の内容も変化する。萌え系キャラクターの恋愛要素を多く含んだドラマを見続けていれば、そのキャラクターに対し恋愛感情に近い萌えを感じるだろうし、そのキャラクターと同世代の若者として、自分も恋愛ドラマに参加したくなるのである。現実と2次元のアニメやマンガは違うとわかっていても、オタクの異性との恋愛に対する関心も欲求も強くなるのだろう。萌え系オタクだからこそ、恋をしたいと強く思うのである。

研究5-3
「オタクと腐女子の恋愛観」

　前述の通り、表向きは「自分の趣味に力を入れたいから恋人はほしくない、そもそも恋愛は面倒だし興味がない」という態度をとるが、自分の魅力の低さや恋愛の社会的スキルの低さのために恋人との交際を不安に思っているという恋人がいない独身者像は、世間的なオタクイメージに合致するだろう。しかし、それはただのステレオタイプなのだろうか。それとも現実のオタクの姿に合致するのだろうか。オタクや腐女子は、趣味に力を入れたいから恋人はほしくない、恋愛は面倒だ、と一般群よりも強く思っているのだろうか。その一方で、異性との出会いのなさや自分の魅力の低さのために恋愛を不安

に思っているのだろうか。そもそも、どれだけ恋愛したいと思っているのだろうか。

　吉本（2007）は、女性にモテないオタク男性が感じる「生きにくさ」について論じている。バブル期に確立した「恋愛しなくてはならない」という価値観と、「恋愛において男性が主導権を握るべきだ」という男性ジェンダー観に縛られながらそれを達成できないことが、モテないオタク男性の「生きにくさ」を生み出すと吉本は分析している。オタクと腐女子は、本当に「恋愛しなくてはならない」という価値観、あるいは強迫観念を強く持っているのだろうか。研究5-3では、オタクと腐女子の恋愛意識について検討する。

a. 調査方法

・恋愛意識に関する質問

　内閣府の「結婚・家族形成に関する意識調査」を参考に、「自分には熱中しているものがあるから恋人がほしいとは思わない」、「恋愛は面倒くさいから恋人がほしいとは思わない」、「自分の趣味に力を入れたいから恋人がほしいとは思わない」、「異性との出会いの場がないから異性との交際が不安だ」、「自分には魅力がないのではないかと思うから異性との交際が不安だ」の5つの質問項目を作成した。回答方法はオタク度尺度や腐女子度尺度と同じ5件法である。

　恋愛に対する欲求を測定するために、「恋愛をしたいと思う」という質問項目を設定した。自分がどの程度モテるかの自己認識を測定するために、「自分はモテる方だと思う」という質問項目を設定した。恋愛しない人間には価値がないという脅迫的な観念を測定するために、「恋愛をしているかどうかで人間の価値は決まると思う」、「恋愛をしていない人は人生損していると思う」など20の質問項目を作成した。回答方法は、「1：まったく当てはまらない、2：あまり当てはまらない、3：どちらともいえない、4：ある程度当てはまる、5：とてもよく当てはまる」の5件法である。

b. 調査対象と手続

・調査対象者

　首都圏私立大学3校の大学生304名（男性105名、女性199名）。平均年齢19.97歳（$SD=2.240$）。

・調査手続

　通常の授業時間の一部を利用して質問紙調査を行った。オタク度尺度、腐女子度尺度、恋愛意識に関する質問で構成された質問紙を調査対象者に配付し、回答記入後に回収した。調査は2015年7月に実施した。

c. 調査結果

　恋愛の価値観に関する20の質問項目に、主因子法プロマックス回転の因子分析を行った。その結果、固有値1.00以上の因子が2因子抽出された（Table 5-5）。第1因子は「恋愛をしていない人は恥ずかしいと思う」、「恋愛をしていない人は負け組だと思う」、「恋愛をしていない人は魅力がない人だと思う」などの12項目に負荷量が高かった。これらの項目は吉本（2007）が指摘した、恋愛しない人間には価値がないという恋愛強迫観念の因子と解釈できる。第2因子にも負荷量が高かった2項目を除外した10項目の信頼性係数は$\alpha=.928$で、内的一貫性が高いと判断できる。この10項目に主成分分析を行ったところ、抽出された成分は1つだけであり、10項目すべてが.694以上の高い負荷量を示していた。この10項目の平均点を、恋愛強迫観念得点とした。

　第2因子は「恋愛は生きがいだと思う」、「常に恋愛のことを考えていると思う」、「恋人がいることで今後の生活が決まると思う」などの8項目に負荷量が高かった。これは、恋愛を人生の価値を決定する極めて重要なものとみなす恋愛中心価値観の因子であると解釈できる。第1因子にも負荷量が高かった2項目を除外した6項目の信頼性係数は$\alpha=.824$で、内的一貫性が高いと判断できる。この6項目に主成分分析を行ったところ、抽出された成分は1つだけであり、6項目すべてが.644以上の高い負荷量を示していた。この6項目の平均点を、恋愛中心価値観得点とした。

Table 5-5　恋愛観に関する質問項目の因子分析結果

	因子 1	因子 2
恋愛をしていない人は恥ずかしいと思う	**.921**	-.069
恋愛をしていない人は負け組だと思う	**.914**	-.128
恋愛をしていない人は魅力がない人だと思う	**.898**	-.131
恋人がいない人はおかしいと思う	**.853**	-.067
大学生として恋人がいるのは当たり前だと思う	**.678**	.088
恋愛をしていない自分には魅力がないと思う	**.593**	.202
恋人がいない自分が恥ずかしいと思う	**.591**	.160
恋愛ができない人はかわいそうだと思う	**.531**	.218
恋愛をしているかどうかで人間の価値は決まると思う	**.524**	.282
恋愛をしていないと不安になる時がある	**.517**	.167
モテなければ生きている意味はないと思う	.436	.320
恋愛をしていない時の自分は価値がないと思う	.418	.352
恋愛は生きがいだと思う	-.100	**.864**
常に恋愛のことを考えていると思う	-.134	**.723**
恋人がいることで今後の生活が決まると思う	.058	**.668**
恋愛をしている時の自分は勝ち組だと思う	.102	**.585**
どのような恋愛をするかで人生の価値は決まると思う	.032	**.540**
恋人がいる人はステータスが高いと思う	.260	**.465**
恋人がいないと生きている意味がないと思う	.377	.428
恋愛をしていない人は人生損していると思う	.309	.413

Table 5-6　恋愛強迫観念と恋愛中心価値観の平均値と1要因分散分析結果

		度数	平均値	標準偏差	分析結果
恋愛脅迫観念	腐女子群	46	1.946	.979	$F=1.743$
	オタク群	100	1.699	.719	$df=2/289$
	一般群	146	1.816	.714	ns
恋愛中心価値観	腐女子群	47	2.401	.897	$F=2.059$
	オタク群	101	2.370	.813	$df=2/294$
	一般群	149	2.577	.847	ns

　研究1と同様の基準で、回答者をオタク群、腐女子群、一般群、耽美群に分けた。耽美群は3名（0.99％）しかいなかったため分析から除外した。各群について、恋愛強迫観念と恋愛中心価値観の平均と標準偏差をTable 5-6に示した。
　恋愛強迫観念と恋愛中心価値観の1要因分散分析では、いずれも有意な主効果は認められなかった。平均から見ると、どの群も恋愛強迫観念も恋愛中心価値観も低いといえる。
　吉本（2007）が主張するように、恋愛強迫観念がオタクや腐女子の恋愛意識に影響を及ぼしているのだろうか。このことを検討するために、平均値で調査対象者を高群と低群に分けた。恋愛強迫観念の強さとオタク群、腐女子

群、一般群の群の違いを独立変数とし、各従属変数の2要因分散分析を行った (Table 5-7)。

恋愛欲求では、恋愛強迫観念の有意な主効果が認められた。恋愛強迫観念高群は、低群よりも恋愛欲求が強いのである。平均値から見ると、どの群でも恋愛をしたいと思っており、「恋愛をしたくない」と回答した者（回答が2以下）は、全体の11.6%（腐女子群18.8%、オタク群14.7%、一般群7.3%）でしかない（χ^2=10.404, df=8, ns）。

モテの自己認知では群の主効果と恋愛強迫観念の主効果、それに2要因の交互作用傾向（Figure 5-1）が認められた。これは、オタク群より一般群において、恋愛強迫観念高群が低群よりもモテると自己認知する傾向が高いことを示す結果である。2要因の交互作用傾向から、オタク群では恋愛強迫観念による差は見られないが、腐女子群と一般群では、恋愛強迫観念高群は低群よりもモテると自己認知する傾向が高いことが示唆される。

ただし、これは低群よりは高いという相対的なものであり、平均値から見ると、どの群も自分はモテないと認識している。自分はモテると明確に認識している（回答が4以上）のは全体の5.3%（オタク群2.0%、腐女子群8.3%、一般群6.6%）でしかない。基本的にどの群でも、モテると自己認識している者は極めて少ないのである。

「熱中しているものがあるから恋人がほしいとは思わない」では、群の主効果、恋愛脅迫観念の主効果、それに2要因の交互作用傾向（Figure 5-2）が認められた。腐女子群とオタク群は一般群よりも得点が高く、恋愛強迫観念低群の方が高群よりも得点が高いのである。交互作用傾向から、一般群では恋愛強迫観念による差は見られないことが示唆される。

「恋愛は面倒くさいから恋人がほしいとは思わない」では、群の主効果と恋愛強迫観念の主効果が認められた。腐女子群とオタク群は一般群よりも恋愛を面倒くさいと思う気持ちが強く、恋愛強迫観念高群より低群の方がその気持ちが強かった。交互作用は有意ではなかったが、オタク群、腐女子群、一般群の群ごとに、恋愛強迫観念の影響を検討するためにt検定を行ったところ、オタク群（t=1.946, dg=97, p<.10）と腐女子群（t=2.021, dg=44, p<.05）では

Table 5-7 各従属変数の恋愛強迫観念の違いによる平均値と2要因分散分析結果

従属変数	群	恋愛強迫観念	人数	平均値	標準偏差	分析結果
恋愛欲求	腐女子群	低群	25	3.320	1.282	群の主効果
		高群	21	4.095	.889	$F=1.569, df=2/286$, ns
	オタク群	低群	67	3.687	1.258	恋愛強迫観念の主効果
		高群	33	4.212	.740	$F=13.467, df=1/286, p<.001$
	一般群	低群	86	3.907	1.013	2要因交互作用
		高群	60	4.133	.853	$F=1.400, df=2/286$, ns
モテの自己認知	腐女子群	低群	25	1.080	.277	群の主効果
		高群	21	1.905	1.091	$F=4.525, df=2/285, p<.05$
	オタク群	低群	67	1.567	.908	恋愛強迫観念の主効果
		高群	33	1.667	.816	$F=14.961, df=1/285, p<.001$
	一般群	低群	86	1.640	.993	2要因交互作用
		高群	59	2.169	1.053	$F=2.590, df=2/285, p<.10$
自分には熱中しているものがあるから恋人がほしいとは思わない	腐女子群	低群	25	3.280	1.542	群の主効果
		高群	21	2.667	1.238	$F=31.71, df=2/286, p<.001$
	オタク群	低群	67	2.791	1.262	恋愛強迫観念の主効果
		高群	33	2.152	1.093	$F=8.182, df=1/286, p<.01$
	一般群	低群	86	1.640	.969	2要因交互作用
		高群	60	1.617	.846	$F=2.576, df=2/286, p<.10$
恋愛は面倒くさいから恋人がほしいとは思わない	腐女子群	低群	25	3.280	1.308	群の主効果
		高群	21	2.524	1.209	$F=22.067, df=2/285, p<.001$
	オタク群	低群	67	2.910	1.334	恋愛強迫観念の主効果
		高群	32	2.375	1.157	$F=9.441, df=1/285, p<.01$
	一般群	低群	86	1.884	1.202	2要因交互作用
		高群	60	1.717	.865	$F=1.345, df=2/285$, ns
自分の趣味に力を入れたいから恋人がほしいとは思わない	腐女子群	低群	25	3.240	1.508	群の主効果
		高群	21	2.286	.956	$F=22.724, df=2/286, p<.001$
	オタク群	低群	67	2.478	1.318	恋愛強迫観念の主効果
		高群	33	2.030	.883	$F=8.224, df=1/286, p<.01$
	一般群	低群	86	1.535	.979	2要因交互作用
		高群	60	1.683	.873	$F=5.102, df=2/286, p<.01$
異性との出会いの場がないから異性との交際が不安だ	腐女子群	低群	25	3.360	1.350	群の主効果
		高群	21	3.143	1.459	$F=15.422, df=2/284, p<.001$
	オタク群	低群	67	2.881	1.472	恋愛強迫観念の主効果
		高群	33	3.152	1.253	$F=0.000, df=1/284$, ns
	一般群	低群	84	2.238	1.350	2要因交互作用
		高群	60	2.183	1.157	$F=0.621, df=2/284$, ns
自分には魅力がないのではないかと思うから異性との交際が不安だ	腐女子群	低群	25	3.440	1.356	群の主効果
		高群	21	3.381	1.284	$F=12.237, df=2/285, p<.001$
	オタク群	低群	66	3.045	1.375	恋愛強迫観念の主効果
		高群	33	3.636	1.270	$F=1.113, df=1/285$, ns
	一般群	低群	86	2.581	1.333	2要因交互作用
		高群	60	2.600	1.153	$F=1.565, df=2/285$, ns

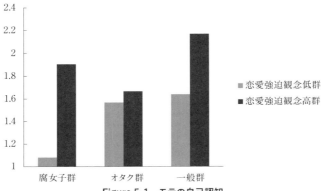

Figure 5-1　モテの自己認知

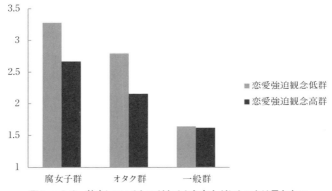

Figure 5-2　熱中しているものがあるから恋人がほしいとは思わない

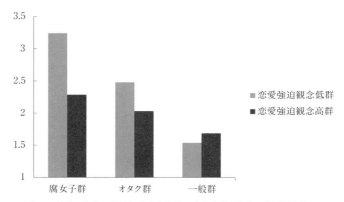

Figure 5-3　自分の趣味に力を入れたいから恋人がほしいとは思わない

恋愛強迫観念による差が認められた。

「自分の趣味に力を入れたいから恋人がほしいとは思わない」では、群の主効果、恋愛脅迫観念の主効果、それに2要因の交互作用（Figure 5-3）が認められた。腐女子群、オタク群、一般群の順に得点が高く、恋愛強迫観念低群の方が高群よりも得点が高かった。交互作用から、腐女子群とオタク群では恋愛強迫観念による差が見られるが、一般群では差は見られないことがわかる。

「異性との出会いの場がないから異性との交際が不安だ」と「自分には魅力がないから異性との交際が不安だ」の2要因分散分析では群の違いの主効果のみであり、オタク群と腐女子群は、一般群よりも「異性との出会いの場がないから異性との交際が不安」であり、「自分には魅力がないのではないかと思うから異性との交際が不安」なのである。恋愛強迫観念の主効果と交互作用は認められていないが、オタク群では恋愛強迫観念低群より高群の方が、自分の魅力の低さのために交際に対する不安が強い（$t=2.066$, $df=97$, $p<.05$）。この恋愛強迫観念による有意差が認められたのはオタク群だけであり、腐女子群や一般群では有意差は認められていない。

d. 考察

・認知的不協和の低減策としての「恋人はほしくない」

研究5-3から、表向きは「自分の趣味に力を入れたいから恋人はほしくない、そもそも恋愛は面倒だし興味がない」という態度をとるが、自分の魅力の低さや恋愛の社会的スキルの低さのために恋人との交際を不安に思っているという、恋人がいない独身者像はオタク群と腐女子群に当てはまる結果であると言うことができる。オタクや腐女子も本音は恋人がほしいのに、「熱中している趣味があるから、面倒くさいから、恋人がほしいと思わない」という態度をとるのである。その態度の一方で、異性との出会いの場が少なく、自分の魅力の低さを懸念し、異性との交際を不安に思っている。これが、研究5-2で認められた、オタク群と腐女子群の異性不安となるのだろう。まさしく、接近−回避の葛藤状態にあるということができるだろう。

人間は自分の態度と行動、ある態度と別の態度、ある行動と別の行動の間

の矛盾や不一致を自覚すると不快な状態になる。この不快な状態を、フェスティンガー（Festinger, 1957）は認知的不協和（cognitive dissonance）と呼んだ。認知的不協和を感じると、何らかの方法で不協和を低減するように動機づけられる。第1に、行動に合わせて意見や態度を変化させる。第2に、意見や態度に合わせて行動を変化させる。第3に、自分の態度や行動を評価し直したり、不協和を低減するような新しい認知情報を付加したりする。

　恋人がほしいにもかかわらず、交際を不安に思い恋人を作ろうとしない。これはまさに認知的不協和状態である。そのためオタクや腐女子は、「自分は恋人ができないのではなく、恋人がほしくないのだ」と自分を納得させる。その口実が、オタク趣味やBL趣味なのである。

　インターネット環境が普及する以前は、個人が遊ぶためには他者を必要とすることが多かった。インターネット環境が整備された現在では、ゲーム環境も個人が持ち運ぶものとなり、個人の娯楽環境が大きく変化した。他者を必要としない娯楽が増えたのである。さらに、ネット上で他者の発信する情報に接触することで、他者の意見を知り、他者とふれあったような気になることができる。ネット環境だけで生活することはできないが、ネット環境への依存度の高い者ほど、社会的スキルを向上させる機会が少なくなる。

　ネット上では、自分と同じ趣味の他者とだけ付き合うことが可能である。同じ趣味の仲間には肯定的に評価された話が、現実の人間関係の中でも肯定的に評価されるとは限らない。会話とネット上の文字によるコミュニケーションは異なるものだからである。

　さらに、趣味を共有しない相手は、異なる価値観を持つ相手である。同じ価値観を持つ相手と、異なる価値観を持つ相手では評価基準が異なる。現実の対人場面で否定的に評価されれば、肯定的評価を求めてネット環境に逃げ込み、そこで合意的妥当化を得て、自分は正しいと思うことができる。自分は正しいと思っていれば、自分の行動を変えようとは思わない。つまり、社会的スキルが低く、偏った価値観しか持たないで自分が正しいと思い込んでいる者は、「自分を肯定的に評価しない他者が間違っている」と思い込む。他者を否定することで、自己肯定を続けるのである。

・恋愛脅迫観念に基づく異性親和欲求の差

　恋愛は、自分とは生育環境が異なる他者と親密な関係を作ることである。むろん、価値観が大きく異なる他者との恋愛関係を成立させることは不可能に近いだろう。しかし、ある程度価値観が類似した相手でも、完全に価値観が同じことはあり得ない。ある程度価値観や趣味が異なる他者と交際するための社会的スキルがなければ、恋愛関係を成立させ、持続させることはできないのである。

　オタク群と腐女子群では、恋愛強迫観念の個人差により恋愛欲求や恋愛意識に違いが見られた。認知的不協和を低減するために、「趣味に力を入れたいから恋人はほしくない」と思い込んでいても、素直にそのように思える、あるいは自分を騙しきれる者ばかりではないのである。

　恋愛要素を多く含んだ萌え系アニメやマンガ、恋愛ドラマであるBLを大量に摂取していれば、「恋愛は素晴らしい、恋愛しない人間に価値はない」という恋愛強迫観念を強く持つようになる者も出てくる。そのような恋愛強迫観念高群は恋愛に対する欲求が強くなるし、「熱中する趣味があるから恋人はいらない」と、低群のように素直に思うことができないのである。オタク群の恋愛強迫観念高群は、恋愛はしたいけれど自分の魅力の低さのため交際に対する不安が強くなり、接近－回避の葛藤が強いアンビバレントな状態にあることがわかる。

　なぜ一般群では、恋愛強迫観念による恋愛欲求や恋愛意識の差があまり認められなかったのだろうか。この調査では恋人の有無や恋人との交際経験について質問していないが、モテの自己認識で唯一有意差が認められたことから、次のように考えられる。一般群では恋愛強迫観念の個人差によって恋愛欲求の差はなく、恋愛強迫観念高群も低群も恋愛したいという欲求が強いのである。

　オタク群や腐女子群では、魅力の低さや自分の趣味などさまざまなことを懸念し、恋愛欲求が異性に対する親和行動に直接的に結び付かない。しかし、そのような恋愛欲求の抑制要因が少ない一般群では、恋愛欲求が異性親和行動に直接的に反映されると考えられる。「恋愛しない者には価値がない」と

いう強迫観念高群は、低群よりも積極的に異性に接近し仲良くなろうとする。そして、恋人をつくるためにオシャレやデートにも投資するだろう。その結果、デートを楽しんだり恋人ができることも多くなるだろう。そのため、一般群ではモテの自己認識が高くなったのである。

オタク群や腐女子群の恋愛強迫観念低群は、恋愛はしたいけれど、自分の趣味を楽しんでいるので、無理矢理恋人を作ろうとは思わないのだろう。自然体でオタクライフや腐女子ライフを楽しんでいるのである。一方、恋愛強迫観念高群は恋愛欲求が強くなり、「恋愛のない人生には価値がないので恋人がほしい」と強く思うようになる。しかしオタク群や腐女子群は、世間にはオタクや腐女子に対する否定的イメージが強いことを認識している。可処分所得の多くを趣味に費やすためオシャレにはあまり投資していない自分の姿に、引け目を感じる者もいるだろう。恋人がほしいと強く思うけれど、自分の魅力の低さや、オタク趣味やBL趣味に対する世間の否定的イメージなどさまざまなネガティブな要素を考えると、腰が引けてしまうのである。一般群のように、素直に異性に対する親和行動もとれない。恋愛強迫観念低群のように自然体でオタクライフや腐女子ライフを満喫することもできない。

恋愛強迫観念が強いオタク群や腐女子群は、このように自意識をこじらせたやっかいな状態になってしまうのである。恋愛はしたいけれど自分には恋愛する価値がない、という自縄自縛の状態に陥ってしまうのである。

研究5のまとめ

研究5では3つの調査を行い、オタクと腐女子の恋愛意識を検討した。恋人との交際経験率に関して、腐女子群と一般群に差は見られなかった。群全体として見ると腐女子はモテないからBLに走ることを示す証拠はないのである。確かにオタク群の交際経験率は一般群よりも低かったが、モテないイメージの強いオタク男性でも6割強が恋人との交際を経験しており、オタク群全体がモテないということはできない。

しかし、異性不安尺度の3つの下位尺度から、腐女子群は現実の男性に対する苦手意識が強く、現実にも男性と一緒に行動することが少なく、異性と仲良くなりたいともあまり思っていない。それに対しオタク群は、現実の異性に対する苦手意識が強く、異性と一緒に行動することも少ないが、異性に対する関心が強く仲良くなりたいと強く思っていることがわかった。

　腐女子群、オタク群、一般群に恋愛欲求の差はなく、どの群も本音は恋愛をしたいと思っているが、オタク群と腐女子群は「熱中している趣味があるから恋人がほしいとは思わない」と強がる一方で、異性交際に不安も感じているというややこしい状態にあることがわかった。

　研究4から、依然としてオタクや腐女子は否定的イメージが強いことがわかった。ここから考えるとオタクや腐女子は大学生活での満足度が一般群よりも低くなると予測できる。その一方で、大学はオタク仲間や腐女子仲間と出会う場でもある。研究5から、特に腐女子大生にとっては居心地のよい場所となっていることが示唆される。そうであれば、腐女子群の大学生活の満足度が高くなると予測することもできる。研究6ではオタクと腐女子の大学生活の満足度を検討する。

第6章
オタクと腐女子の大学生活

　宮崎（1993）は、女子高校生は勉強グループ、オタッキーグループ、一般グループ、ヤンキーグループの派閥に分かれ、制服の着方、勉強への価値づけ、教師への対応、学校外での活動などが明確に異なっていることを報告している。宮崎は、一般グループやヤンキーグループがオタッキーグループを「かわいくない・おしゃれをしない・汚い・暗い・オタクっぽい」と批判していることも併せて報告している。

　岡部（2008）は12名の腐女子へのインタビューにより、腐女子は非腐女子に対しては腐女子であることを隠し、腐女子仲間では腐女子であることの隠蔽工作をネタとして開示し合うことを報告している。腐女子が腐女子であることを隠蔽するのは、腐女子は一般の人々から否定的に見られる存在であり、腐女子であることが晒されると偏見を含んだ社会的制裁につながる可能性があるからだと岡部は考察している。また、腐女子自身、「真っ当な女の子グループ」が普通であり、腐女子は異質な下位グループと自己規定していることも岡部は紹介している。

　研究4-2で明らかになったように、オタク・ノーマライゼーションが進んだ2015年現在でも、オタクはどちらかというと否定的にイメージされている。そして、さらに明確に否定的な存在としてイメージされているのが腐女子である。趣味への没頭が許容される大学生活においてさえも、オタクや腐女子は否定的存在としてイメージされているのである。

　自分たちを否定的にイメージする一般人の中で生活することは、オタクや腐女子の日常生活での満足度を低下させると考えられる。研究6では、オタクと腐女子の大学生活の満足度を一般群と比較し、検討する。

研究6
「オタクと腐女子の大学生活満足度」

a. 調査方法
・大学生活満足度尺度の作成

　大学生の学校生活の満足感を測るために河村（1999）が作成した学校生活満足尺度（高校生用）を、文意が変わらず大学生活に当てはめた場合に不自然にならないように改訂した。大学生活満足度尺度の回答方法は原尺度と同様に、「1：まったく当てはまらない〜7：とてもよく当てはまる」の7件法である。

b. 調査対象と手続
・調査対象者

　首都圏私立大学4校の18歳から52歳の男女大学生1,450名（女性1,061名、男性385名、未記入4名）。平均年齢19.62歳（SD=2.542）。

・調査手続

　オタク度尺度、腐女子度尺度、それに大学生活満足度尺度をまとめた調査用紙を作成した。通常の授業時間の一部を利用して質問紙調査を行った。調査用紙を配付し、回答を記入してもらいその場で回収した。調査は2010年、2012年、2015年に実施した。

c. 調査結果
・因子分析

　学校生活満足尺度（河村, 1999）は、周囲から承認され学校生活に満足している程度である承認因子と、周囲から拒絶され孤立し学校生活に不満を持つ程度である被侵害・不適応因子の、独立した2因子から構成されている。各因子を構成する10項目の合計点を、承認得点および被侵害・不適応得点としている。そこで因子数を2に指定し、大学生活満足度尺度に主因子法プロマ

ックス回転の因子分析を行った。その結果、大学生活満足度尺度も原尺度と同様の構造を持つことが確認された（Table 6-1）。

第1因子は原尺度で被侵害・不適応因子とされた10項目の大学生版に負荷量が高かった。この第1因子を、大学生版被侵害不適応因子と解釈した。被侵害不適応因子10項目の信頼性係数は$\alpha=.877$であり、内的一貫性が高いと判断できる。第1因子に負荷量が高かった10項目の合計点を、被侵害不適応得点とした。

第2因子は原尺度で承認因子とされた10項目の大学生版に負荷量が高かった。この第2因子を、大学生版承認因子と解釈した。承認因子10項目の信頼性係数は$\alpha=.846$であり、こちらも内的一貫性が高いと判断できる。第2因子に負荷量が高かった10項目の合計点を、承認得点とした。

・従属変数の分析

研究1と同様の方法で、調査対象者を腐女子群、オタク群、一般群、耽美

Table 6-1　大学生活満足度尺度の因子分析結果

	因子1	因子2
私はクラスやサークルの中で孤立感を覚えることがある	**.765**	-.130
私はクラスやサークルの中で浮いていると感じることがある	**.748**	-.102
私はサークルの仲間から無視されることがある	**.690**	.068
グループ学習をする時、最後までグループが作れず残ってしまう	**.689**	-.152
私は友人や知人から無視されるようなことがある	**.674**	.075
私は授業中に発言をしたり先生の質問に答える時、冷ややかな目をむけられたことがある	**.673**	.109
私はクラスメイトやサークルメンバーから耐えられない悪ふざけをされたことがある	**.664**	.105
私はクラスやサークルで、からかわれたりバカにされるようなことがある	**.554**	.248
私は休み時間などに、一人でいることが多い	**.540**	-.109
私はクラスにいる時やサークル活動をしている時、まわりの目が気になって不安や緊張を覚えることがある	**.535**	-.137
私はクラスやサークルの中で存在感がある	.036	**.803**
私はクラスやサークルの活動でリーダーシップをとることがある	.064	**.730**
仲の良いグループの中では中心的なメンバーである	.010	**.725**
私は勉強や運動、特技や面白さなどで友人から認められている	.009	**.684**
私は学校・クラスやサークルでみんなから注目されるような経験をしたことがある	.078	**.679**
私は、学校やサークルで行う活動には積極的に取り組んでいる	.081	**.643**
学校生活で充実感や満足感を覚えることがある	-.159	**.555**
学校内で私を認めてくれる先生がいる	.022	**.417**
学校内に自分の本音や悩みを話せる友人がいる	-.154	**.400**
在籍している学校や、学部・学科に満足している	-.063	**.366**

群の4群に分けた。耽美群は20名（1.38%）しかいなかったので分析から除外した。腐女子群、オタク群、一般群の承認得点と、各項目の平均と標準偏差をTable 6-2に示した。Table 6-2に従い、1要因分散分析を行った。

承認得点の1要因分散分析から、有意な主効果が認められた。多重比較から、腐女子群は一般群やオタク群よりも承認得点が低いことがわかった。項目では、「私は勉強や運動、特技や面白さなどで友人から認められている」、「私はクラスやサークルの活動でリーダーシップをとることがある」、「仲の良い

Table 6-2　各群の適応得点と各項目の平均値と1要因分散分析結果

		度数	平均値	標準偏差	分析結果
承認得点	腐女子群	242	38.550	10.554	$F=7.052$
	オタク群	401	41.614	11.177	$df=2/1366$
	一般群	726	41.141	10.217	$p<.01$
私は勉強や運動、特技や面白さなどで友人から認められている	腐女子群	244	3.869	1.496	$F=3.873$
	オタク群	405	4.180	1.533	$df=2/1387$
	一般群	741	4.011	1.336	$p<.05$
私はクラスやサークルの中で存在感がある	腐女子群	244	3.516	1.525	$F=2.726$
	オタク群	405	3.783	1.670	$df=2/1387$
	一般群	741	3.749	1.397	$p<.10$
私はクラスやサークルの活動でリーダーシップをとることがある	腐女子群	244	3.107	1.768	$F=4.444$
	オタク群	405	3.496	1.813	$df=2/1386$
	一般群	740	3.449	1.664	$p<.05$
仲の良いグループの中では中心的なメンバーである	腐女子群	244	3.295	1.559	$F=9.384$
	オタク群	404	3.745	1.610	$df=2/1385$
	一般群	740	3.764	1.442	$p<.001$
私は学校・クラスやサークルでみんなから注目されるような経験をしたことがある	腐女子群	243	4.041	1.806	$F=6.635$
	オタク群	405	4.560	1.920	$df=2/1385$
	一般群	740	4.408	1.670	$p<.01$
学校生活で充実感や満足感を覚えることがある	腐女子群	244	4.377	1.694	$F=7.083$
	オタク群	404	4.817	1.613	$df=2/1385$
	一般群	740	4.782	1.522	$p<.01$
私は、学校やサークルで行う活動には積極的に取り組んでいる	腐女子群	244	4.016	1.916	$F=1.371$
	オタク群	405	4.257	1.898	$df=2/1382$
	一般群	736	4.198	1.756	ns
学校内で私を認めてくれる先生がいる	腐女子群	244	3.475	1.657	$F=0.110$
	オタク群	405	3.422	1.667	$df=2/1384$
	一般群	738	3.421	1.583	ns
在籍している学校や、学部・学科に満足している	腐女子群	244	4.332	1.618	$F=1.357$
	オタク群	403	4.533	1.680	$df=2/1383$
	一般群	739	4.509	1.578	ns
学校内に自分の本音や悩みを話せる友人がいる	腐女子群	243	4.535	1.789	$F=2.432$
	オタク群	405	4.731	1.867	$df=2/1383$
	一般群	738	4.825	1.742	$p<.10$

グループの中では中心的なメンバーである」、「私は学校・クラスやサークルでみんなから注目されるような経験をしたことがある」、「学校生活で充実感や満足感を覚えることがある」で有意な主効果が認められた。多重比較から、腐女子群はリーダーシップをとること、グループの中心的メンバーであること、みんなから注目される経験をしたこと、学校生活で充実感や満足感を覚えることがオタク群や一般群よりも有意に少なく、また、友人から認められているという認識がオタク群よりも低いことがわかった。

Table 6-3　各群の被侵害不適応得点と各項目の平均値と1要因分散分析結果

		度数	平均値	標準偏差	分析結果
被侵害不適応得点	腐女子群	239	26.423	11.909	$F=24.789$
	オタク群	402	25.478	11.230	$df=2/1365$
	一般群	727	21.729	10.305	$p<.001$
私は友人や知人から無視されるようなことがある	腐女子群	244	2.635	1.666	$F=14.147$
	オタク群	405	2.262	1.474	$df=2/1381$
	一般群	735	2.065	1.378	$p<.001$
私はクラスメイトやサークルメンバーから耐えられない悪ふざけをされたことがある	腐女子群	244	2.316	1.722	$F=8.424$
	オタク群	405	2.205	1.650	$df=2/1386$
	一般群	740	1.920	1.357	$p<.001$
私はクラスやサークルで、からかわれたりバカにされるようなことがある	腐女子群	244	2.590	1.737	$F=4.433$
	オタク群	405	2.773	1.833	$df=2/1385$
	一般群	739	2.456	1.657	$p<.05$
私は授業中に発言をしたり先生の質問に答える時、冷ややかな目をむけられたことがある	腐女子群	244	2.197	1.611	$F=2.832$
	オタク群	405	1.985	1.425	$df=2/1385$
	一般群	740	1.951	1.328	$p<.10$
私はサークルの仲間から無視されることがある	腐女子群	244	1.824	1.393	$F=4.479$
	オタク群	403	1.598	1.078	$df=2/1384$
	一般群	740	1.581	1.050	$p<.05$
グループ学習をする時、最後までグループが作れず残ってしまう	腐女子群	243	2.588	1.667	$F=22.390$
	オタク群	404	2.389	1.691	$df=2/1384$
	一般群	740	1.935	1.348	$p<.001$
私はクラスやサークルの中で孤立感を覚えることがある	腐女子群	243	2.909	1.843	$F=19.703$
	オタク群	404	2.933	1.896	$df=2/1384$
	一般群	740	2.339	1.596	$p<.001$
私はクラスやサークルの中で浮いていると感じることがある	腐女子群	243	3.123	1.881	$F=25.497$
	オタク群	404	2.993	1.862	$df=2/1385$
	一般群	741	2.386	1.582	$p<.001$
私は休み時間などに、一人でいることが多い	腐女子群	242	2.950	1.812	$F=20.314$
	オタク群	404	3.069	2.004	$df=2/1383$
	一般群	740	2.422	1.618	$p<.001$
私はクラスにいる時やサークル活動をしている時、まわりの目が気になって不安や緊張を覚えることがある	腐女子群	243	3.412	2.100	$F=19.581$
	オタク群	403	3.285	1.971	$df=2/1382$
	一般群	739	2.712	1.706	$p<.001$

被侵害不適応得点と、各項目の平均と標準偏差をTable 6-3に示した。Table 6-3に従い、1要因分散分析を行った。不適応得点でも有意な主効果が認められた。多重比較から、腐女子群とオタク群は一般群よりも不適応得点が高いことがわかった。

　被侵害不適応得点の項目では、「私は授業中に発言をしたり先生の質問に答える時、冷ややかな目をむけられたことがある」以外のすべての項目で有意な主効果が認められた。多重比較から、腐女子群とオタク群は、耐えられない悪ふざけをされたこと、グループ学習の際にグループが作れず残ってしまうこと、孤立感や浮いていると感じること、一人でいること、周囲の目を気にして不安や緊張を覚えることが一般群よりも有意に多かった。また、オタク群はからかわれたりバカにされることが一般群よりも有意に多く、腐女子群はオタク群や一般群よりも無視されることが多いと感じていることがわかった。

d. 考察
・社会的ステレオタイプに基づく偏見

　オタク群は一般群と比較して、大学において他者から否定的な反応をされることも多いが、その一方で他者から注目され肯定的に評価されることも多い。それに対して、腐女子群は大学において肯定的に評価されることが少なく、否定的に扱われることが多いと自分自身認識している。この結果は、オタクイメージと腐女子イメージのネガティブさ、つまり、オタクと腐女子に対するステレオタイプのネガティブさの違いが反映されたものだと解釈できる。

　決まり切った考え方や行動の仕方をステレオタイプ（stereotype）と呼ぶ。その中でも、「特定の集団に属しているものは特定の共通する性質を持つという、その社会に広く普及した極めて単純化された信念」を社会的ステレオタイプと呼ぶ。

　人間は自分自身を評価したいという自己評価の欲求を持ち、自分を誰かと比較する。幾度か述べてきたように、人間には自己高揚欲求があり、できれば自分自身を高く評価したいと思うのである。自分が所属している集団と、別の集団を比較するときにも同じ現象が生じる。人間は自分の所属集団を、他

の集団よりも高く評価したいと思うのである。

　また、人は個人としてのアイデンティティと同様に、ある特定の集団の一員であるという認識に基づいた、集団レベルでのアイデンティティを持つ（Tajfel & Turner, 1986）。これを社会的アイデンティティと呼ぶ。この社会的アイデンティティに基づいて、所属集団（内集団）と他の集団（外集団）を比較する場合、内集団を好意的に評価し協力行動をとる内集団ひいき（ingroup favoritism）と、外集団を非好意的に評価し対立的行動をとる外集団拒否（outgroup rejection）が生じる。社会的アイデンティティが強くなると、内集団は自分と同質な人間の集団であり、外集団は自分たちとは異質な人間の集団として認知される。ここで、外集団に対するステレオタイプが形成される。

　ステレオタイプには思考の節約（Lippmann, 1922）という機能がある。親しい人間や自分にとって重要な人間に関しては、さまざまな情報を集めてその人間を理解しようとする。しかし、それほど重要ではないが無視もできない相手に関しては、職業、県民性、血液型など、自分が持つ何らかのステレオタイプに当てはめてその相手を判断し、理解したつもりになるのである。集団に関するさまざまな情報を簡略化し、個人の特性を無視して「あの集団（カテゴリー）の一員なら○○だ」と決めつけて認知するようになるのである。

　社会的ステレオタイプに否定的感情が結び付くと偏見になる。個人の特性からの評価ではなく、ある集団の一員であるというだけで、個人を否定的に評価するようになる。社会的ステレオタイプ自体は肯定的な内容のものも否定的な内容のものもあるが、偏見は否定的な内容のものしかないのである。

・「明らかに異質な少数派」故に下方比較の対象となる腐女子

　ステレオタイプには、もう1つの機能がある。自己の態度や行動の正当化（Allport, 1954）である。マスコミも周りの人たちもあの集団のことを否定的に言っている。多くの人が言うことは正しいことである。したがって、自分があの集団のメンバーを否定することは正しいことだ、と正当化できるのである。

　その場合、否定的に評価されるのは少数派であることが多い。山岡（2011）

は、血液型イメージと血液型に由来する不快な経験をした者の割合の関連を検討している。血液型イメージに関しては、少数派であるB型やAB型は、多数派であるA型やO型と比べると明らかにイメージが悪い。さらに、テレビ番組などの影響でB型のイメージが悪化すれば、B型の中で不快経験者の割合が高くなり、AB型のイメージが多少改善されるにつれて、不快経験者の割合は低くなっていたのである。

同じ現象がオタクや腐女子にも生じていると解釈できる。前述のように、最初期からオタクのステレオタイプは、外見の魅力が低く、コミュニケーション能力も低いというものであった。連続幼女誘拐殺人事件をきっかけに、オタクが異常者や犯罪者予備軍という扱いをされていた時期もあった。しかし、自らのオタク性を自認する割合が増える（菊池, 2008; 辻・岡部, 2014）に従って、オタク・ステレオタイプのネガティブさは緩和されてきたのである。

ただし、社会的に高く評価されない趣味、同じ趣味の仲間以外にとっては無価値な趣味に熱中しているのがオタクである。オタク趣味が高じて制作者サイドに移った者は、すでにオタクとは呼ばない。あくまでも非生産的な、消費者サイドにいる者がオタクと呼ばれるのである。スポーツや音楽など社会的に高く評価され、自分の技能を高める趣味とは異なり、オタク趣味にはどうしても「本質的なカッコ悪さ」が付きまとう。このカッコ悪さのために、オタクの間でも下方比較が生じると考えられる。「アニメも見るしゲームもやる自分にもオタク的なところはあるが、美少女キャラに萌え狂っているあいつほどひどくはない」と安心するのである。

例えば、愛情の対象が実在するアイドルオタクは、実在しない2次元のキャラクターを愛情対象とするアニメオタクを下方比較の対象とし、外見やアニメ作品中での言動を含めて2次元キャラクターを愛するアニメオタクは、声優だけを愛する声優オタクを下方比較の対象にする——という具合に、自分とは違うタイプのオタク趣味にはまっている者を下方比較の対象としてからかい、バカにしやすいのである。

それに対して、一般群にとってもオタク群にとっても、腐女子群は明らかに異質な少数派である。オタクは趣味に投資する資源量の程度が高い者であ

り、オタクかどうかは量的な違いの問題である。それに対して、腐女子はBL趣味の有無という一点において、明らかに異質なのである。そして、異性愛規範が強いこの社会において、また女性の性的娯楽の許容度が低いこの社会において、BL趣味の腐女子はアブノーマルとみなされる存在である。さらに腐女子の存在がマスコミで取りざたされ注目されるようになり、理解不能な気持ち悪い存在として、オタク界の否定的イメージを一身に背負うようになったのが腐女子だとみなすこともできるだろう。

　人間は価値観を同じくする者と集団を形成し、合意的妥当化により自分たちの価値観を正しいと考える。そして自分たちとは異質な価値観を持つ少数派を否定する。アブノーマルな存在ほど否定しやすいのである。

　研究3-2でも紹介した、下方比較理論（Wills, 1981）という考え方がある。下方比較は主観的幸福感が感じられない場合、特に自己評価が脅威に晒されているときに生起しやすい。場合によっては他者を攻撃し、自分よりも不遇な状態に貶めた相手と自分を比較して主観的幸福感を高めることもある。この攻撃的な下方比較が、事実に基づかない非難や中傷、他者を揶揄する皮肉やブラック・ユーモア、特定の他者や集団に対する社会的偏見、社会的弱者や少数者集団に対する攻撃行動などを生み出すと考えられている。

　異性愛により人類は繁栄してきた。どの社会であっても、子孫を生み出す異性愛を中心に性的規範が形成されてきた。そのため、多数派の性的規範に抵触する性的少数派は、どの社会においても差別の対象とされてきたのである。性的少数派の人権に対する意識が進んだ社会では、性的少数派を下方比較の対象とすることは不適切なことという意識が強くなっている。しかし、（女性にとっては実現不能であるから）本人の性的指向とは無関係に娯楽としてBL趣味を選んだ腐女子は、まさにこの理論で言うところの攻撃的な下方比較の対象とし‐て、うってつけな存在とみなされるのであろう。

　そのため腐女子はオタクのように、リーダーシップをとったり、周囲から注目されるような自己アピールをすることもできない。したがって、承認されることも少なくなるのである。自己アピールができず、周囲の目を気にして緊張しているから、周囲の人に馴染むことができず、時々無視されると感

じているのだろう。これが、岡部（2008）が指摘した「偏見を含んだ社会的制裁」ということになるのだろう。

　ただしこの結果から、腐女子は大学内でいじめられ無視されていると結論づけることはできない。研究3で明らかになったように、腐女子群は社会的スキル全般が低いということはないのだが、話しかけスキルが低いのである。適切なタイミングで相手に話しかけることができないのであれば、相手は自分に話しかけられたと認識できなかったり、認識しても話の流れの中で答えるタイミングを逃したりすることもあると考えられる。また、自分の話しかけるタイミングの悪さのために相手からの返事がないことを、無視されたと認識することもあるだろう。このように、腐女子群の話しかけスキルの低さが被侵害不適応得点を高めた可能性も無視できない。被侵害不適応得点が高いからといって、腐女子群が大学生活で侵害されていると断定することはできないのである。

　むろん、非腐女子の前でBLネタで盛り上がる者、つまり公衆の面前で猥談をする者は周囲から拒否される。そのような者は腐女子の中でも否定されるのである。非腐女子の前では一般人に擬態し、腐女子であることを隠蔽することが、腐女子の暗黙の掟なのである。

研究6のまとめ

　自分が聞きたくもない話を大声でしている者は、オタクや腐女子であるなしにかかわらず不快な存在である。ほとんどの腐女子はそれを理解しているから、腐女子仲間の前でしかBL話をしない。しかしその反面、自分がしたい話をしたいようにできないことは、自己肯定感を低下させ、大学生活での満足感を低下させることにつながるのだろう。そのことが、自己否定的な表象や自己概念の形成につながることも考えられる。研究7ではこの問題を検討する。

第7章
オタクの／腐女子の自己表象

　研究1から腐女子群は変態性の自己認知度が高く、研究4からは自分自身をアブノーマルな存在であると認識していることがわかった。研究3-2より、（ダイエットしたいという意志のある者に関してではあるが）腐女子群は他の群よりも自尊感情が低く、自己の体型を普通以下の魅力のないものと認識しているために、ダイエットに対する動機づけが高くなることがわかった。また、研究5-3から、腐女子群は一般群よりも、自分の魅力の低さのために異性との交際に対する不安が強いことがわかった。そして、研究6から腐女子群は大学生活において、他者から無視され孤立していると感じることが多く、他者から認められたと感じることも少ないことがわかった。明らかに、腐女子群は適応感が低く、不適応感が強いのである。また、自己否定的な認識が強いことも示唆される。

・ロマンティック・アタッチメント
　ボウルビィ（Bowlby, 1973）は、内的作業モデル（Internal Working Model）という概念を提唱している。子供は愛着対象との相互作用を通して、自分は他者からどの程度受け入れられている存在なのか、他者は自分の要求にどの程度応じてくれる存在なのか、という自己と他者に関する心的表象を形成する。この表象が内的作業モデルであり、発達過程におけるさまざまな愛着対象との相互作用を通して個人の内部に体制化されていく（戸田, 1991）。
　内的作業モデルという概念は、アタッチメント研究から提唱されたものである。ボウルビィ（Bowlby, 1969, 1973, 1980）は「ある個人と特定の他者の間に形成される永続的な情愛の絆」をアタッチメント（attachment：愛着）と呼んだ。エインズワースたち（Ainsworth, et al., 1978）はストレンジ・シチュエ

ーションと呼ばれる実験観察法によって母子のアタッチメントのタイプを分析し、安定愛着型と、不安定愛着型の回避型とアンビバレント型の3つに分類した。

　安定型の子供は、母親と一緒のときは安心して玩具で遊んだり、見慣れぬ部屋の中を探検したりしていた。母親がいなくなると後追いや泣いたり悲しみや苦痛を表したりするが、母親が戻ってくると母親との身体的接触を求めたり、安心してまた遊び始めたりするなど、短時間で情緒的に安定する。

　回避型の子供は、母親と一緒のときにも母親に接近せず、母親が部屋からいなくなっても情緒的な混乱を示さず後を追ったりしない。母親が戻ってきても接近を求めたりせず、逆に母親との接近を避ける子供もいた。

　アンビバレント型の子供は、母親と一緒にいても不安を示し、母親がいなくなると情緒的に非常に混乱してしまう。母親が戻ってきてもなかなか安定せず、母親が抱き上げると泣き出し、下ろそうとすると怒ってしがみつくといったように、母親への接近と拒否を同時に示したりするのである。

　ハザンとシェイヴァー（Hazan & Shaver, 1987）は乳幼児のアタッチメントと恋愛の類似点に着目し、恋愛のアタッチメントを「ロマンティック・アタッチメント」と呼んで研究を行っている。成人の内的作業モデルを、乳幼児期の3つのアタッチメントパターンに対応させて評価したのである。乳幼児期に養育者との安定した愛着が形成された安定型の者は、「自分は愛される価値のある人間であり、他者は自分を愛し支援してくれる存在」という表象が形成される。その表象が、他者との良好な人間関係を形成し維持するために必要な認知行動パターンの原型となっていくのである。

　逆に養育者との安定した愛着関係を形成できなかった回避型の者は、「自分は愛される価値のない人間であり、人は自分を拒否する存在」という表象が形成され、それが他者との良好な人間関係の形成を困難にする認知行動パターンの原型となる。また、アンビバレント型の者は、他者に対して信頼と不信のアンビバレントな表象を形成し、自己不全感が強くなるのである。

・アタッチメントの4類型

　現代のアタッチメント研究では、内的作業モデルの自己モデルが肯定的か否定的か、他者モデルが肯定的か否定的かにより4つの類型（安心型、とらわれ型、拒絶型、恐れ型）に分けて考えることが主流になっている（Bartholomew & Horowitz, 1991）。安心型は自己肯定・他者肯定型の内的作業モデルを持つ者であり、従来の安定型に対応する。安心型の者は、基本的に自分に対しても他者に対しても肯定的な表象を形成している。他者を信頼し人付き合いにも好意的だが、自分自身を肯定的に捉えているので、他者から受容されない場合でも不安が強くなったりはしない。また、他者と適応的な付き合い方ができるので、良好な対人関係を形成することができると考えられている。

　とらわれ型は自己否定・他者肯定型で、従来のアンビバレント型に対応する。とらわれ型の者は他者に関しては肯定的な表象を形成しているが、自分自身の表象が否定的なのである。そのため他者に対し好意を持ち接近するが、同時に他者から拒否され見捨てられることに対する不安を抱えている。その不安を打ち消すために他者と過剰に親しくなることを望むが、他者が自分を受容し愛してくれないのではないかという不安から逃れられないのである。自分自身で自尊感情や幸福感を得ることができず、自己評価は他者との関係に依存している。

　従来の回避型が4類型モデルでは2つに分けられる。自己肯定・他者否定型の拒絶型と、自己否定・他者否定型の恐れ型である。自己肯定的な表象を形成している拒絶型の者は、自己の能力や価値を確信し、他者を頼りにせず近づきすぎることを避け、独立独歩で生きる。他者への感情表現を抑制したり、安心感を得るための他者に対する親和行動の必要性を低く評価し、自尊感情を高めると考えられている。

　他者に対しても自分に対しても否定的な表象を形成している恐れ型の場合は、他者を信頼できず、他者から拒否され傷つくことを恐れるために他者を避けようとする。恐れ型が他者との親密な関係を回避するのは、他者に自分を受容してもらえる自信がないからである。そのため恐れ型は、他者と接することに対する不安が強くなる。

この成人のアタッチメントの4類型モデルでは、自己モデルと他者モデルの肯定・否定という概念をそのまま用いるのではなく、関係不安と親密性回避という概念に置き換えて考えている（Brennan et al., 1998）。関係不安とはアタッチメント対象とする者から拒否されることに対する不安であり、自己モデルが否定的であるほど関係不安が強くなると考えられている。親密性回避とはアタッチメント対象とする者との親密性や相互依存を回避する傾向であり、他者モデルが否定的であるほど親密性回避が高くなるのである。

　研究5-2の異性不安尺度の研究結果から考えると、異性不安と異性親和志向が共に高いオタク群はアンビバレント型、あるいはとらわれ型のアタッチメント傾向が強いと予測することができる。一方、異性不安も異性親和志向も低い腐女子群は、回避型の拒絶型か恐れ型のアタッチメント傾向が強いと予測できる。研究6から考えても、大学生活での承認得点が低く被侵害不適応得点が高い腐女子群は自己の表象も他者の表象も否定的になり、恐れ型のアタッチメント傾向が強くなると予測できる。また研究5-3から、自分の魅力の低さのために異性との交際に対する不安が強い腐女子群とオタク群は、一般群よりも異性からの拒否不安が強いと考えられる。研究7は、内的作業モデルや成人のアタッチメントの観点から、オタク群と腐女子群の否定的な自己表象について検討することを目的とする。

・否定的恋愛行動とアタッチメントパターン

　安定したアタッチメントを形成できず現在でも親との緊張関係にある者は、否定的な自己表象と他者表象を形成し、不安定な親密性回避型のアタッチメント傾向が強くなり、欠点の多い異性を恋人にしたり、あえて恋愛関係を壊すような行動をとってしまったりなど、本人にとって不幸な恋愛行動を繰り返すことになると考えられる。

　そのような不幸な恋愛行動に関して、元香川大学教授の岩月謙二（動物行動生理学）は、多くの著書で親子関係に原因があると主張している。例えば、岩月が「家庭内ストックホルムシンドローム」と呼ぶのは次のような説である。父親に愛されない娘は、家庭内で生存するために、父親への嫌悪感を愛

情として処理し続ける。この情報処理パターンが定着した結果、心の奥底で嫌悪感を感じることを、意識の表面では「好き」と認識する。そのため、嫌悪感を感じる男性を「好き」と思い込んでしまうという説である。

　ただし、岩月の仮説は専門分野である動物行動学や動物生理学に基づくものではなく、「ボランティアで悩み事相談をした結果、たまたま発見した人間行動の原理原則」だとしている。また、岩月は自ら主張する説を科学的な手法で検証してはいない。岩月は科学者として自説の検証を行うのではなく、幼児期に親から充分な愛情を与えられなかった不満や怒りが子供の心に傷として残り、成長後の否定的な恋愛行動や性的逸脱行動の原因になる（岩月は「思い残し症候群」と呼んでいる）と考え、「育て直し」と名付けた自己流の心理療法らしきものを行っていた。岩月は女性相談者に対する「育て直し」の過程で性的逸脱行動を行い準強制猥褻罪で逮捕され、最高裁で有罪（懲役2年執行猶予3年）が確定し、香川大学を懲戒解雇されている。

　しかし、岩月の「思い残し症候群」の考えは内的作業モデルと整合するものでもある。また、岩月が悩み事相談の過程で抽出した恋愛に悩む相談者の思考パターンや行動パターンを、研究のヒントとすることは可能である。山岡（2006）は、岩月（2002ab, 2003）の3冊の著作を参考に否定的恋愛指向性尺度を作成し、恋人の欠点との関係を検討している。その結果、親との不安定な愛着や恋愛に関する否定的な自己評価と恋人の欠点が正の関係にあることが示された。本研究ではこの否定的恋愛志向性尺度を従属変数として使い、オタクや腐女子のアタッチメントパターンとの関係を検討するものである。

研究7
「オタクと腐女子のアタッチメント」

a. 調査方法
・使用した尺度
内的活動モデル尺度（戸田, 1988）
　成人が形成している内的作業モデルの質を評価する尺度であり、安定尺度、

アンビバレント尺度、回避尺度の3つの下位尺度から構成されている。

否定的恋愛志向性尺度（山岡，2006）

　岩月（2002ab, 2003）が悩み事相談の過程で抽出した恋愛に悩む相談者の思考パターンや行動パターンを参考に山岡（2006）が作成した、否定的恋愛行動を行う者の認知行動傾向に関する尺度。研究7のために47の尺度項目の因子分析を繰り返し、最終的に15項目の尺度とした。回答方法は、「1：当てはまらない、2：あまり当てはまらない、3：どちらともいえない、4：やや当てはまる、5：当てはまる」の5件法である。

成人アタッチメント尺度

　成人のアタッチメントの4類型モデルの考えに従い、バーソロミューとホロヴィッツ（Bartholomew & Horowitz, 1991）の4類型のプロトタイプ記述を参考に、関係不安尺度と親密性回避尺度を作成した。

　関係不安尺度は、「彼（女）と情緒的に親しくなりたいと思っているが、彼（女）はそれほど私と親しくなりたいわけではないと思うことがよくある」、「彼（女）は私のことを好きではないと思う」、「私は彼（女）に受け入れてもらえないと思う」、「私が彼（女）を大切だと思うほどには、彼（女）は私のことを大切に思ってくれていないのではないかと心配になることがある」の4項目である。

　親密性回避尺度は、「彼（女）に対し、距離を置いたり避けたりしてしまう」、「彼（女）に対し、感情を素直に表現できない」、「彼（女）との深い付き合いを避ける傾向がある」、「彼（女）と接することが不安だ」、「私は人を信頼できない」の5項目である。

　「交際中の恋人、あるいはあなたが現在『家族以外で最も好きな異性』との関係で、あなたは以下の項目がどの程度当てはまりますか？」として、否定的恋愛志向性尺度と同様の5件法で回答を求めた。

異性からの拒否不安

　研究5-2ではオタク群は異性不安も異性親和志向も高いアンビバレントな

状態にあることが、研究5-3ではオタク群と腐女子群は恋人がほしいのに自分の魅力の低さを懸念し、趣味があるから恋人はいらないというアンビバレントな状態にあることが示された。この接近－回避の葛藤は、異性からの拒絶に対する不安からくると考えることができる。そこで異性からの拒否不安の測度として、「彼（女）から拒否され、傷つくことを恐れている」という質問項目を設定した。回答方法は否定的恋愛志向性尺度と同様の5件法である。

b. 調査対象と手続

・調査対象者

　都内4年制私立大学の18歳から26歳の男女大学生336名（女性213名、男性123名）。平均年齢19.27歳（SD=1.354）。

・調査手続

　通常の授業時間の一部を利用して質問紙調査を実施した。オタク度尺度と腐女子度尺度、内的活動モデル尺度（戸田, 1988）、成人アタッチメント尺度、否定的恋愛志向性尺度、それに異性からの拒否不安の質問項目から構成された調査用紙を配布し、回答を記入してもらい回収した。調査は2008年6月に実施した。

c. 調査結果

　否定的恋愛志向性尺度15項目に、主因子法プロマックス回転の因子分析を行った。固有値1.00以上の因子が3因子抽出された（Table 7-1）。第1因子に負荷量が高かったのは、「私がいい思いをすると母は不機嫌になる」、「私は親に愛されなかったように思う」などの5項目である。これらの項目は親との間に安定した愛着関係が形成されず、現在も葛藤状態にあることを表すものであり、親との葛藤因子と解釈できる。この5項目の信頼性係数は$α$=.752で、尺度としての使用に耐え得る内的一貫性があると判断できる。この5項目に主成分分析を行ったところ、抽出された成分は1つだけであり、5項目すべてが.541以上の高い負荷量を示していた。この5項目の平均点を、親との葛

Table 7-1　否定的恋愛志向性尺度の因子分析結果

	因子		
	1	2	3
私がいい思いをすると母は不機嫌になる	**.762**	-.087	-.003
私は親に愛されなかったように思う	**.747**	.094	-.075
私は母から誉められた経験があまりない	**.732**	.079	-.095
私は自宅に帰ると外にいるより緊張してしまう	**.630**	-.101	.065
私は母がイライラすると自分のせいではないかと思えてくる	**.365**	.077	.143
私は誰にも愛されない人間ではないかと思うことがある	.036	**.763**	-.057
私は誰かとしっかりつながっている気がしない	-.007	**.667**	.098
私は幸せな結婚や恋愛がしたい願望は強いが、自分だけはできない気がする	-.096	**.662**	.068
私は自分がダメな人間だと思うことがある	-.081	**.563**	-.077
私は幸せを感じた瞬間、「いつこの幸せが壊れるのか」、「誰かが壊すのではないか」と心配になる	.093	**.481**	-.087
私は愛されてはいけない人間だと思う	.188	**.465**	.102
私は異性に憧れはあるが、実際には好きになれない	.041	.032	**.548**
私は自分のことを幸せにしてくれそうな人には魅力を感じない	.243	-.146	**.470**
私は恋人がほしいと思うが、実際付き合うと面倒くさいと思ってしまう	-.135	.150	**.465**
私は恋人とうまくいかなくなったら、すぐに別れればいいと思う	-.043	-.061	**.464**

藤得点とした。

　第2因子に負荷量が高かったのは、「私は誰にも愛されない人間ではないかと思うことがある」、「私は誰かとしっかりつながっている気がしない」などの6項目であった。これは自分は幸福な恋愛関係をつくることができないという恋愛に関する否定的な自己評価を表すものであり、否定的自己評価因子と解釈できる。この6項目の信頼性係数はα=.780で、尺度としての使用に耐え得る内的一貫性があると判断できる。この6項目に主成分分析を行ったところ、抽出された成分は1つだけであり、6項目すべてが.580以上の高い負荷量を示していた。この6項目の平均点を、否定的自己評価得点とした。

　第3因子に負荷量が高かったのは、「私は異性に憧れはあるが、実際には好きになれない」、「私は自分のことを幸せにしてくれそうな人には魅力を感じない」などの4項目であった。これは恋人との恋愛を望んでいるが、現実の異性に対する親和行動の動機づけが高まらない矛盾した心理状態を表すものであり、二律背反因子と解釈できる。この4項目の信頼性係数はα=.554で、尺度としての内的一貫性は高いとはいえない。この4項目に主成分分析を行ったところ、抽出された成分は1つだけであり、4項目すべてが.615以上の

高い負荷量を示していた。主成分分析からこの4項目を合算することは妥当であると判断し、この4項目の平均点を二律背反得点とした。

関係不安尺度4項目の信頼性係数を算出した。α=.770で、尺度としての使用に耐え得る内的一貫性があると判断できる。この4項目に主成分分析を行ったところ、抽出された成分は1つだけであり、4項目すべてが.617以上の高い負荷量を示していた。この4項目の平均点を、関係不安得点とした。

親密性回避尺度5項目の信頼性係数を算出した。α=.740で、尺度としての使用に耐え得る内的一貫性があると判断できる。この5項目に主成分分析を行ったところ、抽出された成分は1つだけであり、5項目すべてが.533以上の高い負荷量を示していた。この5項目の平均点を、親密性回避得点とした。

研究1に従い、調査対象者をオタク群、腐女子群、一般群、耽美群に分けた。耽美群は3名（0.75％）のみだったので分析から除外した。各群について、内的作業モデル尺度の3つの下位尺度得点と、関係不安得点と親密性回避得点の平均値と標準偏差をTable 7-2に示した。内的作業モデル尺度下位尺度の1要因分散分析では、アンビバレント尺度で有意な主効果が認められた。Bonferroni法多重比較の結果、オタク群は一般群よりもアンビバレント尺度得点が有意に高いことが示された。

関係不安得点では有意な主効果は認められなかった。親密性回避得点で主効果傾向が認められた。腐女子群は一般群よりも親密性回避得点が高いことが示唆されるが、多重比較では有意差は認められなかった。

関係不安尺度と親密性回避尺度の平均点で調査対象者を二分し、それぞれの高群と低群とした。4類型モデルの考えに従い、調査対象者のアタッチメントパターンを安心型、とらわれ型、拒絶型、恐れ型の4つに分類した。各群のアタッチメントパターンの内訳をTable 7-3に示した。χ^2検定を行った結果、有意な結果は認められなかった（χ^2=4.326, df=6, ns）。オタク群、腐女子群、一般群の違いによるアタッチメントパターンの違いはないと判断できる。

従属変数である否定的恋愛志向性尺度の3つの下位尺度得点と、異性からの拒否不安得点の分析を行う。本来ならば、関係不安の個人差と親密性回避の個人差、それにオタク群、腐女子群、一般群の違いとの関係を検討するべ

Table 7-2 内的作業モデル尺度と関係不安得点、親密性回避得点の平均と1要因分散分析結果

		度数	平均値	標準偏差	分析結果
安定尺度	腐女子群	45	20.289	6.273	$F=1.698$
	オタク群	88	19.795	5.391	$df=2/333$
	一般群	203	21.064	5.456	ns
アンビバレント尺度	腐女子群	45	20.289	6.635	$F=4.288$
	オタク群	88	21.909	5.039	$df=2/333$
	一般群	203	19.818	5.593	$p<.05$
回避尺度	腐女子群	45	17.689	5.505	$F=0.211$
	オタク群	88	17.432	5.483	$df=2/333$
	一般群	203	17.892	5.626	ns
関係不安	腐女子群	45	2.850	0.935	$F=0.410$
	オタク群	88	2.858	0.874	$df=2/333$
	一般群	203	2.764	0.919	ns
親密性回避	腐女子群	45	2.707	0.874	$F=2.627$
	オタク群	88	2.561	0.771	$df=2/333$
	一般群	203	2.420	0.833	$p<.10$

Table 7-3 各群のアタッチメント4類型の人数

		安心型	拒絶型	とらわれ型	恐れ型	合計
腐女子群	度数	13	9	4	19	45
	期待度数	14.2	7.9	7.2	15.7	45.0
	％	28.89%	20.00%	8.89%	42.22%	100.00%
	調整済み残差	-0.4	0.5	-1.4	1.1	
オタク群	度数	25	14	18	31	88
	期待度数	27.8	15.5	14.1	30.6	88.0
	％	28.41%	15.91%	20.45%	35.23%	100.00%
	調整済み残差	-0.7	-0.5	1.3	0.1	
一般群	度数	68	36	32	67	203
	期待度数	64.0	35.6	32.6	70.7	203.0
	％	33.50%	17.73%	15.76%	33.00%	100.00%
	調整済み残差	1.0	0.1	-0.2	-0.9	
合計	度数	106	59	54	117	336
	期待度数	106.0	59.0	54.0	117.0	336.0
	％	31.55%	17.56%	16.07%	34.82%	100.00%

きだが、腐女子群の人数が少ないために3要因分散分析を適用できない。否定的恋愛志向性尺度の下位尺度得点を従属変数、関係不安得点と親密性回避得点を独立変数とした重回帰分析を行ったところ、すべての従属変数で関係不安得点よりも親密性回避得点の方が大きなβ係数が得られた。関係不安の個人差よりも、親密性回避の個人差の方が従属変数に対する影響が大きいと判断できる。そこで、親密性回避の個人差とオタク群、腐女子群、一般群の違いを独立変数とした2要因分散分析を行った（Table 7-4）。

Table 7-4 否定的恋愛志向性と異性からの拒否不安の平均値と2要因分散分析結果

従属変数	群	親密性回避	N	平均値	標準偏差	2要因分散分析結果
親との葛藤	腐女子群	低群	17	1.506	0.609	群の主効果
		高群	28	2.314	0.948	$F=3.888, df=2/330, p<.05$
	オタク群	低群	43	1.619	0.651	親密性回避の主効果
		高群	45	1.711	0.721	$F=20.855, df=1/330, p<.001$
	一般群	低群	100	1.398	0.564	2要因交互作用
		高群	103	1.769	0.753	$F=3.812, df=2/330, p<.05$
否定的自己評価	腐女子群	低群	17	2.431	0.977	群の主効果
		高群	28	3.583	0.735	$F=4.224, df=2/330, p<.05$
	オタク群	低群	43	2.764	0.809	親密性回避の主効果
		高群	45	3.141	0.891	$F=41.728, df=1/330, p<.001$
	一般群	低群	100	2.370	0.847	2要因交互作用
		高群	103	3.023	0.842	$F=3.009, df=2/330, p<.10$
二律背反的態度	腐女子群	低群	17	1.912	0.760	群の主効果
		高群	28	2.723	0.924	$F=0.691, df=2/330, ns$
	オタク群	低群	43	2.017	0.637	親密性回避の主効果
		高群	45	2.500	0.709	$F=35.134, df=1/330, p<.001$
	一般群	低群	100	1.953	0.699	2要因交互作用
		高群	103	2.420	0.784	$F=0.966, df=2/330, ns$
異性からの拒否不安	腐女子群	低群	17	2.353	1.272	群の主効果
		高群	28	3.750	0.928	$F=4.700, df=2/330, p<.05$
	オタク群	低群	43	3.605	1.365	親密性回避の主効果
		高群	45	3.822	1.248	$F=17.255, df=1/330, p<.001$
	一般群	低群	100	3.050	1.438	2要因交互作用
		高群	103	3.563	1.177	$F=3.071, df=2/330, p<.05$

　親との葛藤の2要因分散分析では、群の違いの主効果、親密性回避の個人差の主効果、それに2要因交互作用（Figure 7-1）が認められた。腐女子群はオタク群や一般群よりも親との葛藤得点が有意に高く、親密性回避高群は低群よりも親との葛藤得点が高いのである。交互作用から、腐女子群と一般群では親密性回避による親との葛藤得点の差が見られたが、オタク群では差は見られないことがわかる。また、腐女子群でその差が特に大きく、親密性回避高群では腐女子群は他の群よりも親との葛藤得点が高いが、低群では腐女子群は一般群と同程度に親との葛藤得点が低いのである。

　否定的自己評価の2要因分散分析でも、群の違いの主効果、親密性回避の個人差の主効果、それに2要因交互作用傾向（Figure 7-2）が認められた。腐女子群は一般群よりも否定的自己評価得点が高く、親密性回避高群は低群よりも否定的自己評価得点が高いのである。交互作用傾向から、腐女子群では親密性回避による否定的自己評価の差が大きく、高群では腐女子群が最も否

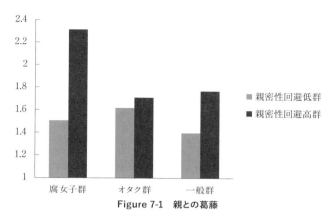

Figure 7-1　親との葛藤

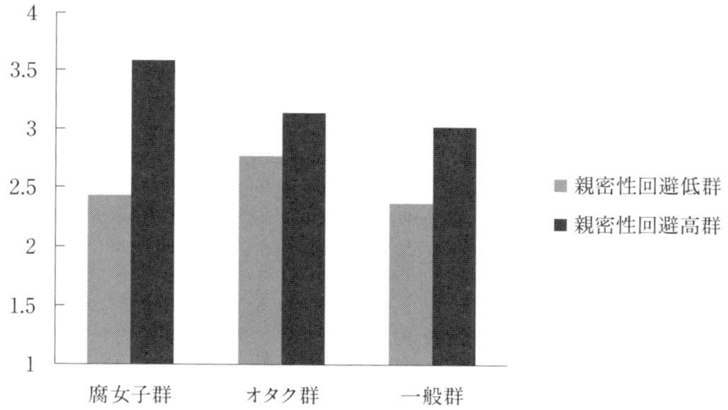

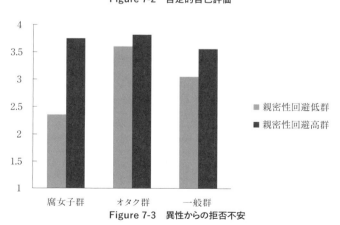

Figure 7-2　否定的自己評価

Figure 7-3　異性からの拒否不安

定的自己評価得点が高いが、低群では腐女子群の否定的自己評価得点は一般群と同程度に低くなり、オタク群は一般群よりも否定的自己評価が高くなる。

　二律背反得点の2要因分散分析では、親密性回避の個人差の主効果が認められた。親密性回避高群は、低群よりも二律背反得点が有意に高かったのである。

　異性からの拒否不安の2要因分散分析では、群の違いの主効果、親密性回避の個人差の主効果、それに2要因交互作用（Figure 7-3）が認められた。オタク群は一般群よりも異性からの拒否不安が高く、親密性回避高群は低群よりも異性からの拒否不安が高かった。2要因交互作用から、オタク群では親密性回避の個人差による差が見られないが、腐女子群と一般群の親密性回避低群は、高群よりも異性からの拒否不安が低い。また、その差は腐女子群で特に大きく、親密性回避低群では腐女子群はオタク群よりも有意に異性からの拒否不安が低いのである。

　親密性回避に関しては親との葛藤、否定的自己評価、二律背反的態度、異性からの拒否不安と、研究7で設定したすべての従属変数で有意な主効果が認められた。基本的に親密性回避高群は低群よりも否定的反応が強いのであるが、オタク群ではその差はあまり大きくない。親密性回避尺度の項目を検討すると、「彼（女）に対し、感情を素直に表現できない」や「彼（女）と接することが不安だ」などの項目は、否定的な他者表象のために好きな異性を回避すると解釈することもできるし、本当は接近したいのに好きな異性から嫌われることを懸念して回避するという、接近−回避のアンビバレントな葛藤が反映された項目と解釈することもできる。結果としては好きな異性に対する接近を抑制するのであるから、親密性回避尺度の項目としては妥当であると考えられるが、親密性回避得点が他者に対する否定的表象が反映されたものと解釈することには疑問が残る。

　否定的恋愛志向性尺度の下位尺度である否定的自己評価の項目は、明らかに恋愛に関する否定的な自己表象が反映されたものである。親密性回避の個人差と否定的自己評価の関係を検討するために、否定的自己評価得点の平均点で調査対象者を二分し、否定的自己評価高群と低群とした。否定的自己評

価と親密性回避の個人差により調査対象者を4群に分割し、χ^2検定を行った (Table 7-5)。その結果、全体で有意な結果が得られた (χ^2=26.682, df=1, p<.001)。残差から、親密性回避高群では否定的自己評価高群が期待度数より多く、親密性回避低群では否定的自己評価低群が期待度数よりも多かった。つまり、全体的に親密性回避高群では自己の表象が否定的な者が多く、低群では自己否定的な表象を持つ者が少ないのである。

 一般群 (χ^2=16.454, df=1, p<.001) でも腐女子群 (χ^2=8.428, df=1, p<.01) でも同様の結果が得られた。しかし、オタク群では有意な結果は認められなかっ

Table 7-5 各群の回避型ロマンティック・アタッチメントと否定的自己評価のクロス表

群	親密性回避		否定的自己評価低群	否定的自己評価高群	合計
腐女子群	低群	度数	11	6	17
		期待度数	6.422	10.578	17.0
		%	64.71%	35.29%	100.00%
		調整済み残差	2.903	-2.903	
	高群	度数	6	22	28
		期待度数	10.578	17.422	28.0
		%	21.43%	78.57%	100.00%
		調整済み残差	-2.903	2.903	
オタク群	低群	度数	25	18	43
		期待度数	21.011	21.989	43.0
		%	58.14%	41.86%	100.00%
		調整済み残差	1.702	-1.702	
	高群	度数	18	27	45
		期待度数	21.989	23.011	45.0
		%	40.00%	60.00%	100.00%
		調整済み残差	-1.702	1.702	
一般群	低群	度数	77	23	100
		期待度数	63.054	36.946	100.0
		%	77.00%	23.00%	100.00%
		調整済み残差	4.056	-4.056	
	高群	度数	51	52	103
		期待度数	64.946	38.054	103.0
		%	49.51%	50.49%	100.00%
		調整済み残差	-4.056	4.056	
合計	低群	度数	113	47	160
		期待度数	89.524	70.476	160.0
		%	70.63%	29.38%	100.00%
		調整済み残差	5.165	-5.165	
	高群	度数	75	101	176
		期待度数	98.476	77.524	176.0
		%	42.61%	57.39%	100.00%
		調整済み残差	-5.165	5.165	

た（$\chi^2=2.896, df=1, ns$）のである。つまり、オタク群は他の群のように、親密性回避と否定的自己評価が対応していないのである。オタク群では、親密性回避低群でも、自己に関して否定的な表象を持つ者が腐女子群や一般群よりも高い割合で存在するのである。

d. 考察

・オタクの／腐女子のアタッチメントパターン

　内的作業モデル尺度のアンビバレント尺度で、オタク群は一般群よりも得点が高かった。これは予想通りの結果であり、研究5-2の異性不安尺度の分析結果や、研究5-3の恋愛意識の分析結果と整合するものである。オタク群の心理的特徴は、愛着対象に対する接近－回避のアンビバレントな葛藤にあると考えてよいだろう。オタク群が最も異性からの拒否不安が高かったのも、オタク群の接近－回避の葛藤が反映された結果なのである。そして、オタク群では否定的恋愛志向性尺度や異性からの拒否不安において、腐女子群や一般群ほど親密性回避による差が見られなかった原因も、オタク群の接近－回避の葛藤の質にあると考えられる。

　前述のように、研究7で使用した親密性回避尺度の項目は、本当は接近したいのに好きな異性から嫌われることを懸念して回避する行動傾向の質問項目と解釈することもできる。オタク群は、愛着対象に対する接近－回避のアンビバレントな葛藤が反映された質問項目と判断し、回答したのだろう。腐女子群や一般群では、自己否定的な表象を持つ者が親密性回避尺度に反応し、高群となったのである。それに対し、オタク群では自己否定的表象を持つ者と接近－回避の葛藤を持つ者が共に親密性回避尺度に反応したために、他の群ほど親密性回避による差が見られなかったと解釈できる。

　さらに、オタク群の親密性回避高群の否定的自己評価自体、それほど高くはないのである。研究6の大学生活満足度から考えても、オタク群はからかわれたりバカにされたりと大学で否定的に扱われることもあるけれど、注目され承認されることも多い。そのため、オタク群の自己表象も他者表象も、それほど否定的にはならないのだろう。

それに対して腐女子群は、大学で否定的に扱われることは多いが、注目され承認されることは少ない。そのため、愛されない自分、自分を拒否する他者という否定的な内的作業モデルが形成されるのである。実際、オタク群と比較して親密性回避による大きな差が認められたのが腐女子群だった。腐女子群が親との葛藤や否定的自己評価が強いことを示す主効果が認められたのである。

　しかしそれは、腐女子群全体の傾向ではない。腐女子群の中でも、親密性回避高群の回答が反映されたものだったのである。腐女子群でも親密性回避低群では、親との葛藤や否定的自己評価、二律背反的態度、異性からの拒否不安、すべて一般群と同程度に低い。腐女子群は親密性回避が低い安定型のアタッチメントパターンを形成している群と、親密性回避が高く不安定なアタッチメントパターンを形成している群に分けることができるのである。

・腐女子に特徴的な二律背反

　親密性回避が高く不安定なアタッチメントパターンを形成している腐女子は、親との葛藤も高く、否定的自己評価も高い。つまり、親から愛されたり誉められたりした経験が少なく、現在でも親との葛藤状態にある者は、「親からさえも愛されなかった自分は、誰にも愛されないダメな人間であり、幸せになれない」という、極めて否定的な自己表象を形成してしまうのである。大学生活での不適応感も、否定的な自己表象を強めることになるだろう。腐女子というアブノーマルな存在であるという自覚によっても、否定的な自己表象が強められるだろう。さらに研究3-2から考えると、太っていたり、外見の自己評価が低かったりする場合には、さらに否定的自己表象が強められるだろう。

　研究5-3で見たように、腐女子群も恋愛したいという欲求は他の群と同様に強いのである。腐女子群の中でも否定的な自己表象と親密性回避が強く、不安定なアタッチメントパターンを形成している者は、好きな相手に拒否されるくらいなら、親密な関係を初めから求めない方がまだましだと思うようになるのだろう。BL趣味もオタク趣味もあるので、恋人がいないことには耐え

られる。しかし、好きな人や恋人から拒絶されることには耐えられない。アタッチメント理論から考えて、腐女子の親密性回避は、自己の認知システムの中でも深いレベルでの否定的な自己表象に由来する可能性が高いのである。

　それに対して、オタク群の親密性回避は前述のように接近－回避の葛藤に由来するのである。好きな人と仲良くなりたいけれど、拒否されることを恐れる接近－回避の葛藤なのである。

　オタク群は親密性回避高群でも、親との葛藤が腐女子群よりも低い。腐女子群の親密性回避高群ほど親から愛されなかったわけではないし、現在も親と葛藤状態にあるわけでもない。そのため、オタク群の親密性回避高群は否定的自己評価も低く、それほど否定的な自己表象を形成しているわけでもないのである。

　オタク群では否定的恋愛志向性尺度の下位尺度である二律背反において、群の主効果も2要因交互作用も認められなかった。それはオタク群の接近－回避のアンビバレントな葛藤と、否定的自己表象と肯定的他者表象という内的作業モデルから生じるアンビバレントな反応が異質なものだからである。二律背反は、恋愛に憧れはあるが現実の異性は好きになれなかったり、現実に交際すると面倒くさいという気持ちが強くなったり、幸せになりたいけれど幸せにしてくれそうな人には魅力を感じなかったり、継続的な恋愛関係を望んでいるのにすぐ別れようと思ったりという、自分の恋愛に対する本質的な欲求を否定する認知行動傾向である。これは、4類型モデルのとらわれ型とも、3類型モデルのアンビバレント型とも異なる認知行動傾向である。親密性回避で否定的な他者表象から生じる認知行動傾向だと考えられるが、拒絶型や恐れ型ともニュアンスが異なるだろう。二律背反は回避型の亜種とでも言うべき認知行動傾向である。いずれにしてもこの二律背反は、オタク群の接近－回避の葛藤とは異なる認知行動傾向なのである。

　オタク群の接近－回避のアンビバレントな葛藤は、自己否定・他者肯定の自己の認知システムの深いレベルに由来するものではない。話しかけスキルの低さだったり、外見の自信のなさだったり、異性との接触を面倒くさいと思ってしまったりするために生じる、もっと表面的な接近－回避の葛藤なの

である。

研究7のまとめ

　研究7からオタクと腐女子の違いが明らかになった。これまでの研究からも示唆されてきたことであるが、オタク群は愛着対象に対する接近-回避のアンビバレントな葛藤に特徴づけられる。それも、否定的自己表象や否定的他者表象といった深いレベルの話ではなく、好きな人から拒否され傷つくことを恐れる、経験値が低い思春期的な葛藤なのである。それに対して、腐女子は親密性回避が高く否定的な自己表象と他者表象を持つ不安定型腐女子と、親密性回避が低い安定型腐女子に分けられる。

　では、その腐女子たちは、BLのどんなところに魅力を感じているのだろうか。研究8では純愛物語への欲求の観点から検討する。

Intermission
社会的マイノリティとしての腐女子の心理学的研究

　「まえがき」で述べたように、腐女子研究を始めた直接のきっかけは卒業論文だった。私の卒論の指導方針は「社会心理学の方法を使用するのなら、どんな社会現象を研究テーマとしてもよい」である。以前、私が指導した卒論でオタク研究があり、私のゼミなら卒論で腐女子研究ができると思ったようである。
　ここでは、私にとって腐女子研究がどのような位置づけなのかを紹介したい。そのためには、私がどんな経緯で何を研究してきたかから話を始めなければならないだろう。
　私は大学生時代から、日本のパンク〜ポジティブ・パンク〜ゴスを中心としたインディーズシーンに関わっている。学生時代は昼間は大学、夜はライブハウスというような生活だった。大学内のサークルでバンド活動をしている人たちはたくさんいたが、パンク志向の強かった私には大学内のバンド系サークルには何の興味も持てなかった。私は大学内のサークル等には所属しないでストリートシーンで遊んでいた。心理学の勉強自体はまじめにやっていたが、私のファッションや言動は、他者の目には多くの大学生とはかなり異なるものとして映っていたようだ。
　私には、多くの人が面白いと騒いでいることがあまり面白いとは思えない、ということが多々ある。そのため、自分が面白いと思えるものはあまり一般受けしないものだと思うようになった。好きな音楽、映画、あるいはファッションにしても、自分は多くの人たちとはちょっとセンスが違う、面白いと思うところが違うのだと昔から思っていた。多数派に同調するのは嫌いだし面倒くさい。私は今でも基本的に、自分が面白いと思えることを、自分が好きなことを好きなようにやって生きている。人が好きなことを否定はしないが同調もしない、というスタンスである。
　そんな私が学部の3年生だった頃に指導教授から紹介されたのが、Snyder & Fromkin（1980）の"Uniqueness:The human pursuit of difference"という本だった。同じゼミの友人たちとその英書を読んでいった。そして4年生になった私が卒業論文のテーマとして選んだものが「ユニークネス」（第4章参照）だった。それ以来、人と違っていたい、人と同じでは面白くない、他者に差をつけたいというユ

ニークネスの心理を中心に研究してきた。ちなみに私の修士論文も博士論文もユニークネスがテーマである。

「自分はあいつらとは違う」という意識がユニークネスであるが、その逆位相「あいつは自分たちとは違う」という意識は差別を生み出す。少数派に対する多数派の否定的反応である差別という問題も研究テーマとするようになった。私の研究テーマは大きく言えば、「少数派の意識と、多数派の少数派に対する意識」になっていったのである。

日常生活の中の差別の1つとして、私は血液型性格を研究している。少数派のB型やAB型は多数派のA型やO型と比較してイメージが悪いだけでなく、血液型のために他者から否定的に扱われることも多いのである。

私はこのような日常生活の中の差別研究の一環として、初期のオタク研究を行った。第12章で紹介するように、2000年代の女子大生たちは自分はキャラクターグッズを持ち歩いているが、キャラクターにはまる男性オタクは嫌悪していたのである。本書で何度も指摘したように、オタクに関してはノーマライゼーションが進み、否定的イメージが低下し、女性でもオタクを自認する割合が増えている。それに代わって、否定的イメージを一身に背負っているのが腐女子である。多数派から否定的にイメージされるマイノリティとして、多数派とは異なる美意識を持つマイノリティとして腐女子を研究しているのである。ユニークネス欲求のように多数派に対して異質性を強調するのではなく、異質性を隠蔽する隠れキリシタンのようなマイノリティが腐女子なのである。

また「『自分たちだけが正しい』と主張する人たち」（233ページ）でも書いたように、私が否定するのは、自分たちだけが正しいと思い込み、自分とは異なるカルチャーを持つ者を否定し排除しようとする者たちである。言い換えれば、文化の多様性を否定する文化的権威主義者であり文化的全体主義者である。このような人々の特徴である「主観的に多くの人々と異質だと判断できる反応に対する嫌悪感」を、私は「反個人主義（anti-individualism）」と定義して研究を行い、2015年の日本心理学会と日本パーソナリティ心理学会で研究発表を行っている。

このように、私が研究しているものは「少数派の意識と、多数派の少数派に対する意識」であり、その一環として腐女子研究をしているのである。

第8章
腐女子はBLに何を求めるのか？

　前章までの研究では、オタクと腐女子のステレオタイプを検討し、それがオタクや腐女子の真実の姿なのか、単なるイメージにすぎないのかを検討してきた。また、腐女子群の中には、自己の深いレベルで否定的な自己表象を形成している一群がいることが明らかになった。研究8、9、10は少し視点を変えて、腐女子の心理を中心に検討したい。

　序章で触れたように、2015年までの腐女子論は自身が腐女子である作家、評論家、社会学者たちにより展開されてきた。BL、すなわち男性同士の恋愛物語に惹かれる自分が議論の出発点であり、「B」すなわち男性同性愛に惹かれるのか、それとも「L」すなわち恋愛物語に惹かれるのかという視点が従来の腐女子論には欠けていたように思われる。研究8は、腐女子が求めるものは男性同性愛なのか、恋愛物語なのかという問いから議論を始めたい。

・「B」：男性同性愛なのか？

　なぜ腐女子はBLに魅了されるのだろうか。男性同性愛に対する興味・関心が腐女子を動機づけているのであれば、腐女子は現実の男性同性愛者向けの出版物や映像作品を好むはずである。しかし、腐女子が好むのは主として現実には存在しない美少年・美青年キャラクターのBLなのである。

　BLをきっかけに、女装した男性同性愛者が接客するゲイバーに通い出す腐女子もいないわけではないだろうが、それは極めて少数派であるようだ。私は腐女子研究のために多くの腐女子といろいろな話をしてきたが、私が直接話をした腐女子の多くはゲイバーにも、ましてや非女装系（非オネエ系）男性同性愛者の世界にも近づこうとはしない。

　近年のテレビのバラエティ番組では、女性言葉でしゃべり女装した、いわ

ゆるオネエ系の男性同性愛者を登場させることが多い。そのような番組をきっかけにして、BL志向のない非腐女子の中にもゲイバーに通う者は存在するが、当然ゲイバーに通わない者も、同性愛者に嫌悪感を持つ者も存在する。つまり、男性同性愛自体への興味・関心・接近行動と、BLに対する志向性とは異なるものなのである。

　研究1の調査結果から、腐女子群は作品内だけでなく、現実の男性同性愛許容度も高いことが示された。これも、BLに親しむことで現実の男性同性愛に対する許容度が高くなったと解釈できる。腐女子は、男性同性愛に対する興味・関心のためにBLに接近するのではないのである。

　また、BLは「男性同士の恋愛物語」であるが、「男性同性愛者同士の恋愛物語」ではない。堀（2012）はBL作品で多く描かれるのは、異性愛者である男性が、その性的指向を超えて一人の男性を愛する物語であることを指摘している。男性異性愛者同士の友情が愛情に変わる作品が商業誌におけるBL作品の主流であり、それに男性同性愛者と男性異性愛者の恋愛を描いた作品が彩りを加えているのである。また、多くの腐女子が好む同人誌は、原作ではまったく恋愛関係にない二人の男性キャラクターを恋愛関係にした物語を扱ったものである。これらのことからも、腐女子のBL志向は男性同性愛自体に向けられたものではないと判断できる。

　では、腐女子のBLに対する動機づけは、どこから生じているのであろうか。

・「L」：愛なのか？

　古来より人々は娯楽として恋愛物語を享受してきた。さまざまな形態の文学、演劇、映画、TVドラマからマンガに至るまで、恋愛物語は世界中で作り続けられてきた。

　2000年代に入り、日本の小説・映画・ドラマなどで「純愛ブーム」と呼ばれる現象が生じた。2001年出版の『世界の中心で、愛をさけぶ』や2003年出版の『いま、会いにゆきます』、2006年出版の『愛の流刑地』などの恋愛小説は、いずれも映画化・テレビドラマ化されている。『世界の中心で、愛をさけぶ』では主人公の恋人は白血病で17歳で死亡、『いま、会いにゆきます』

では1年前に死亡した妻が夫と子供の元に記憶を失って帰還、『愛の流刑地』では主人公は性行為中に恋人を絞殺と、いずれも女性側の死が物語のポイントとなっている。個人の力ではどうしようもできない難病、あるいは恋人との死別をも乗り越えて変わらぬ愛を描くことが、純愛物語の表現方法となっているのである。

確かにこれらの作品は小説・映画・テレビドラマとなり多くの人に受け入れられたが、物語を盛り上げるための小道具として難病や恋人の死が安易に使われているという批判も多い。例えば、携帯小説から書籍化・映画化・テレビドラマ化された『恋空』は高校生の恋愛、図書館での性交、妊娠、突き飛ばされて女性が流産、二人の別れ、男性が癌となり死に至る、と小道具としての困難・難病・死が詰め込まれている。映画は興行収入39億円のヒットとなったが、文藝春秋の記者と映画評論家が選ぶ2007年度の最低映画ランキングである文春きいちご賞では2位『恋空』、3位『ラストラブ』、4位『愛の流刑地』となっており、恋人の死を小道具に話を盛り上げる「純愛ブーム」の作品に辟易した人も少なくなかったのである。

また、おとぎ話や古典的な少女マンガでは、恋愛関係の成立あるいは結婚が物語のゴールとなる。男女の恋愛物語だと、たとえハッピーエンドであっても、おとぎ話のような幼稚な物語、ご都合主義や綺麗事と受け止める人もいるだろう。自分の周囲の現実の人間関係は、そんな綺麗事では済まないのである。また、男女の恋愛物語だと異性への不安や緊張、コンプレックスといった現実の自分自身を反映してしまい、その作品を楽しめなくなってしまう人もいるだろう。

湯山（2014）は、BL作品が女性にとってポルノグラフィとして読まれているとした上で、女性読者はマンガ上の男女の性行為を見ると女性側に感情移入するが、それは生々しすぎるし惨めな気持ちになりかねないと主張している。そのため、自分の性の事情を絡ませずにお気軽に性の快楽を楽しむことができるBL作品を嗜好すると解釈している。これらの理由から、思春期から青年期の若者の少なくともある一部分にとっては、男女の純愛物語は訴求力が低いと考えられる。純愛物語は享受したいが男女の純愛ものは楽しめない、

そのような人たちの受け皿の1つがBL作品なのだと考えることができる。

・フィクションにおけるリアリティ：ファンタジーとしてのBL

　例えば、刑事ドラマで「俺が悪を倒し正義を守る」という台詞はパロディにしかならない。これは、刑事という職業が現実に存在し、現実の刑事たちの仕事は「正義を守る」ことではあっても、「悪を倒す」ことではないからである。悪を為した犯罪者であっても人権があり、刑事個人の判断で倒すことは犯罪になってしまう。「悪を倒し正義を守る」ことを現実に実行する者は狂人である。2008年の映画『ダークナイト』では、悪役のジョーカーだけでなく、バットマンも狂人として描かれている。コスチュームは狂気のシンボルなのである。

　しかし、変身ヒーロードラマにおける「俺が悪を倒し正義を守る」という台詞は、その物語の世界観の中ではリアリティを持つ。その世界の中では善良な人々を苦しめる絶対的な悪、人権を考慮する必要のないモンスターが存在し、その悪しき存在を排除することが正義の変身ヒーローの存在意義だからである。悪と正義という抽象的な概念を擬人化したシンボルとしての悪役とヒーローの存在を受け入れることができない人は、変身ヒーロードラマを受け入れることができない。つまり変身ヒーローのコスチュームは、「正義が悪を倒す」という単純かつ根源的な概念が成立するファンタジー世界であることを示す記号なのである。

　それと同様に、現実には存在しない美少年同士の恋愛は、「純愛がリアリティを持って成立するファンタジー世界」であることを示す記号なのだと考えることができる。前述のように、ほとんどの腐女子は、現実の男性同性愛者向けの作品には興味を示さない。「純愛がリアリティを持って成立するファンタジー世界でのドラマ」であることが、BL作品の前提なのだろう。

　BLはその創成期から、ヨーロッパの全寮制の男子校を舞台にしたり、古代日本の王朝を舞台にしたり、ロックミュージシャンをモデルにしたりと、日本の少女たちにとっては完全に異世界を舞台にしたファンタジーだったと言うことができる。そのファンタジー世界のキャラクターの心の動きに、腐女

子たちはリアリティを感じ心打たれるのだと考えられる。つまり、思春期・青年期の女性にとって、絶対に自分を傷つけることのない純愛ファンタジーがBLなのだと解釈できる。

　堀（2012）は、BL作品は男性同性愛者差別だという男性同性愛者からの批判（第12章で詳述）を契機にしたフェミニズム系のミニコミ誌上での論争の中で、「BLは現実の男性同性愛者を描いたものではなく、ファンタジーである」という腐女子からの反論があったことを紹介している。堀は、少女マンガの手法で描かれたBLマンガの男性キャラクターは、女性のために女性が描く女性が見たい男性キャラクターであり、男性同性愛者の現実を反映していないのは当然だと主張している。

　溝口（2015）は、BL作品に関わるプロの作家の99％以上、編集者の90％以上、読者の99％以上が女性だとしている。このことから、BLが女性による女性のための男性同士の恋愛物語であること、そして現実の男性同性愛者はほとんどBLを見ていないことがわかる。腐女子が現実の男性同性愛者の世界に接近しないように、現実の男性同性愛者もBL世界に接近しない。BLと現実の男性同性愛者の世界は、いずれも男性同士の愛を鍵概念としていながらも、次元の異なる異世界なのである。

　腐女子はただ単にBL作品を嗜好するだけではない。腐女子の大きな特徴は、与えられた作品をそのまま消費するだけではなく、非BL作品の登場人物の友情関係やライバル関係を同性愛関係に読み替えて、BL作品として享受してしまうことである。そこから、さまざまな人間関係や人間以外の物事の関係をも同性愛関係に読み替えて、空想して楽しむようになるのである。このように、現実世界とは別の虚構世界を空想するという意味でも、BLはまさにファンタジーなのである。

　BL作品の大部分はマンガと小説であり、映像作品としてそれらをアニメ化したものも存在するが、現実の俳優が演じる実写作品は極めて少ない。男性同性愛者向けのポルノ映画やアダルトビデオも、異性愛者向けほどではないが、ある程度存在している。しかし、男性同性愛者向けの映像作品に手を出す腐女子はほとんどいないのである。腐女子の中にはアニメやマンガのキャ

ラクターではなく、実在する芸能人やスポーツ選手などの同性愛関係を妄想したりBL作品を創作したりする人々もいるが、その人たちも同様である。あくまでも自分の好きな実在の人物をキャラクターとして捉え、BL関係を妄想して楽しむのである。

　また、BLマンガや小説は映像化されるよりも、声優がドラマを演じる音声だけを収録したドラマCD化されることの方が多い。映像化するよりも低価格で制作ができるためにドラマCDが多数制作されているという事情もあるだろうが、腐女子は自分の空想の余地が大きい物語をファンタジーとして楽しんでいるのであり、腐女子にとってBLは自分の空想の比重がかなり高いことを示していると言うこともできる。

　研究8では、オタクと腐女子の恋愛物語に対する態度を比較する。オタクと腐女子の違いは男女の恋愛物語と男性同士のBLという好みの恋愛物語の形態が違うだけなのか、それとも恋愛物語に対する態度や恋愛物語に求めるもの自体が異なるのかを検討する。

研究8
「オタクと腐女子の純愛物語志向性」

a. 調査方法

・純愛物語希求尺度の作成

　恋愛物語を好む女子大学生3名に、恋愛物語のどのようなところに魅力を感じるのか面接調査を行った。その回答を整理し、恋愛物語に対する態度を測定する質問項目を作成した。面接調査から、主人公の恋人に対する強い愛情に魅力を感じるという回答が得られた。そこでそれらの回答を元に、強い愛情に感じる魅力の指標として「好きな相手を大切にするという情熱は素敵だと思う」、「好きな相手との絆を守り通す強い覚悟は素敵だと思う」、「想い・気持ち・心を相手に全力で捧げ、それを貫き通す決意は素敵だと思う」、「何があっても相手を守ってみせるという強い意志が素敵だと思う」、「愛し合う二人にはずっと幸せでいてほしい」の5つの質問項目を作成した。

また面接調査で、恋愛物語の中で「永遠の愛」という概念が実現するところに魅力を感じるという回答も得られた。それらの回答を元に、永遠の愛に感じる魅力の指標として「ラブ・ストーリーの中では"永遠の愛"を信じたい」、「ラブ・ストーリーの中では運命の出会いが永遠の愛につながってほしい」、「どんな困難をも乗り越えて愛を貫いてほしい」の3つの質問項目を作成した。

　恋愛物語の中で、恋人が死ぬ場面や愛のために自分の命や家族も犠牲にする場面に魅力を感じるという回答も得られた。それらの回答を元に、命がけの愛に感じる魅力の指標として「ラブ・ストーリーの中では、好きな相手と一緒に居られるのなら死ぬことも厭わないでほしい」、「ラブ・ストーリーの中で死ぬ運命であるなら、せめて愛する人の腕の中で死んでほしい」、「好きな相手が死んでも愛する気持ちは変わらないでいてほしい」、「ラブ・ストーリーの中では、好きな相手のために家族や友人との関係を犠牲にする覚悟がほしい」の4つの質問項目を作成した。

　さらに、恋愛物語の中で恋人同士の純愛に感動するという回答も得られた。そこで、物語の中の純愛に感じる魅力を測定する質問項目として「人間が生きる理由は、好きな相手を愛するためである」、「恋とは自分自身のすべて（欠点やコンプレックス）を相手にさらけ出す覚悟がなければならない」、「この世に生まれてきたのは、愛する人と出会うためである」、「純愛は素晴らしいと思う」の4つの質問項目を設定した。

　これらの質問項目を「ラブ・ストーリーに関する以下の文章にあなたはどの程度同意しますか」として、「1：まったくそう思わない、2：そう思わない、3：どちらでもない、4：ある程度そう思う、5：とても強くそう思う」の5件法で回答を求めた。

b. 調査対象と手続

・調査対象者

　首都圏私立大学4校の18歳から51歳の男女大学生1,454名（女性1,082名、男性371名、未記入1名）。平均年齢19.51歳（SD=2.580）。

・調査手続

　オタク度尺度、腐女子度尺度と純愛物語希求尺度をまとめた調査用紙を作成した。通常の授業時間の一部を利用して質問紙調査を行った。調査用紙を配付し、回答を記入してもらいその場で回収した。調査は2010年から2013年にかけて実施した。

c. 調査結果

・従属変数の算出

　登場人物の恋人への強い愛情に関する5つの質問項目の信頼性係数は$\alpha=.897$であり、内的一貫性が高いと言える。主成分分析を行ったところ抽出された成分は1つだけであり、全項目が.791以上の高い正の負荷を示した。この5項目の平均点を、強い愛情得点とした。

　永遠の愛に関する3つの質問項目の信頼性係数は$\alpha=.840$であり、内的一貫性が高いと言える。主成分分析を行ったところ抽出された成分は1つだけであり、全項目が.847以上の高い正の負荷を示した。この3項目の平均点を、永遠の愛得点とした。

　命がけの愛に関する4つの質問項目の信頼性係数は$\alpha=.804$であり、これも内的一貫性が高いと言える。主成分分析を行ったところ抽出された成分は1つだけであり、全項目が.703以上の高い正の負荷を示した。この4項目の平均点を、命がけの愛得点とした。

　また、純愛に関する4項目の信頼性係数は$\alpha=.760$であり、これも尺度としての使用に耐え得る内的一貫性があると言える。主成分分析を行ったところ抽出された成分は1つだけであり、全項目が.672以上の高い正の負荷を示した。この4項目の平均点を、純愛至上主義得点とした。

・従属変数の分析

　研究1と同様の方法で、調査対象者を腐女子群、オタク群、一般群、耽美群の4群に分けた。耽美群は23名（1.58%）しかいなかったため分析から除外した。腐女子群、オタク群、一般群について、各従属変数の平均に一要因の

分散分析を行った。各従属変数の平均とSDをTable 8-1に示した。

強い愛情得点で有意な主効果が認められた。Bonferroni法の多重比較から、オタク群と腐女子群は恋愛物語の中の強い愛情に魅力を感じる傾向が一般群よりも強いことがわかった。強い愛情の各項目も同様の結果であった。オタク群と腐女子群は一般群よりも、恋愛物語の中の強い愛情描写に強い魅力を感じているのである。

永遠の愛得点でも有意な主効果が認められた。多重比較から、オタク群と腐女子群は恋愛物語の中で永遠の愛という概念が成立するところに一般群よりも魅力を感じる傾向が強いことがわかった。永遠の愛の各項目の分析でも同様の結果であった。オタク群と腐女子群は一般群よりも、恋愛物語の中の永遠の愛の描写に強い魅力を感じているのである。

命がけの愛得点でも有意な主効果が認められた。多重比較から腐女子群、オタク群、一般群の順に命がけの愛得点が高いことがわかった。命がけの愛の各項目でも、腐女子群が最も得点が高いことがわかった。腐女子群は、恋愛物語の中での命がけの愛の描写に強い魅力を感じていることがわかった。

恋愛至上主義得点でも有意な主効果が認められた。多重比較から、オタク群は一般群よりも恋愛至上主義得点が高いことがわかった。恋愛至上主義の各項目の分析から、「恋とは自分自身のすべて（欠点やコンプレックス）を相

Table 8-1　各群の純愛物語希求尺度得点の平均値と1要因分散分析結果

		度数	平均値	標準偏差	分析結果
強い愛情	腐女子群	204	4.275	0.745	$F=18.850$
	オタク群	358	4.307	0.682	$df=2/1266$
	一般群	707	4.018	0.867	$p<.001$
愛し合う二人にはずっと幸せでいてほしい	腐女子群	204	4.235	0.943	$F=4.869$
	オタク群	358	4.162	0.942	$df=2/1268$
	一般群	709	4.020	1.035	$p<.01$
好きな相手を大切にするという情熱は素敵だと思う	腐女子群	204	4.431	0.775	$F=13.059$
	オタク群	358	4.514	0.705	$df=2/1268$
	一般群	709	4.251	0.897	$p<.001$
好きな相手との絆を守り通す強い覚悟は素敵だと思う	腐女子群	204	4.456	0.745	$F=20.470$
	オタク群	358	4.467	0.739	$df=2/1267$
	一般群	708	4.146	0.972	$p<.001$

（続く）

項目	群	n	M	SD	検定
想い・気持ち・心を相手に全力で捧げ、それを貫き通す決意は素敵だと思う	腐女子群	204	4.167	0.932	$F=19.421$
	オタク群	358	4.282	0.814	$df=2/1268$
	一般群	709	3.908	1.044	$p<.001$
何があっても相手を守ってみせるという強い意志が素敵だと思う	腐女子群	204	4.083	1.077	$F=15.114$
	オタク群	358	4.109	0.994	$df=2/1267$
	一般群	708	3.760	1.148	$p<.001$
永遠の愛	腐女子群	203	3.593	1.038	$F=7.987$
	オタク群	358	3.571	1.079	$df=2/1265$
	一般群	707	3.334	1.098	$p<.001$
ラブ・ストーリーの中では"永遠の愛"を信じたい	腐女子群	204	3.623	1.267	$F=5.707$
	オタク群	358	3.609	1.344	$df=2/1268$
	一般群	709	3.364	1.306	$p<.01$
ラブ・ストーリーの中では、運命の出会いが永遠の愛につながってほしい	腐女子群	203	3.370	1.233	$F=5.087$
	オタク群	358	3.433	1.255	$df=2/1265$
	一般群	707	3.188	1.254	$p<.01$
どんな困難をも乗り越えて愛を貫いてほしい	腐女子群	203	3.788	1.103	$F=8.420$
	オタク群	358	3.670	1.182	$df=2/1266$
	一般群	708	3.452	1.185	$p<.001$
命がけの愛	腐女子群	204	3.228	0.953	$F=24.579$
	オタク群	357	2.917	0.977	$df=2/1265$
	一般群	707	2.708	0.946	$p<.001$
好きな相手が死んでも愛する気持ちは変わらないでいてほしい	腐女子群	204	3.740	1.095	$F=12.280$
	オタク群	358	3.380	1.223	$df=2/1267$
	一般群	708	3.284	1.143	$p<.001$
ラブ・ストーリーの中では、好きな相手のために家族や友人との関係を犠牲にする覚悟がほしい	腐女子群	204	2.843	1.201	$F=5.334$
	オタク群	358	2.665	1.214	$df=2/1268$
	一般群	709	2.546	1.146	$p<.01$
ラブ・ストーリーの中では、好きな相手と一緒に居られるのなら死ぬことも厭わないでほしい	腐女子群	204	2.868	1.289	$F=13.863$
	オタク群	358	2.606	1.304	$df=2/1268$
	一般群	709	2.375	1.179	$p<.001$
ラブ・ストーリーの中で死ぬ運命であるなら、せめて愛する人の腕の中で死んでほしい	腐女子群	204	3.461	1.307	$F=36.612$
	オタク群	357	3.028	1.345	$df=2/1266$
	一般群	708	2.633	1.237	$p<.001$
純愛至上主義	腐女子群	203	3.159	0.899	$F=3.669$
	オタク群	358	3.166	0.911	$df=2/1266$
	一般群	707	3.027	0.881	$p<.05$
人間が生きる理由は、好きな相手を愛するためである	腐女子群	203	2.685	1.202	$F=0.292$
	オタク群	358	2.651	1.285	$df=2/1266$
	一般群	708	2.617	1.109	ns
恋とは自分自身のすべて（欠点やコンプレックス）を相手にさらけ出す覚悟がなければならない	腐女子群	203	3.379	1.194	$F=5.293$
	オタク群	358	3.372	1.195	$df=2/1266$
	一般群	708	3.158	1.161	$p<.01$
この世に生まれてきたのは、愛する人と出会うためである	腐女子群	203	2.695	1.233	$F=0.871$
	オタク群	358	2.595	1.253	$df=2/1265$
	一般群	707	2.570	1.136	ns
純愛は素晴らしいと思う	腐女子群	203	3.877	1.190	$F=7.622$
	オタク群	358	4.045	1.127	$df=2/1266$
	一般群	708	3.756	1.140	$p<.01$

手にさらけ出す覚悟がなければならない」と「純愛は素晴らしいと思う」で同様の結果が得られた。オタク群は一般群よりも、恋愛物語の中での純愛の描写に強い魅力を感じているのである。

　以上の結果から、オタク群と腐女子群は、一般群よりも恋愛物語に強い魅力を感じていると言うことができる。その中でもオタク群は純愛物語に特に強い魅力を感じ、腐女子群は命がけの愛に特に強い魅力を感じていると言うことができる。

d. 考察
・腐女子はエキセントリックな物語に惹かれ、オタクはナイーブな恋愛に憧れる

　恋愛物語に対する態度では、強い愛情得点と永遠の愛得点、それに純愛至上主義得点はどの群も平均点が中点以上であり、恋愛物語に含まれるこれらの要素に大学生は強い魅力を感じていると言える。強い愛情得点と永遠の愛得点では、オタク群と腐女子群は一般群よりも有意に得点が高かったのである。オタク群と腐女子群には有意差が認められないことから、恋愛物語における登場人物の強い愛情や永遠の愛が作品中で実現することに強い魅力を感じるのは、腐女子の特徴というよりも、オタク度の高い者に共通する特徴だと解釈できる。

　腐女子群とオタク群で違いが認められたのは、命がけの愛得点と恋愛至上主義得点だった。腐女子群はオタク群よりも、主人公が愛のために自分の命や家族や友人を犠牲にすることも厭わない姿に強い魅力を感じるのである。命がけの愛に関しては、オタク群も一般群も平均点は中点以下であり、平均点が中点以上だったのは腐女子群だけだった。主人公や恋人が死んだり、愛のために自分のすべてを犠牲にするような極端な恋愛物語に強い魅力を感じることが、腐女子の特徴のようである。

　それに対して、純愛の素晴らしさに憧れ強い魅力を感じるのがオタク群である。序章で概観したように、オタク文化はSFファンの文化を源流としている。初期のオタクはスタジオぬえのようなハードSF志向が強かったが、菊池(2008)が指摘するように、2000年代以降「萌え」がオタクの特徴となった。

1970年代半ばくらいまでの少年マンガには恋愛要素がほとんどなかったが、70年代後半から少年マンガにも恋愛要素が多くなり、それが女性読者の獲得にも貢献し、少年マンガ誌の部数増大の一因となった。恋愛要素を多く含んだアニメやマンガの萌え系キャラに対するオタク群の嗜好が典型的に反映されたものが、純愛至上主義得点だと解釈できる。恋愛物語のエキセントリックな要素に腐女子群が反応するのに対し、オタク群は恋愛物語のもっとナイーブな要素に反応すると言うこともできるだろう。

・異性愛者同士のBLは純愛構造を生み出しやすい

　恋愛物語を盛り上げる手段は、愛の成就を妨げる障害の存在である。前述のように、「難病と恋人の死」は純愛物語の定番の1つである。個人の意志よりも家の存続が重要だった家制度の時代には、『ロミオとジュリエット』のように、家同士の対立が恋愛の障害となっていた。身分の違い、宗教や政治思想の違い、戦争や大災害などさまざまな障害を乗り越えて成就する愛、あるいは恋人が死んでも変わらない愛、そこに人々は純愛を見出し感動してきた。

　BL作品は、純愛物語を盛り上げる障害として「男性同性愛」を使っているのだと考えられる。「男性同性愛者同士」であれば、「男性同性愛」に対する葛藤はない。しかし男性異性愛者同士、あるいは男性同性愛者と男性異性愛者では相手に対する自分の気持ちを認めること、相手の思いを受け止めることに大きな葛藤が生じる。同性愛者ではない自分が同性に抱いてしまった愛情、自分を受け入れてくれる可能性が非常に低い男性異性愛者に対する男性同性愛者の愛情、このような葛藤を乗り越えるところに腐女子は純愛を見出し感動するのだろう。

　また男性異性愛者同士のBLは、ただ一人の人間に対する変わらぬ強い愛情、つまり純愛の物語を生み出す構造になっていると考えることができる。異性愛者でも同性愛者でも、現在の恋人よりも魅力的な相手が出現すれば、その相手を恋愛対象とする可能性が生じる。しかし、異性愛者であるにもかかわらず男性が一人の男性を愛することは、本来魅力的であるはずの女性という多くの選択肢よりも、その男性を恋愛対象として選択するということである。

また、本来は異性愛者であるため、その相手以外の男性は選択肢にはなり得ない。つまり、「自分は同性愛者ではないが、愛してしまった相手が同性だった、この相手以外は同性も異性も愛せない」という物語を生み出す構造になっているのである。

　腐女子群はオタク群よりも命がけの愛得点が高く、愛のために自分のすべてを犠牲にするような物語に強い魅力を感じるのである。同性愛者同士であれば、同性愛者のコミュニティで生活することができる。しかし異性愛者同士のBLでは、異性愛者のコミュニティに留まることもできないし、自分を同性愛者ではないと規定しているために同性愛者のコミュニティに入ることもできない。今まで生活していた異性愛者の世界が、二人の関係を許容し祝福する可能性は必ずしも高くないだろう。世界の中で二人ぼっちなのである。

　異性愛者同士のBLは、純愛物語を生み出すだけでなく、その愛を選択すれば、今まで生活していた世界のすべてを犠牲にするという物語も、世界と敵対し心中したり命を奪われたりといった物語も作りやすい設定だということができるだろう。男女の恋愛物語だと陳腐になる設定や物語展開でも、ファンタジーであるBLの中でならリアリティを持つのである。悲劇もまた古来より多くの人の心を打つものである。この悲劇的展開の恋愛物語を求める意識の中に、JUNE的な耽美派少女たちの美意識が受け継がれていると解釈することもできるだろう。

研究8のまとめ

　研究8では、オタクと腐女子の恋愛物語に対する態度を検討した。腐女子群もオタク群も登場人物の恋人に対する強い愛情や、物語の中で「永遠の愛」が実現することに強い魅力を感じていた。オタク群と異なり、腐女子群は愛のためにすべてを犠牲にするような命がけの愛に強い魅力を感じていたのである。それは、異性愛者同士のBLが命がけの純愛物語を生み出しやすい構造になっているからであると考えられる。

純愛物語を求めているのに、なぜ腐女子は「腐っている」と自分の嗜好を自嘲するのだろうか。腐女子の求める純愛物語は、ただ単に恋人たちの性別が男性同士に変換されただけではなく、また別な質的変換が生じているのだろうか。研究9では「猟奇的な愛」をキーワードにして、この問題を検討したい。

第9章
腐女子は猟奇的で異常な描写を好むのか？

　研究8で明らかになったように、腐女子が求めるものは男性同性愛というよりも、恋愛物語である。ただ一人の相手に自分の愛を捧げる純愛物語を求めるのである。しかし研究4で明らかになったように、腐女子自身、腐女子をアブノーマルな存在としてイメージしている。なぜ純愛物語を求めているのに、腐女子は自分の嗜好を非常識で異常だと自嘲するのであろうか。女性なのに男性同士の愛を扱った作品を好むというだけで異常と自覚することもあるだろうが、それ以上に、異常な性愛の描写を含んだ作品を好むようになるからなのだと考えられる。

　男女の恋愛・性愛を扱った作品でも、古典的な純愛とされる作品から過激なアダルト・ビデオまで存在するように、BLでも純愛から、強姦・輪姦・拉致・監禁・調教などの過激な作品までが存在する。溝口（2000）は、BL作品における強姦は「劣情から来る暴力ではなく、過剰な愛情の発露であるという、独自の、荒唐無稽な、前提が機能」していると述べている。堀（2009）は、BL作品における強姦は「恋愛を劇的なものにするための一つの手段、"お約束"」なのだと述べている。つまり、純愛ものと呼ばれた作品群が恋愛を劇的なモノにする手段として「難病と死」を多用したように、BL作品は強姦などの暴力的行為を多用しているのだろう。腐女子は異常な行為を過剰な愛情の発露として認識し、そのような作品を楽しんでしまう自分の嗜好を、非常識で異常だと認識していると考えられる。研究9の仮説は、「腐女子は非腐女子よりも、主人公が苦しめられるような猟奇的で異常な描写を含む作品を好む」である。

　溝口（2000）が主張するように、腐女子群が「過剰な愛情の発露」として猟奇的な描写を好むのであれば、腐女子群では純愛物語を求める気持ちが猟

奇描写を求める気持ちを高めると考えられる。研究9では研究8で使用した純愛物語希求尺度を使い、各群の猟奇的描写に対する欲求を検討する。

研究9 「腐女子の猟奇愛物語志向性」

a. 調査方法

・猟奇愛物語志向性尺度の作成

　研究9の仮説「腐女子は非腐女子よりも、主人公が苦しめられるような異常な描写を含む作品を好む」を検討するために、そのような猟奇的な愛情表現や登場人物の被虐場面を好む傾向の測度として、猟奇愛尺度を作成した。

　尺度項目を作成するために、BL作品を好み「腐女子」を自認する首都圏私立女子大学の学生8名を対象に予備調査を行った。自由記述により、「BL作品の中で、好きなジャンルや設定」と「好きなジャンルや設定のどのようなところに魅力を感じるのか」回答を求めた。その結果、回答者全員が挙げた好きなジャンルや設定は、「無機物・擬人化・ヤンデレ・ツンデレ・ショタ・主従・3次元・監禁・調教・女装・オッサン」だった。また、純愛作品よりも、監禁・調教・強姦などを含んだ猟奇的な作品に魅力を感じるという回答が多かった。

　得られた回答を整理して、猟奇的な設定やキャラクターへの志向性に関する25の質問項目を作成し、猟奇愛物語志向性尺度とした。ただしBL志向性と区別するために、BLを意味する表現は排除し、「マンガや小説、ゲームなどでのストーリーおよびキャラクターに関する質問です。以下の文章にあなたはどの程度同意しますか。」として回答を求めた。回答方法は、「1：まったくそう思わない、2：そう思わない、3：どちらでもない、4：ある程度そう思う、5：とても強くそう思う」の5件法である。

b. 調査対象と手続

・調査対象者

　首都圏私立大学2校の18歳から51歳の男女大学生1,015名（女性721名、男性293名、無記入1名）。平均年齢は19.52歳（SD=2.625）。

・調査手続

　通常の授業時間の一部を利用して質問紙調査を行った。調査対象者にオタク度尺度と腐女子度尺度と猟奇愛物語志向性尺度、純愛物語志向性尺度を配付し、回答記入後に回収した。調査は2011年から2013年にかけて実施した。

c. 調査結果

　猟奇愛物語志向性尺度に主因子法プロマックス回転の因子分析を行った。その結果、固有値1.00以上の因子が3因子抽出された（Table 9-1）。第1因子は「好きな相手orパートナーを苦しめ続けて自分しか見えないようにしようとするキャラが好きだ」、「一方的な愛情を押しつけようとするキャラ、もしくはそれが含まれているストーリーが好きだ」などの10項目に負荷量が高かった。これらの項目は、過剰な愛の発露としての暴力を用いて相手を支配するキャラクターやストーリーに魅力を感じる項目に負荷量が高く、猟奇愛因子と解釈できる。第1因子に負荷量の高かった10項目の信頼性係数は$α$=.949であり、内的一貫性が高いと判断できる。この10項目に主成分分析を行ったところ抽出された成分は1つだけであり、全項目が.794以上の高い正の負荷を示した。この10項目の平均点を、猟奇愛得点とした。

　第2因子は「好きなキャラの殴られているシーンやめちゃくちゃにされているところを見たいと思う」、「好きなキャラがいじめられているところを見たいと思う」などの7項目に負荷量が高かった。これらの項目は、好きなキャラクターがいじめられ殴られ服従させられるのを見たいという項目に負荷量が高く、被虐キャラ因子と解釈できる。第2因子に負荷量の高かった7項目の信頼性係数は$α$=.912であり、内的一貫性が高いと判断できる。この7項目に主成分分析を行ったところ抽出された成分は1つだけであり、全項目が.657

Table 9-1 猟奇愛尺度の因子分析結果

	因子 1	因子 2	因子 3
好きな相手orパートナーを苦しめ続けて自分しか見えないようにしようとするキャラが好きだ	.916	.012	-.040
一方的な愛情を押しつけようとするキャラ、もしくはそれが含まれているストーリーが好きだ	.873	-.012	-.011
世界には自分と好きな相手orパートナーしかいないという考え方をするキャラに惹かれる	.848	-.043	-.021
好きな相手やパートナーを思い通りにさせたがるキャラが好きだ	.758	-.021	.027
好きな相手を手に入れるためなら殺人だって厭わないと考えているキャラに惹かれる	.723	.128	.010
周囲や相手のことを考えず、自分の欲求や幸せしか考えていないキャラが好きだ	.720	-.052	.114
好きな相手orパートナーを誰にも渡したくないが故に暴力を振るったり、行動を制約・束縛しようとするキャラが好きだ	.690	.197	-.009
好きな相手orパートナーが自分だけを見てくれるように、あえて周囲の人物から孤立させるような設定が好きだ	.689	.058	.102
ほのぼの話よりも鬼畜系の話を好んで見ている	.509	.144	.177
主に陵辱や死ネタが含まれているストーリーを好んで見ている	.483	.122	.238
好きなキャラの殴られているシーンやめちゃくちゃにされているところを見たいと思う	.087	.927	-.120
好きなキャラがいじめられているところを見たいと思う	-.004	.918	-.048
好きなキャラが服従させられているところを見たいと思う	.079	.914	-.080
好きなキャラは笑顔よりも苦しんでいる顔の方が似合うと思う	.060	.788	-.010
常に周囲からいじられているキャラが好きだ	-.171	.468	.324
無機物や動物の擬人化キャラに強く惹かれる	.062	.434	.191
プライドの高いキャラが屈服させられているところを見たいと思う	.119	.409	.301
互いに愛し合っている者同士が引き裂かれるようなストーリーが好きだ	.038	-.137	.833
過酷な運命に翻弄されるキャラが好きだ	-.025	.170	.649
三角関係という設定orストーリーが好きだ	.040	-.053	.644
ハッピーエンドよりもバッドエンドの方が好きだ	.034	-.017	.629
純愛よりも歪んだ愛が好きだ	.149	.051	.595
愛情のない体だけの関係という設定orストーリーが好きだ	.238	.043	.497
コンプレックスだらけのキャラが好きだ	-.010	.371	.450
人間的に欠陥があるようなキャラに惹かれる	.249	.236	.355

以上の高い正の負荷を示した。この7項目の平均点を、被虐キャラ得点とした。

　第3因子は「互いに愛し合っている者同士が引き裂かれるようなストーリーが好きだ」、「過酷な運命に翻弄されるキャラが好きだ」などの8項目に負荷量が高かった。これらの項目は、過酷な運命に翻弄され引き裂かれるなど、幸福な恋愛関係を成就させない悲劇に魅力を感じることを表す項目に負荷量が高く、悲劇因子と解釈できる。他の2つの因子にも負荷量が高かった1項目を除いた7項目の信頼性係数は$\alpha=.879$であり、内的一貫性が高いと判断できる。この7項目に主成分分析を行ったところ抽出された成分は1つだけであ

り、全項目が.694以上の高い正の負荷を示した。この7項目の平均点を、悲劇得点とした。

研究1と同様の基準で調査対象者を腐女子群、オタク群、一般群、耽美群の4群に分けた。耽美群は15名（1.48%）しかいなかったため分析から除外した。各群について、猟奇愛物語志向性尺度の3つの下位尺度得点の平均値と標準偏差をTable 9-2に示した。各下位尺度得点に1要因分散分析を行ったところ、猟奇愛得点で群の違いの有意な主効果が認められた。Bonferroni法多重比較の結果、腐女子群、オタク群、一般群の順に猟奇愛得点が高いことがわかった。被虐キャラ得点でも悲劇得点でも有意な主効果が認められ、多重比較から腐女子群、オタク群、一般群の順に被虐キャラ得点と悲劇得点が高いことがわかった。

確かに、猟奇愛物語志向性尺度の下位尺度得点は腐女子群で有意に得点が高かった。しかし平均値を見ると、腐女子群でも猟奇愛得点と悲劇得点は中点の3未満になっている。そこで猟奇愛得点が3未満の者を猟奇愛志向なし群、3より高い者を猟奇愛志向あり群と分類し、人数をχ^2検定により比較した（Table 9-3）。

有意な結果（χ^2=183.454, df=2, p<.001）が得られ、腐女子群に猟奇愛志向性あり群が多いことがわかったが、腐女子群でも猟奇愛志向性あり群は39.7%でしかない。猟奇愛志向性は腐女子群すべてが持つわけではない。腐女子群でも猟奇愛志向性なし群の方が多数派なのである。

腐女子群の猟奇愛志向性あり群（オタク度M=81.345, SD=9.801; 腐女子度M=12.793, SD=2.261）となし群（オタク度M=76.625, SD=10.232; 腐女子度M=11.148, SD=2.210）のオタク度尺度得点と腐女子度尺度得点をt検定で比較したところ、いずれも有意差（オタク度t=2.773, df=144, p<.01; 腐女子度t=4.361, df=144, p<.001）が認められた。腐女子群の中でも猟奇愛志向性あり群は、オタク度も腐女子度もなし群より有意に高いのである。腐女子群の中でも猟奇愛志向性を有するのは、オタク度も腐女子度も特に高い一部の腐女子なのである。

猟奇愛物語志向性と純愛物語希求尺度の関係を検討するために、純愛物語

Table 9-2 猟奇愛志向性尺度の平均値と1要因分散分析結果

		度数	平均値	標準偏差	分析結果
猟奇愛得点	腐女子群	146	2.714	1.149	$F=166.697$
	オタク群	294	1.921	0.905	$df=2/983$
	一般群	546	1.385	0.619	$p<.001$
被虐キャラ得点	腐女子群	148	3.317	1.022	$F=317.157$
	オタク群	298	2.157	0.909	$df=2/990$
	一般群	547	1.481	0.663	$p<.001$
悲劇得点	腐女子群	148	2.881	1.047	$F=130.118$
	オタク群	299	2.338	0.871	$df=2/991$
	一般群	547	1.713	0.778	$p<.001$

Table 9-3 各群における猟奇愛志向の有無

		猟奇愛の有無		合計
		猟奇愛志向なし	猟奇愛志向あり	
腐女子群	度数	88	58	146
	期待度数	130.9	15.1	146.0
	%	60.27%	39.73%	100.00%
	調整済み残差	-12.6	12.6	
オタク群	度数	258	36	294
	期待度数	263.6	30.4	294.0
	%	87.76%	12.24%	100.00%
	調整済み残差	-1.3	1.3	
一般群	度数	538	8	546
	期待度数	489.5	56.5	546.0
	%	98.53%	1.47%	100.00%
	調整済み残差	10.2	-10.2	
合計	度数	884	102	986
	期待度数	884.0	102.0	986.0
	%	89.66%	10.34%	100.00%

希求尺度の4つの下位尺度得点を独立変数、猟奇愛物語志向性尺度の各下位尺度を従属変数とした強制投入法の重回帰分析を行った。猟奇愛得点の重回帰分析では、腐女子群とオタク群で有意な結果が得られた（Table 9-4）。腐女子群では命がけの愛得点と純愛至上主義得点が高いほど猟奇愛得点が高くなり、オタク群では命がけの愛得点が高くなり強い愛情得点が低くなるほど猟奇愛得点が高くなることがわかった。一般群では、純愛物語志向性と猟奇愛得点は無関係であることがわかった。

被虐キャラ得点の重回帰分析でも、腐女子群とオタク群で有意な結果が得られた（Table 9-5）。腐女子群もオタク群も、命がけの愛得点が高くなり強い

Table 9-4 猟奇愛得点の重回帰分析結果

独立変数	腐女子群			オタク群			一般群		
	標準化係数ベータ	t値	有意確率	標準化係数ベータ	t値	有意確率	標準化係数ベータ	t値	有意確率
強い愛情	-0.186	-1.553	0.123	-0.325	-4.586	0.000	-0.103	-1.621	0.106
永遠の愛	-0.058	-0.406	0.686	0.057	0.686	0.493	0.012	0.165	0.869
命がけの愛	0.371	3.541	0.001	0.324	4.841	0.000	0.067	1.198	0.231
純愛至上主義	0.221	2.047	0.043	-0.070	-1.036	0.301	0.093	1.577	0.115
	R^2=0.187	F=7.026	0.000	R^2=0.148	F=11.425	0.000	R^2=0.015	F=2.031	ns

Table 9-5 被虐キャラ得点の重回帰分析結果

独立変数	腐女子群			オタク群			一般群		
	標準化係数ベータ	t値	有意確率	標準化係数ベータ	t値	有意確率	標準化係数ベータ	t値	有意確率
強い愛情	-0.252	-2.062	0.041	-0.334	-4.698	0.000	-0.114	-1.781	0.076
永遠の愛	0.204	1.368	0.174	0.069	0.834	0.405	-0.005	-0.074	0.941
命がけの愛	0.337	3.119	0.002	0.294	4.430	0.000	0.050	0.902	0.368
純愛至上主義	-0.166	-1.477	0.142	-0.040	-0.586	0.558	0.060	1.017	0.309
	R^2=0.107	F=3.714	0.007	R^2=0.137	F=10.599	0.000	R^2=0.011	F=1.384	ns

Table 9-6 悲劇得点の重回帰分析結果

独立変数	腐女子群			オタク群			一般群		
	標準化係数ベータ	t値	有意確率	標準化係数ベータ	t値	有意確率	標準化係数ベータ	t値	有意確率
強い愛情	-0.262	-2.139	0.034	-0.246	-3.381	0.001	-0.133	-2.081	0.038
永遠の愛	-0.018	-0.123	0.903	-0.004	-0.043	0.966	0.020	0.269	0.788
命がけの愛	0.279	2.574	0.011	0.251	3.675	0.000	0.003	0.046	0.963
純愛至上主義	0.100	0.888	0.376	-0.094	-1.358	0.176	0.051	0.863	0.388
	R^2=0.102	F=3.516	0.009	R^2=0.094	F=6.907	0.000	R^2=0.012	F=1.561	ns

愛情得点が低くなるほど被虐キャラ得点が高くなることがわかった。一般群では、純愛物語志向性と被虐キャラ得点は無関係であることがわかった。

悲劇得点の重回帰分析でも、腐女子群とオタク群で有意な結果が得られた（Table 9-6）。腐女子群もオタク群も、命がけの愛得点が高くなり強い愛情得点が低くなるほど悲劇得点が高くなることがわかった。一般群では、純愛物語志向性と悲劇得点は無関係であることがわかった。

d. 考察

・腐女子は加虐性を純愛の発露として理解する

前述のように、2000年代の「純愛ブーム」の作品は、物語を盛り上げるた

めの手段として難病や恋人の死を使っていた。純愛作品でも、主人公が過酷な運命に翻弄されボロボロになるほど、最後に愛が成就し救われたときの感動、あるいは死別しても愛情を持ち続ける主人公の心情に対する感動が大きくなるのである。また、人は古来より悲劇も娯楽として楽しんできた。悲劇もまた、主人公が運命に翻弄されボロボロになっていくことが描かれる物語である。

研究9の従属変数は猟奇愛志向性尺度の下位尺度である猟奇愛得点、被虐キャラ得点、それに悲劇得点である。猟奇愛得点は、過剰な愛の発露として暴力を用い相手を支配する、加虐的なキャラクターやストーリーに感じる魅力の指標である。被虐キャラ得点は、自分の好きなキャラクターがいじめられ殴られ服従させられるストーリーや場面に感じる魅力の指標である。悲劇得点は、過酷な運命に翻弄され引き裂かれるなど、幸福な恋愛関係を成就させない悲劇に感じる魅力の指標である。いずれも歪んだ愛情が絡んだ恋愛物語に感じる魅力である。腐女子群はオタク群や一般群よりもこの3つの得点が高く、猟奇的で歪んだ恋愛物語に強い魅力を感じている。

純愛物語希求尺度の下位尺度を独立変数とした重回帰分析から、一般群では歪んだ恋愛物語は純愛物語に対する欲求とは無関係であると判断できる。被虐キャラ得点と悲劇得点では、オタク群も腐女子群も命がけの愛得点が高くなり、強い愛情得点が低くなるほど得点が高くなることが示された。恋愛物語の中で描かれる恋人に対する強い愛情に魅力を感じる者は、好きなキャラがいじめられ過酷な運命に翻弄されるバッドエンドの物語を嫌悪する。一方、恋愛物語の中で、愛のためなら死をも厭わない命がけの愛に魅力を感じる者は、そのような物語に対する魅力を強く感じるのである。愛のために命を賭けた結果として、いじめられ、殴られ、服従させられたり、恋人と引き裂かれたりと、不幸な結末になるところに魅力を感じるのだろう。

猟奇愛得点に関しては、オタク群は被虐キャラ得点や悲劇得点と同じ結果であった。しかし腐女子群では、命がけの愛得点と純愛至上主義得点が高いほど猟奇愛得点が高くなることが示された。猟奇愛得点は加虐者の愛、異常者の愛である。腐女子群では、この加虐者の異常な愛を純愛の発露として理

解するのである。腐女子は好きなキャラクターを暴力的に蹂躙する虐待者の姿に、虐待者をそのような異常な行為に駆り立ててしまうまでの愛情、人を狂わせるまでの過剰な愛情を読み取り、純愛物語として認識するのである。

・なぜ猟奇愛志向が強くなるのか

　堀（2009）は「BL作品における暴行の過程で、虐待されるキャラクターが虐待者の愛に気づき暴行を許しその愛を受け入れる」というのがBL作品のお約束だとしている。暴行により二人の愛が芽生える、あるいはより深くなってゆくことが読み手、書き手の共通認識や前提としてあるのだという。研究9の結果は、腐女子群はまさにこのお約束を理解し共有しており、加虐者の異常な愛を純愛物語として享受していることを示している。

　しかし、それは腐女子群すべてに当てはまる嗜好ではない。腐女子群の中でも、特にオタク度と腐女子度の高い者に当てはまる嗜好なのである。ではなぜ、オタク度と腐女子度が高い者に猟奇愛志向性が強くなるのだろうか。オタク度や腐女子度が高くなると、必然的に猟奇愛志向が強くなるのだろうか。本研究の結果からは断定的なことは言うことができない。いくつかの可能性を示唆するに留めたい。

　1つ目は、BL作品を読み続けるにつれて、堀（2009）が指摘するBL作品のお約束を共有し内面化していく可能性である。したがって、腐女子度が高くなれば猟奇愛志向性も高くなると考えられる。2つ目は、異性愛規範から逸脱したBL作品を読み続けるにつれて、逸脱し倒錯した加虐・被虐の愛の描写に抵抗感がなくなっていく可能性である。この場合も、腐女子度が高くなると猟奇愛志向性が高くなるだろう。このように考えると、腐女子度が高くなると猟奇愛志向性が高くなる者が増えるのかもしれない。3つ目は、特定のキャラクターに萌えると、原典にはないさまざまな姿やドラマを見たいという欲求が強くなる可能性である。これは第1章でも紹介したように、腐女子尺度作成時の面接調査で得られた回答である。この欲求が腐女子の同人誌志向性を強めると第1章で考察したが、このさまざまな姿やドラマの1つが猟奇愛物語になると考えられる。腐女子群の被虐キャラ得点が中点の3点

以上だったことからも、この可能性は高いと言うことができる。

　女性オタクの特徴は作品全体の世界よりもキャラクターそのものへの憧れが強いことであり、二次創作はキャラクターに対する愛の表現（野村総合研究所，2005）という指摘もある。オタク度が高くなると、キャラクターに対する萌えに導かれ、好きなキャラクターが虐待されている場面も見たくなり、猟奇愛物語指向性が強くなるのである。この3つの可能性のうちのどれか1つというよりも、3つの理由が腐女子ごとに異なる割合でミックスされているのだろう。

　猟奇愛志向性尺度作成のための予備調査に協力してくれた複数の腐女子から、「初めは純愛物語が好きでBLを読んでいたが、腐女子歴が長くなるとだんだん腐ってきて、猟奇的で異常な作品も楽しめるようになってきた」という発言があったことも併せて紹介しておく。

研究9のまとめ

　腐女子群は猟奇愛物語志向性がオタク群や一般群よりも高く、研究9の仮説「腐女子は非腐女子よりも、主人公が苦しめられるような異常な描写を含む作品を好む」は肯定されたと判断することができる。腐女子群は加虐者の異常な愛を純愛物語として享受していることも、研究9から明らかになった。しかし、この猟奇愛物語志向性は腐女子群の中でもオタク度と腐女子度が特に高い上級腐女子の嗜みであるようだ。

　研究10では、腐女子の最大の特徴ともいえるBL妄想について検討する。

第10章
腐女子はなぜ現実をBLとして妄想するか？

　腐女子は非BL作品の登場人物の友情関係やライバル関係を同性愛関係に読み替えて、BL作品として享受する。さらにマンガやアニメのキャラクター同士の関係だけではなく、さまざまな人間関係や人間以外の物事の関係をも同性愛関係に読み替えて、空想して楽しむようになるのである。

　同人作家が他のマンガ、アニメ、ゲーム、小説などの世界観やキャラクターを使って、本来の作品にはない独自の物語を創作することを二次創作と呼ぶ。オタクの中には自分が好きな作品の同人誌を作る者もいるが、それもある作品やキャラクターを中心とした創作活動なのである。しかし、原典で恋愛関係にない男性キャラクター同士を恋愛関係にするBL妄想は、腐女子だけの特徴である。そのため、腐女子度尺度の項目として、「ボーイズラブじゃない漫画や小説でもシチュエーションや台詞によってカップリングに変換してしまう」、「気がつくと好きなキャラクターでボーイズラブな妄想をしてしまう」という項目を採用した。マンガやアニメのキャラクターに留まらず、腐女子は現実の人間関係や人間以外の物事の関係をも同性愛関係に読み替える、BL妄想も行うのである。しかし研究1でも紹介したように、BL妄想には個人差が大きいという指摘も得られている。

　研究10の仮説は、「腐女子は非腐女子よりも、現実の人間関係や人間以外の物事の関係を男性同性愛関係に読み替えて空想する傾向が強い」である。この仮説の検討と併せて、腐女子なら誰でもいろいろなBL妄想を楽しむようになるのか、それとも個人差があるのか、あるとすればどのようなBL妄想に個人差が大きいのかという問題についても検討する。

研究10
「腐女子のBL妄想」

a. 調査方法

　腐女子に対するインタビューから得られた項目を整理し、BL妄想傾向を検討するために以下の3つの質問項目を作成した。

　キャラBL妄想：「恋愛関係がまったくないキャラ同士なのに、恋愛関係に発展する妄想をしてしまうことがある」、現実男性BL妄想：「街で見かけた現実の男性同士でBL妄想をしてしまうことがある」、擬人化BL妄想：「文房具や建築物や機械などを自分で男性キャラに擬人化し、BL妄想をして楽しんでしまうことがある」。回答方法は、「1：まったく当てはまらない、2：あまり当てはまらない、3：どちらとも言えない、4：ある程度当てはまる、5：とてもよく当てはまる」の5件法である。

b. 調査対象と手続

・調査対象者

　首都圏私立大学2校の18歳から51歳の男女大学生1,015名（女性721名、男性293名、無記入1名）。平均年齢は19.52歳（$SD=2.625$）。

・調査手続

　通常の授業時間の一部を利用して質問紙調査を行った。調査対象者にオタク度尺度と腐女子度尺度とBL妄想に関する質問から構成された調査用紙を配付し、回答記入後に回収した。調査は2011年から2013年にかけて実施した。

c. 調査結果

　研究1と同様の基準で調査対象を4群に分けた。耽美群は15名（1.48%）のみだったので分析から除外した。

　各質問ごとに、腐女子群・オタク群・一般群の3群の違いを要因とした、1要因の分散分析により検討した（Table 10-1）。キャラBL妄想では、群の違い

の有意な主効果が認められた。Bonferroni法多重比較の結果、腐女子群、オタク群、一般群の順にキャラBL妄想が高いことがわかった。擬人化BL妄想と現実男性BL妄想でも有意な主効果が認められた。多重比較から、腐女子群はオタク群と一般群よりも擬人化BL妄想と現実男性BL妄想が高いことがわかった。

確かに、現実男性BL妄想と擬人化BL妄想で腐女子群は有意に得点が高かったが、平均値を見ると中点の3未満になっている。そこで、1または2と回答した者をBL妄想なし、3と回答した者を中間、4または5と回答した者をBL妄想ありと分類し、それぞれの人数をχ^2検定により比較した（Table 10-2, 10-3, 10-4）。

Table 10-1　BL妄想得点の平均値と1要因分散分析結果

		度数	平均値	標準偏差	分析結果
キャラBL妄想	腐女子群	148	3.845	1.266	$F=311.349$
	オタク群	297	2.189	1.365	$df=2/990$
	一般群	548	1.387	0.809	$p<.001$
擬人化BL妄想	腐女子群	148	2.642	1.516	$F=219.598$
	オタク群	298	1.265	0.743	$df=2/991$
	一般群	548	1.135	0.453	$p<.001$
現実男性BL妄想	腐女子群	148	2.736	1.522	$F=231.506$
	オタク群	299	1.254	0.748	$df=2/992$
	一般群	548	1.151	0.514	$p<.001$

Table 10-2　群の違いとキャラBL妄想の有無

		キャラBL妄想なし	中間	キャラBL妄想あり	合計
腐女子群	度数	21	29	98	148
	期待度数	103.1	16.8	28.0	148.0
	%	14.19%	19.59%	66.22%	100.00%
	調整済み残差	-15.9	3.4	15.9	
オタク群	度数	189	39	69	297
	期待度数	207.0	33.8	56.2	297.0
	%	63.64%	13.13%	23.23%	100.00%
	調整済み残差	-2.7	1.1	2.3	
一般群	度数	482	45	21	548
	期待度数	381.9	62.4	103.8	548.0
	%	87.96%	8.21%	3.83%	100.00%
	調整済み残差	13.9	-3.5	-13.5	
合計	度数	692	113	188	993
	期待度数	692.0	113.0	188.0	993.0
	%	69.69%	11.38%	18.93%	100.00%

Table 10-3　群の違いと擬人化BL妄想の有無

		擬人化BL妄想なし	中間	擬人化BL妄想あり	合計
腐女子群	度数	76	22	50	148
	期待度数	131.6	7.1	9.2	148.0
	%	51.35%	14.86%	33.78%	100.00%
	調整済み残差	-15.8	6.2	15.0	
オタク群	度数	278	11	9	298
	期待度数	265.0	14.4	18.6	298.0
	%	93.29%	3.69%	3.02%	100.00%
	調整済み残差	2.9	-1.1	-2.7	
一般群	度数	530	15	3	548
	期待度数	487.4	26.5	34.2	548.0
	%	96.72%	2.74%	0.55%	100.00%
	調整済み残差	8.7	-3.4	-8.2	
合計	度数	884	48	62	994
	期待度数	884.0	48.0	62.0	994.0
	%	88.93%	4.83%	6.24%	100.00%

Table 10-4　群の違いと現実男性BL妄想の有無

		現実男性BL妄想なし	中間	現実男性BL妄想あり	合計
腐女子群	度数	70	25	53	148
	期待度数	130.6	7.1	10.3	148.0
	%	47.30%	16.89%	35.81%	100.00%
	調整済み残差	-16.8	7.4	15.0	
オタク群	度数	281	7	11	299
	期待度数	263.8	14.4	20.7	299.0
	%	93.98%	2.34%	3.68%	100.00%
	調整済み残差	3.7	-2.4	-2.6	
一般群	度数	527	16	5	548
	期待度数	483.6	26.4	38.0	548.0
	%	96.17%	2.92%	0.91%	100.00%
	調整済み残差	8.6	-3.1	-8.3	
合計	度数	878	48	69	995
	期待度数	878.0	48.0	69.0	995.0
	%	88.24%	4.82%	6.93%	100.00%

　キャラBL妄想で有意な結果が得られた（$\chi^2=351.304, df=4, p<.001$）。腐女子群ではキャラBL妄想ありが、一般群ではなしが圧倒的に多かった。一般群ではキャラBL妄想なしが88.0%、ありが3.8%だった。ここから、一般群にBL妄想をする者はほとんどいないと言うことができる。それに対して、腐女子群ではキャラBL妄想なしは14.2%、ありが66.2%だった。マンガやアニメなどのキャラクターのBL妄想は、腐女子群にとっては一般的な現象なのであ

る。オタク群では、キャラBL妄想なしが63.6%に対してありが23.2%となっており、キャラBL妄想はオタク群でもある程度見られる現象だと言うことができる。

　それに対して、擬人化BL妄想や現実男性BL妄想は、腐女子群の中でも一般的な現象とは言えない。確かに、擬人化BL妄想（χ^2=277.941, df=4, p<.001）でも現実男性BL妄想（χ^2=296.941, df=4, p<.001）でも有意な結果が得られており、腐女子群では有意に擬人化BL妄想ありや現実男性BL妄想ありが多いが、腐女子群でも擬人化BL妄想ありは33.8%、現実男性BL妄想ありも35.8%でしかない。逆に、腐女子群の擬人化BL妄想なしは51.4%、現実男性BL妄想なしは47.3%である。BL作品を好む腐女子なら、誰でも街中で現実の男性を見てBL妄想をしたり、無機物を擬人化しBL妄想するというわけではない。現実男性BL妄想や擬人化BL妄想をする一般群やオタク群はほとんどいないが、腐女子群の一部にはそのようなBL妄想をする者もいるということなのである。

・BL妄想を行う腐女子の特徴

　では、どのような腐女子がBL妄想をするのだろうか。研究9の猟奇愛志向性のように、オタク度得点や腐女子度得点に違いがあるのだろうか。

　そこで研究10でも腐女子群に限定して、キャラBL妄想、擬人化BL妄想、現実男性BL妄想それぞれについて、あり群、中間群、なし群のオタク度得点と腐女子度得点を1要因分散分析により比較した（Table 10-5）。キャラBL妄想ではオタク度尺度でも腐女子度尺度でも有意な主効果が認められ、Bonferroni法多重比較の結果、キャラBL妄想あり群は中間群よりもオタク度が高く、キャラBL妄想なし群や中間群よりも腐女子度が高いことがわかった。

　擬人化BL妄想についても、オタク度尺度でも腐女子度尺度でも有意な主効果が認められた。多重比較の結果、中間群はオタク度が低く、擬人化BL妄想あり群はなし群や中間群よりも腐女子度が高いことがわかった。

　現実男性BL妄想についても、オタク度尺度でも腐女子度尺度でも有意な主効果が認められた。多重比較から、現実男性BL妄想あり群はなし群や中間群よりも、オタク度も腐女子度も高いことがわかった。

Table 10-5　腐女子群のBL妄想の有無によるオタク度と腐女子度の違い

		度数	平均値	標準偏差	分析結果
オタク度尺度	キャラBL妄想なし	21	76.857	11.096	$F=9.978$
	中間群	29	71.793	9.682	$df=2/145$
	キャラBL妄想あり	98	80.837	9.466	$p<.001$
腐女子度尺度	キャラBL妄想なし	21	9.810	1.965	$F=28.686$
	中間群	29	10.241	1.725	$df=2/145$
	キャラBL妄想あり	98	12.684	2.084	$p<.001$
オタク度尺度	擬人化BL妄想なし	76	79.211	9.939	$F=6.548$
	中間群	22	71.545	9.329	$df=2/145$
	擬人化BL妄想あり	50	80.480	10.242	$p<.01$
腐女子度尺度	擬人化BL妄想なし	76	11.145	2.290	$F=25.171$
	中間群	22	10.364	2.036	$df=2/145$
	擬人化BL妄想あり	50	13.420	1.579	$p<.001$
オタク度尺度	現実男性BL妄想なし	70	77.357	9.838	$F=10.603$
	中間群	25	72.480	11.012	$df=2/145$
	現実男性BL妄想あり	53	82.849	8.865	$p<.001$
腐女子度尺度	現実男性BL妄想なし	70	10.757	2.053	$F=27.874$
	中間群	25	11.240	2.166	$df=2/145$
	現実男性BL妄想あり	53	13.434	1.876	$p<.001$

d. 考察

・「関係性への萌え」がBL妄想を発動する

　研究10の仮説「腐女子は非腐女子よりも、現実の人間関係や人間以外の物事の関係を同性愛関係に読み替えて空想する傾向が強い」は肯定されたと判断できる。しかし、擬人化や現実男性のBL妄想は腐女子群すべてに認められる現象ではなく、腐女子群の中でも特に腐女子度の高い者に特有の現象であるようだ。

　一方、BL作品ではないマンガやアニメのキャラクターを見てBL妄想をしてしまうのは、腐女子にとっては当然のことなのである。マンガやアニメをそのまま楽しむだけではなく、腐女子はBL視点からもその作品を楽しむことができるのである。では、なぜ腐女子は、恋愛関係にないマンガやアニメのキャラクターを見てBL妄想をしてしまうのだろうか。

　堀（2009）は、BLはカップルの二者関係のパターンにより分類され、腐女子の場合キャラクター単独というよりも、その二者関係のパターンに「萌え」が向けられると主張している。好きなキャラクターに萌えるだけではオタクなのである。好きな男性キャラクターともう一人の男性キャラクターとの原

作における友情関係、ライバル関係、敵対関係、主従関係や信頼関係を見たときに腐女子スイッチが入り、関係性萌えが発動するのだろう。そのような見方をすると、つまり友情関係やライバル関係を恋愛関係に置き換えて見ると、好きな男性キャラクターも、カップリングされるもう一人の男性キャラクターも、原作世界よりももっと魅力的に見えるようになるのだろう。

　腐女子はこのような作品の楽しみ方を知ることで、自分が気に入った男性キャラクター同士を恋愛関係として捉える認知傾向が形成されていくのだと解釈できる。自分の好きなキャラクター同士のBL妄想が楽しいものとして体験されれば、別の作品を見るときにもBL視点で解釈するようになるのである。このような男性キャラクター同士のBL妄想を続けていれば、街中で男性同士が楽しそうにおしゃべりしていたり一緒に何かしていたりする場面を見ると、BL妄想が発動するようになるのだろう。

　擬人化とは、人間ではないものを人間に見立てて表現することである。例えば、NHKテレビの夜9時のニュース番組の気象情報では、「春ちゃん」や「冬将軍」など四季を人間のキャラクターになぞらえて表現している（2015年11月現在）。腐女子もさらに上級者になると、人間以外の者を男性キャラに擬人化しBL妄想をして楽しむようになるのである。堀（2009）が主張するように、関係性こそがBLの核心であり腐女子にとっての最大の萌えポイントであるなら、それは人間関係である必要はないのだろう。さまざまな物事の関係性を妄想して遊ぶための変換ツールが、男性キャラクターへの擬人化なのである。このように考えれば、国家と国家の関係を擬人化して描く『ヘタリア』や、鉄道路線の関係を擬人化して描く『青春鉄道』などの擬人化マンガが、BL描写などないにもかかわらず腐女子に人気が高いことも理解できる。

　また、関係性が重要であるなら、男性同士である必要もない。主に受け側の男性の身体が女性化する「女体化」や、女性同士の恋愛関係を描く「百合」といった、BLとは呼べない作品ジャンルも存在する。これは主として腐女子向けに制作されているものであり、愛好者も多い。腐女子にとっては「関係性」が核心だからこそ、BLだけでなくさまざまなジャンルが分化・成立するのである。一度BLに変換することで、腐女子たちはさまざまな関係性を「攻

め」と「受け」の概念で弄ぶことができるようになるのである。この状態になると、腐女子の脳内世界はBLで満たされ、BL妄想が絶えることはないのかもしれない。

・BL妄想を楽しむ腐女子は、オタクの超進化形である
　この分析結果が得られた後で4名の腐女子に個別に面接調査を行ったところ、キャラBL妄想と現実男性BL妄想、それに擬人化BL妄想はそれぞれ妄想の質が異なるとの回答が得られた。現実男性BL妄想は、「街中で見かけた男性二人が恋愛関係にあるのではないか」というレベルの妄想であり、具体的な言動を妄想したりはしないのだという。その理由は、街中で見かけた男性の性格や関係性を知らないので妄想できないし、何よりもその人物に思い入れがないために、ドラマを妄想するモチベーションが生じないからである。
　それに対して、好きなマンガやアニメの思い入れのあるキャラクター同士の場合だと、性格や関係性がわかっているからドラマを想像しやすいし、何よりもドラマを妄想することに対するモチベーションが現実男性とは異なるのである。自分の好きなキャラクターについて詳しく知りたい、マンガやアニメ本編で描かれた以外のドラマを見たい、本編とは異なる状況におかれた場合のドラマが見たい、このようなキャラクターに対する欲求が高じると、見たいドラマを自分で想像するようになる。それを形にしたものが、同人誌になるのである。
　さらに、擬人化BL妄想の場合はまた話が異なるのだという。人間以外の物を見て、それを元にした男性キャラクターを独自に作り、BL妄想をするということはほとんどないとのことである。そのとき話題になった機械、動物、社会現象、建造物などを誰かが擬人化キャラクターにしてそのイラストをネット上で発表すると、そのキャラクターを気に入った人物がそのキャラを使って妄想する、あるいは自分が好きな作品の好きなキャラクターになぞらえて妄想するということがほとんどなのだという。それも、1つの状況にBL的な台詞を当てはめたりといった程度のものであり、ドラマというよりも一コマママンガのような発想であるようだ。腐女子であるからといって、何を見て

もBL妄想に発展するわけではないのである。腐女子のBL妄想の基本は、マンガやアニメのキャラクターを使ったものなのである。

なぜ、腐女子はBL作品ではないマンガやアニメのキャラクターを見てBL妄想をしてしまうのだろうか。それは楽しいからである。オタクは1つの作品をさまざまな角度から分析して考察を加えたり、原典では描かれなかったサイドストーリーやパロディ作品を考え、同人誌を作ったりして楽しむ。腐女子はさらに、原典では恋愛関係になかった男性キャラクターを恋愛関係にするBL妄想をして楽しむ。1つの作品やキャラクターをそのまま楽しむだけではなく、BL作品として脳内で変換し味わい尽くすのである。

このような楽しみ方は、オタクの楽しみ方の延長線上にあるものである。腐女子群がオタク群よりもオタク度尺度得点が高いのは、腐女子がオタクのいわば進化形だからなのである。オタクの楽しみ方を極め、さらに作品やキャラクターを楽しむためにBL変換を行う。その腐女子の楽しみ方をさらに極めた先に、擬人化BL妄想や現実男性BL妄想があるのだろう。擬人化BL妄想や現実男性BL妄想を行う者は、オタク度が高い腐女子群の中でも、さらに腐女子度が高い者なのである。腐女子の進化形であり、オタクの超進化形ということもできるだろう。

・現実に対する適応方略としてのBL妄想

研究6の大学生活満足度で明らかになったように、腐女子群は大学生活で注目され認められることも少なく、他者から無視されたり仲間に入れてもらえなかったりと、不適応感が強い。そのような状態に対処するために、人は何らかの救いを求める。同じ趣味を持つ友人たちとの交流は、学校生活での不適応感を低減し、居場所と自己肯定感を与えてくれる。あるいは、そのような同じ趣味の友人さえいない不適応感の強い学生にとっては、趣味の世界に浸るときだけ不適応感を忘れることができるだろう。

大学生は、クラブ・サークル活動などさまざまな趣味に熱中することが許され、推奨される時期でもある。それが大学生活全般に対する不適応感を低減する適応方略になっている。腐女子群の場合はオタク趣味やBL趣味が救

いとなり、適応方略として機能するのだろう。痛みが強ければ強力な鎮痛剤を必要とするように、一般群の大学生よりも大学生活での満足感が低く不適応感の強い腐女子群は、一般の大学生よりももっと強力な適応方略が必要になるのである。

　ただし腐女子群の適応方略は、大学生活への適応を目的とするというよりも、生きていくための適応方略なのだろう。大学生活での不適応感だけでなく、研究7で明らかになった親密性回避の高い不安定型腐女子のように、親との葛藤を抱えている者もいるだろう。大学生活を含む辛い現実を一時でも忘れ、ファンタジーの世界に遊ぶのである。それで辛い現実が変わるわけではないが、それでも生きていこうという気持ちをファンタジーが与えてくれる。辛い現実の中で明日も生きていく勇気をもらうためには、より楽しい趣味が必要になる。痛みの弱い一般群から見ると劇薬に見えるようなものであっても、痛みの強い腐女子群にはそれが必要なのである。その到達点が猟奇愛志向であったり、擬人化BL妄想や現実男性BL妄想であったりするのだろう。

研究10のまとめ

　心理療法の1つに箱庭療法がある。箱の中に人や動物、植物、建物、乗物などのさまざまなミニチュアを自由に配置し、出来上がった作品からクライアントの深層心理を読み取り治療に役立てると考えられているものだが、箱庭療法は診断よりも、想像力を促す治療過程を重視している。箱庭で表現される世界はクライアントの想像の世界である。自由に想像し、ミニチュアを使って表現する行為そのものに癒しの効果があるのだ。

　『心理臨床大辞典（改訂版）』（培風館, 2004）には、以下のような箱庭療法の説明がある。

　　クライアントは箱庭の中の世界を全て自分の手で創造する。この体験は画期的なものである。こうして作られた世界はゆるがせにできない独自性と確

かな実在感をもっている。クライアントが自分を信じ、自分の中に潜在している可能性を発現させ、自分の生を創造していくのに、この感覚が果たす役割は大きい。

　腐女子のBL妄想の持つ効果も、「世界を全て自分の手で創造する」ことに通じるだろう。脳内を箱庭とすれば、自分の好きなキャラクターを自分の好きなように使い、自由に想像して物語を作るというところに箱庭との共通点がある。BL妄想は、腐女子の脳内箱庭療法とでも言うべき効果を持つのではないだろうか。現実生活で傷ついた心を癒す純愛ファンタジーがBLなのであり、BLは現代青年の適応方略の1つとして機能しているのである。

　趣味に熱中するオタクや腐女子であるが、趣味への熱中は辛い現実の痛みを緩和するだけでなく、もっと積極的な意味も持つと考えられる。それは幸福感の増進である。

　最後の研究11では、オタクと腐女子の幸福感を検討する。

第11章
オタクや腐女子の趣味と幸福感

　オタクがオタクであるのはなぜか。それは、他者から見ると価値の低い趣味に多くの時間と金銭と労力を投入するからである。では、なぜ社会的に価値が低いとみなされる趣味に自分が持てる資源の多くを投入するのだろうか。それは楽しいからである。他者がどのように評価しようと、自分にとってその趣味は非常に高い価値があるものであり、他の趣味では得られない充実感や満足感を与えてくれるからである。オタクや腐女子にとって、その趣味は生き甲斐になる。生き甲斐となる趣味を持つ人間は、趣味を持たない人間と比較するとはるかに幸せなのではないだろうか。研究11では、オタクと腐女子の幸福感を検討する。

　心理学では幸福感を「生活の質（Quality of Life：QOL）」という概念で捉えることが多い。人生の内容の質や生活の質のことであり、ある人がどれだけ人間らしく、自分らしく生活し、人生に幸福を見出しているかを表す包括的な概念である。そのためQOL尺度では、健康、人間関係、仕事、住環境、教育、レクリエーションやレジャーなど、さまざまな観点からQOLを測定している。研究11-1では、このQOLの観点からオタクと腐女子の幸福感を一般群と比較する。

研究11-1
「オタクと腐女子のQOL」

a. 調査方法
　田崎・中根（2008）の作成した日本語版WHO QOL26改訂版は、26の質問項目からなる尺度である。この26項目の中には高齢者向けの質問項目や既婚

者向けの質問項目が存在し、大学生が回答することは困難であったり不適切な項目もある。そこで不適切と判断された6項目を削除し、残りの20項目も大学生が回答しやすいように表現を改訂した。

　回答方法は、「1：まったく当てはまらない、2：あまり当てはまらない、3：どちらともいえない、4：ある程度当てはまる、5：とてもよく当てはまる」の5件法である。

b. 調査対象と手続

・調査対象者

　首都圏私立大学2校の男女大学生261名（男性66名、女性195名）。平均年齢19.4歳（SD=2.99）。

・調査手続

　オタク度尺度と腐女子度尺度、それに改訂版QOL尺度からなる調査用紙を作成した。調査は通常の授業時間の一部を利用して実施した。調査対象者に調査用紙を配付し回答を求めた。調査は2014年7月から9月にかけて行った。

c. 調査結果

　改訂版QOL尺度に主因子法プロマックス回転の因子分析を行った。固有値1.00以上の因子が4つ抽出された（Table 11-1）。第1因子は「毎日の生活は楽しい」、「自分は有意義な生活を送っている」などの6項目に負荷量が高かった。これらの項目は生活の満足感を表すものと解釈できる。第1因子に負荷量が高かった6項目の信頼性分析を行った結果 $α$=.827であり、内的一貫性が高いと判断できる。この6項目に主成分分析を行ったところ抽出された成分は1つだけであり、全項目が.606以上の高い正の負荷を示した。この6項目の平均点を、生活満足感得点とした。

　第2因子は「自分の健康状態に満足している」、「生活環境が健康的である」などの5項目に負荷量が高かった。これらの項目は、自分の生活が健康であるという感覚を表すものと解釈できる。第2因子に負荷量が高かった5項目の

Table 11-1 改訂版QOL尺度の因子分析結果

	因子			
	1	2	3	4
毎日の生活は楽しい	**.938**	.022	.021	-.217
自分は有意義な生活を送っている	**.888**	-.079	.082	-.066
毎日元気に生活している	**.547**	.378	-.086	.018
物事に集中することができる	**.414**	-.075	-.017	.274
自分が困っている時、家族や友人たちはサポートしてくれる	**.402**	-.146	-.030	.338
人間関係に満足している	**.385**	-.028	.275	.131
自分の健康状態に満足している	-.147	**.944**	.058	-.061
生活環境が健康的である	.138	**.686**	-.049	.082
毎日薬を飲んだり定期的に病院に行く必要はない	-.098	**.641**	-.011	-.016
自分の生活の質は良好だと思う	.111	**.494**	.037	.171
毎日安心して生活している	.334	**.397**	-.030	.163
自分自身に満足している	.060	-.012	**.860**	.053
自分の容姿(外見)に満足している	.076	-.055	**.678**	-.064
勉強やアルバイトのために必要な自分の能力に満足している	-.015	.106	**.454**	.189
自分の肌の状態に満足している	-.055	.006	**.442**	.102
気分がすぐれなかったり、絶望、不安、落ち込みといった嫌な気分を頻繁に感じる	-.035	-.261	-.278	.264
必要なものが買えるだけのお金を持っている	-.246	-.006	.187	**.649**
毎日の生活に必要な情報を得られている	.039	.085	-.124	**.644**
余暇を楽しむことができている	.369	-.081	-.050	**.536**
睡眠を満足にとれている	.007	.094	.091	**.316**

信頼性分析を行った結果α=.829であり、内的一貫性が高いと判断できる。この5項目に主成分分析を行ったところ抽出された成分は1つだけであり、全項目が.642以上の高い正の負荷を示した。この5項目の平均点を、生活健康感得点とした。

　第3因子は「自分自身に満足している」、「自分の容姿(外見)に満足している」などの5項目に負荷量が高かった。これらの項目は、自己肯定感を表すものと解釈できる。第3因子に負荷量が高かった5項目のうち、1項目は他の因子にも負荷量が高かったので除外した。4項目の信頼性分析を行った結果α=.734であり、尺度としての使用に耐え得る内的一貫性があると判断できる。この4項目に主成分分析を行ったところ抽出された成分は1つだけであり、全項目が.648以上の高い正の負荷を示した。この4項目の平均点を、自己肯定感得点とした。

　第4因子は「必要なものが買えるだけのお金を持っている」、「毎日の生活に必要な情報を得られている」などの4項目に負荷量が高かった。これらの

Table 11-2　改訂版QOL尺度の平均値と1要因分散分析結果

		度数	平均値	標準偏差	分析結果
生活満足感	腐女子群	47	3.539	0.880	$F=0.665$
	オタク群	95	3.500	0.862	$df=2/242$
	一般群	103	3.633	0.762	ns
生活健康感	腐女子群	47	3.375	1.045	$F=0.382$
	オタク群	95	3.358	1.032	$df=2/243$
	一般群	104	3.473	0.894	ns
自己肯定感	腐女子群	47	2.505	0.856	$F=1.057$
	オタク群	94	2.364	0.860	$df=2/240$
	一般群	102	2.537	0.856	ns
ゆとり感	腐女子群	47	3.011	0.888	$F=1.211$
	オタク群	94	3.231	0.792	$df=2/242$
	一般群	104	3.135	0.771	ns

　項目は金銭、情報、余暇、睡眠と生活に必要なものが充分に得られるゆとりがある状態を表すものと解釈できる。第4因子に負荷量が高かった4項目の信頼性分析を行った結果$\alpha=.659$であり、尺度としての使用に耐え得る最低限の内的一貫性があると判断できる。この4項目に主成分分析を行ったところ抽出された成分は1つだけであり、全項目が.601以上の高い正の負荷を示した。この4項目の平均点を、ゆとり感得点とした。

　研究1と同様の方法で、調査対象者を腐女子群、オタク群、一般群、耽美群に分けた。耽美群は6名（2.30%）しかいないため、分析から除外した。各群の改訂版QOL尺度について、4つの下位尺度の平均と標準偏差をTable 11-2に示した。Table 11-2に従って1要因分散分析を行った結果、有意な主効果は1つも認められなかった。オタクや腐女子のQOLは、どの領域においても一般群との差異は認められなかったのである。

d. 考察

・オタクや腐女子の幸福感はQOLでは測れない

　研究11-1の結果から、オタクと腐女子の生活満足感、生活健康感、自己肯定感、ゆとり感、いずれにおいても一般群との差は認められなかった。自己肯定感の平均値は中点の3以下であるが、それ以外は3以上となっている。平均値から考えると、オタクであるなしにかかわらず、現代の大学生は自分の

生活を健康的でゆとりがある満足できるものと認識していると判断できる。

どの群も自己肯定感が低かったが、この結果を現代の大学生は自己否定的だと解釈するべきではない。この自己肯定感の項目は、容姿や能力など現在の状態がどの程度満足できる状態であるかを質問している。研究4で検討したように、オタクであるなしにかかわらず、どの群も自分の外見に関する不満は強いし、ダイエットの意志がある者ではどの群も自己の体型に関する不満が強い。大学生は容姿も能力もまだまだ未完成であり、現在向上の最中なのである。大学生にとって、現在の自分はまだまだ満足し肯定できる状態ではない。特に向上心の強い者にとっては、その傾向が強くなるだろう。改訂版QOL尺度で測定する大学生の自己肯定感が低かったのは、ある意味当然の結果なのである。

では、改訂版QOL尺度の比較から、オタクや腐女子の幸福感は一般群と違いがないと結論づけてよいのだろうか。オタクや腐女子は基本的に消費者である。供給されるアニメ、マンガ、ゲームなどに熱中する過剰な消費者である。オタクや腐女子が趣味への熱中から感じる幸福感は、QOLのような包括的な幸福感とは異なるものだと考えることができる。

自らの活動を通して成長し、何事かを達成し充実感と満足感を得ながら生活の質を高めることで感じる大きな幸福感とは異なる、日常生活の中で得られる小さな幸福感もあるだろう。オタクや腐女子の幸福感は、QOLよりももっと限定された小さな幸福感だと考えることができる。

続く研究11-2では、QOLとは異なる観点からオタクと腐女子の幸福感を検討する。

研究11-2
「オタクと腐女子の受動的幸福感」

消費者としてのオタクや腐女子が感じる幸福感や充実感は、基本的に供給されるコンテンツや他者のパフォーマンスを見ることで得られるものである。

自分の直接的な成長や向上、達成ではなく、あくまでも他者の作品やパフォーマンスを見ることで感動し、充実感や満足感を得て感じる幸福感である。このようなタイプの幸福感を、本研究では「受動的幸福感」と呼ぶことにする。

研究11-1の結果から明らかなように、QOLではオタクや腐女子は一般群と差が見られなかった。しかし受動的幸福感に関しては、オタクや腐女子は一般群よりも高くなると予測できる。研究11-2では、受動的幸福感の観点からオタクと腐女子の幸福感を検討する。

第5章で紹介した内閣府の「結婚・家族形成に関する意識調査」の報告書では、恋人がいない交際経験がない状態の長期化は自信を失わせ、より交際に対して消極的になると考察している。この調査で「交際経験なし」と回答した者の42％が「恋愛することに自信がない」と回答しており、自信がなければ当然自分から積極的にアプローチすることは減り、受け身の姿勢で待つことになると報告書では考察している。確かに、「恋愛しない人間には価値がない」という恋愛強迫観念が強いにもかかわらず、恋人ができず自信を喪失した状態は幸福とは言えないだろう。では、恋愛強迫観念が強いオタクや腐女子は、本当に不幸なのだろうか。研究11-2では、恋愛強迫観念の強さがオタクや腐女子の受動的幸福感に与える影響も併せて検討する。

a. 調査方法

・受動的幸福感尺度の作成

オタクであり腐女子である女子大学生を対象に、オタク趣味や腐女子趣味から得られる満足感、感動、充実感や生き甲斐などについて面接調査を行った。得られた回答を整理し、「自分の生き甲斐となる他者の作品やパフォーマンスがある」、「とても素晴らしいものを見たり体験したりすることがある」、「他者の作品やパフォーマンスをみて明日も頑張ろうという元気をもらったことがある」など16の質問項目を作成した。

Table 11-3に挙げた文章のような体験をどのくらいしたことがあるかを、「1：まったく体験していない、2：少し体験している、3：わりと体験している、4：かなり頻繁に体験している、5：ほとんど常に体験している」の5

Table 11-3 受動的幸福感尺度の因子分析結果

	因子 1	因子 2
他者の作品やパフォーマンスをみて感謝することがある	**.846**	-.091
他者の作品やパフォーマンスをみて涙が出るほど感激することがある	**.839**	-.087
他者の作品やパフォーマンスをみて明日も頑張ろうという元気をもらったことがある	**.798**	.061
他者の作品やパフォーマンスをみて体が震えるほど感動することがある	**.798**	-.009
他者の作品やパフォーマンスをみて辛くても頑張ろうと思う	**.790**	.019
他者の作品やパフォーマンスをみて胸を打たれることがある	**.776**	.038
他者の作品やパフォーマンスをみて自分でも充実感を感じたことがある	**.763**	.046
自分の生きがいとなる他者の作品やパフォーマンスがある	**.701**	.112
他者の作品やパフォーマンスをみて自分でも達成感を感じたことがある	**.670**	.018
他者の作品やパフォーマンスをみて神だと思うことがある	**.650**	.048
他者の作品やパフォーマンスの素晴らしさを誰かと分かち合いたいと思ったことがある	**.638**	.151
生きがいがある	-.119	**.996**
生きがいのために頑張れると思うときがある	-.105	**.942**
生きていてよかったと思う瞬間がある	.123	**.687**
これのために自分は生きていると思う瞬間がある	.235	**.614**
とても素晴らしいものを見たり体験したりすることがある	.369	**.466**

件法で回答を求めた。その際、「質問文中の『他者の作品やパフォーマンス』とは、スポーツ、音楽、絵画、小説、映画、演劇、お笑い、アニメ、マンガ、ゲーム、ダンスなど、他者のさまざまな活動や他者により作られた作品のことを指します」という注釈を付けた。

b. 調査対象と手続

・調査対象者

　首都圏私立大学3校の大学生304名（男性105名、女性199名）。平均年齢19.97歳（SD=2.240）。

・調査手続

　通常の授業時間の一部を利用して質問紙調査を行った。オタク度尺度、腐女子度尺度、受動的幸福感尺度、大学生活満足度尺度、ユニークネス尺度（山岡, 1994）、それに恋愛強迫観念と恋愛中心価値観の質問で構成された質問紙を調査対象者に配付し、回答記入後に回収した。調査は2015年7月に実施した。

c. 調査結果

　生き甲斐と受動的幸福感に関する16の質問項目に、主因子法プロマックス回転の因子分析を行った。その結果、固有値1.00以上の因子が2因子抽出された（Table 11-3）。第1因子は「他者の作品やパフォーマンスをみて感謝することがある」、「他者の作品やパフォーマンスをみて涙が出るほど感激することがある」、「他者の作品やパフォーマンスをみて明日も頑張ろうという元気をもらったことがある」などの11項目に負荷量が高く、他者の作品やパフォーマンスを見ることで感動し、充実感や満足感を得て感じる受動的幸福感因子と解釈できる。この11項目の信頼性係数は$\alpha=.940$で、内的一貫性が高いと判断できる。この11項目に主成分分析を行ったところ、抽出された成分は1つだけであり、11項目すべてが.714以上の高い負荷量を示していた。この11項目の平均点を、受動的幸福感得点とした。

　第2因子に負荷量が高かったのは「生きがいがある」、「生きがいのために頑張れると思うときがある」、「生きていてよかったと思う瞬間がある」などの5項目に負荷量が高く、生き甲斐因子と解釈できる。第1因子にも負荷量が高かった1項目を除外した4項目の信頼性係数は$\alpha=.895$で、内的一貫性が高いと判断できる。この4項目に主成分分析を行ったところ、抽出された成分は1つだけであり、4項目すべてが.834以上の高い負荷量を示していた。この4項目の平均点を、生き甲斐得点とした。

　研究1と同様の基準で回答者をオタク群、腐女子群、一般群、耽美群に分けた。耽美群は3名（0.99%）しかいなかったため分析から除外した。各群について、受動的幸福感得点と生き甲斐得点の平均と標準偏差をTable 11-4に示した。

　受動的幸福感と生き甲斐感の1要因分散分析から、いずれも有意な主効果が認められた。Bonferroni法の多重比較から、オタク群と腐女子群は一般群よりも受動的幸福感が高く、オタク群は一般群よりも生き甲斐感が高いことがわかった。

　恋愛強迫観念の強さがオタクや腐女子の受動的幸福感に与える影響を検討するために、恋愛強迫観念の個人差を独立変数に加えた2要因分散分析を行

Table 11-4 受動的幸福感と生き甲斐得点の平均値と1要因分散分析結果

		度数	平均値	標準偏差	分析結果
生き甲斐得点	腐女子群	47	3.868	0.946	$F=4.533$
	オタク群	101	3.945	0.933	$df=2/295$
	一般群	150	3.608	0.876	$p<.05$
受動的幸福感	腐女子群	47	3.921	0.821	$F=13.783$
	オタク群	102	3.996	0.887	$df=2/296$
	一般群	150	3.443	0.883	$p<.001$

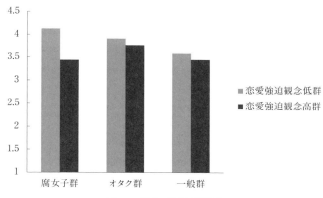

Figure 11-1 生き甲斐得点

った。受動的幸福感得点では、群の主効果（$F=11.882, df=2/284, p<.001$）と恋愛強迫観念の主効果（$F=3.901, df=1/284, p<.05$）が認められた。これは、一般群はオタク群と腐女子群よりも、また恋愛強迫観念高群は低群よりも受動的幸福感得点が低いことを示す結果である。

　生き甲斐得点でも、同様に群の主効果（$F=3.562, df=2/284, p<.05$）と恋愛強迫観念の主効果（$F=6.651, df=1/284, p<.05$）が認められた。一般群はオタク群と腐女子群よりも、恋愛強迫観念高群は低群よりも生き甲斐得点が低いことを示す結果である。有意な交互作用は認められていないが（$F=1.620, df=2/284, ns$）、平均値を見ると（Figure 11-1）、腐女子群では恋愛強迫観念の個人差による生き甲斐得点の差があるように見える。そこで群ごとに分けてt検定を行ったところ、腐女子群でのみ有意差（$t=2.490, df=44, p<.05$）が認められた。腐女子群では、恋愛強迫観念高群は低群よりも生き甲斐得点が有意に低いことが確

Table 11-6 受動的幸福感の重回帰分析

独立変数	受動的幸福感得点			生き甲斐得点		
	標準化係数ベータ	t値	有意確率	標準化係数ベータ	t値	有意確率
オタク度尺度	0.425	7.960	0.001	0.285	5.095	0.001
腐女子度尺度						
恋愛脅迫観念						
恋愛中心価値観						
承認得点	0.233	4.397	0.001	0.276	4.713	0.001
不適応得点				-0.112	1.991	0.048
ユニークネス尺度				0.139	2.366	0.019
	R^2=0.228	F=40.532	0.001	R^2=0.220	F=19.107	0.001

認された。

　受動的幸福感得点と生き甲斐得点を規定する要因を検討するために、重回帰分析を行った（Table 11-6）。オタク度得点、腐女子度得点、大学生活満足度尺度の承認得点と不適応得点、恋愛強迫観念と恋愛中心価値観、それにユニークネス尺度得点を独立変数とした。受動的幸福感得点を従属変数にしたステップワイズ法の重回帰分析の結果、オタク度尺度得点と承認得点が重回帰式に採択された。オタク度尺度得点と承認得点が高いほど、受動的幸福感得点が高くなると言える。

　生き甲斐得点を従属変数とした重回帰分析では、オタク度尺度得点、承認得点、ユニークネス尺度得点、それに不適応得点の4変数が重回帰式に採択された。ここから、オタク度尺度得点、承認得点、ユニークネス尺度得点が高いほど、また不適応得点が低いほど生き甲斐得点が高くなると言える。

d. 考察

・趣味は人生に満足感や幸福感をもたらす

　予想通り、オタク群と腐女子群は一般群よりも受動的幸福感が高いことがわかった。重回帰分析からも、受動的幸福感を高めるのは腐女子度ではなくオタク度であることがわかる。本研究のオタク度は、マンガ、アニメ、ゲームとそのキャラクターに対する熱中、趣味を通した人間関係も含めた趣味全般に対するこだわりとコミットメントの程度の指標である。このような傾向が高いほど、生き甲斐の実感や受動的幸福感が高くなるのである。これは研

究11-2の予測を支持する結果である。

　そもそも、趣味から得られるものは何なのだろうか。確かに、スポーツをすることは体力の維持向上と健康の増進につながる。囲碁や将棋などの伝統的なゲームは、頭を使い脳のトレーニングにもなるだろう。釣りは食費の節約になることもあるだろう。

　スポーツや芸術など、自分が何らかのパフォーマンスをする趣味に打ち込むことは、本人を向上させ達成感を与える。そのパフォーマンスが、他者に感動を与えることもある。パフォーマンス系の趣味は、社会的に高く評価されることも多い。また、フルマラソンを完走したり、何らかの作品を作り上げるといった、自分で何かを為す趣味も、達成感と充実感を得ることができ、またその者の評価を高めることにもなるだろう。

　しかし、アニメ、マンガ、ゲームなどのオタク趣味に対する熱中は、基本的にオタクたちを成長させたり、向上させたりはしない。ゲームの場合は技術を向上させ他者に感動を与えることもないわけではないが、しかしそれができる者は、膨大なゲーム人口からするとごく一部の例外であろう。

　趣味の範囲の行為が他者に感動をもたらすことは、それほど頻繁にあるわけではない。多くの者が成し遂げることができないことを成し遂げるから、他者に感動を与え、評価が高くなるのである。観衆に頻繁に感動を与えることができる行為は、社会的賞賛や報酬などの対価をもたらす。多くの対価を得るためにはさらなる向上が必要になり、多くの時間と労力が必要になる。それを趣味の範囲で行うことは、やがて生活を破綻させてしまう。したがって、観衆に頻繁に感動を与える行為は、長期的には職業とするしかない。

　しかし、どのようなものであっても、職業としてではなくあくまでも趣味の範囲で行う行為がもたらすものは、基本的に自己満足である。趣味は息抜き、気晴らしでもある。息抜きや気晴らしは憂鬱な気持ちを晴らし、人に活力を与えることである。趣味に打ち込むことが人生を豊かにし、明日も頑張ろうという生きる気力をもたらす。それはオタク趣味であろうとなかろうと、どの趣味でも同じである。

　何に打ち込むかではなく、自分の好きな趣味にどれだけ打ち込むかによっ

て、得られる満足感や幸福感は異なってくる。大きな満足感や幸福感を得るためには、趣味に対するコミットメントが必要になる。同じスポーツを観戦していても、自分が応援している選手やチームが勝てば、得られる喜びと感動は大きくなるのである。

　むろん、趣味がなくても、勉強や職業や恋愛などで大きな満足感を得ることも可能である。しかし、趣味があれば満足感を得る機会がもっと増える。趣味を通した人間関係により多様な価値観に触れることで、視野が広がる。すでに勉強や職業などで大きな満足感を得ている者も、もっと充実した人生を送ることができるのである。打ち込める趣味があると、趣味によってリフレッシュすることができ、勉強や職業の生産性がもっと高くなるのである。

　人生のさまざまな領域で多くの満足感や充実感を得ることが、最終的にQOLを高め、包括的な幸福感を高めることになる。そのような大きな幸福感のための、小さな一歩が受動的幸福感なのである。日々の生活において大きな幸福感が得られないこともあるだろう。しかし、小さな受動的幸福感があれば、それを糧に人間は生きていくことができるのである。

　基本的にオタク趣味は社会的な高評価とは無縁であり、オタク趣味を持たない他者にとっては無価値な熱中である。しかし他者からいかに無価値な行為とみなされようとも、オタク趣味は本人にとっては生き甲斐となり、受動的幸福感を高めることにつながるのである。

・オタクの場合：趣味の共有が幸福感を高める

　研究11-2から、恋愛強迫観念は受動的幸福感を低下させるということができる。研究5-3で検討したように、恋愛強迫観念が強くなると、オタクライフや腐女子ライフを素直に楽しむことができなくなるのである。交互作用は有意ではなかったが、腐女子群では、恋愛強迫観念高群は低群よりも生き甲斐得点が低いことを示す有意差が認められている。腐女子群では、恋愛強迫観念が強いとオタク趣味やBL趣味を楽しんでもどこか物足りなさを感じてしまい、恋愛強迫観念低群のように、素直に趣味を生き甲斐だと感じることができなくなってしまうのである。

人はどんな人を好きになるのだろうか。多くの研究からさまざまなことがわかっているが、その中でも効果的な要因が類似性である。人は自分と類似した価値観や態度を持つ者を好きになる。オタク趣味やBL趣味は異性から嫌われるから表に出さないで、一般人に擬態して恋愛したとしても、それはあまり幸福な恋愛にはならないだろう。自分が楽しいと思うものを同じように楽しむことができる相手、自分が感動するものを同じように感動できる相手との付き合いが、長期的に良好な対人関係を生み出す。オタクはオタク趣味を共有できる相手と、最もバランスのとれた良好な対人関係を作ることができるのである。
　自分のオタク趣味を自己否定して、あるいは隠蔽して恋人をつくっても、恋人の面白いとも思えない趣味に付き合うことは苦痛でしかない。オタクはオタクのままオタクの恋人をつくり、一緒にオタク趣味を楽しむことが、最も自然で幸福なオタクライフなのである。
　重回帰分析から、大学生の受動的幸福感を高めるには、オタク趣味への熱中だけでなく大学生活での承認が必要であると言える。趣味の仲間から承認され、できれば趣味の仲間以外からも注目され承認されることが、受動的幸福感を高めることになる。趣味を共有し、共に喜びを分かち合える友人から承認され評価されれば、(恋人ができなくても)生き甲斐と受動的幸福感を高めることができるのである。趣味に打ち込み、恋愛関係でも友人関係でも価値観を共有する人々と共に生きることが、幸福な人生につながるのである。
　また、生き甲斐得点の重回帰分析から、対人関係を良好にして被侵害不適応得点を低下させることも、生き甲斐感を強めるためには必要になるといえる。自分の味方や仲間を増やし、その中で肯定的に評価され承認されるだけでなく、自分の敵を減らし否定的反応を減らすことも必要となる。
　オタクを自認していなくても、現代の大学生の大多数はマンガ、アニメ、ゲーム等のオタク系趣味を娯楽として楽しんでいる。オタク度が低い一般群でも、ほとんどの者には好きなマンガ、アニメ、ゲームがあるのである。オタクの場合はその部分で共感し、良好な関係を作ることができるだろう。スポーツ好きでマンガ、アニメ、ゲームにあまり興味を示さない一般群には、その

相手が好きなスポーツをテーマにしたマンガやアニメを紹介することで、良好な関係を作ることができるだろう。オタクの場合は、一般群に対して自分から壁を作らなければ、そしてオタク自慢を始めなければ、マンガ、アニメ、ゲームを通して仲良くなることはそれほど困難ではないのである。

・腐女子の場合：BL趣味を「友人の属性の1つ」と認識してもらう

　腐女子の場合はオタクほど簡単ではない。BL趣味を持たない者に、BLに共感し感動してもらうことは困難である。個人の性的指向にも関連する問題だから、BL趣味を持たない者に無理矢理BL作品を見せることは、セクシュアル・ハラスメントになってしまう。ただし、腐女子はオタクでもある。オタクの部分で一般群と仲良くなっていけば、BL趣味は共有できなくても良好な関係を作ることはできるのである。

　ブルーワーとミラー（Brewer & Miller, 1984）は、内集団の一員というアイデンティティに基づいて外集団を見ると、外集団のメンバーを一人の人格を持った個人としてではなく交換可能な集団の一部分として認識するようになり、このことが外集団に対する差別を生み出すと主張している。自分たちとは異質な相手であり、いくらでも交換可能などうでもよい存在、価値のない存在と思うと、人間はその相手に対して何をしてもよいと思ってしまうのである。

　では、どうすれば相手を一人の人間として互いを尊重し、良好な関係を作ることができるのだろうか。そのためには外集団のメンバー間の違いを認識する心理的分化と、集団の枠を越えて個人的な関係を作る個人化が必要になる。個人的に話をして仲良くなっていれば、相手がBL趣味を持つ腐女子だとわかっても、一人の人格を持った人間として認めることができるのである。

　残念ながら、腐女子が非腐女子に対して最初に「腐女子」として認識されると、社会的アイデンティティが喚起され、異質な外集団として認識されてしまうだろう。しかし、個人的な関係ができてからBL趣味があることを認識した場合は、BL趣味が友人の属性の1つとして追加され、認識されるだけなのである。腐女子に対して強い偏見と拒否感、あるいは差別意識を持ってい

ない相手であれば、友人関係を形成した後で腐女子であることを認識されたとしても、それで手のひらを返したように態度が否定的に変わることはない。

・**趣味を個性とし、ユニークネス欲求を満たす**

　生き甲斐得点の重回帰分析から、ユニークネス尺度得点と生き甲斐得点に正の関係があることがわかった。第4章で述べたように、ユニークネス欲求とは自尊感情を高めるような他者との差異に対する欲求である（山岡，1994）。この欲求が強い者は他者との類似を避け、差異を強調する傾向が強くなる。承認欲求のように自分の存在を他者に認めてもらいたいというよりも、自分の存在のあり方をそのままに他者に認めさせたい、肯定させたいという欲求なのである。この欲求に従い行動し、自分の趣味を自分の個性として他者に認めさせれば、その趣味は生き甲斐となり受動的幸福感を高めるのである。

　何かに打ち込むということは、二重の意味でユニークネスの自己知覚を高めることになる。他者がしない活動に打ち込むことは、それが自分の価値観で肯定的なものであり、また違法行為のように社会的にも否定されるものでない限りは、他者と異なる肯定的な自己像を形成できる。多くの他者が打ち込んでいる活動であっても、他者よりも積極的に打ち込み、他者から評価されるようになれば、他者とは異なる肯定的な自己像を形成できるのである。何かに積極的に打ち込むことにより得られる充実感、有能感、自己価値感が、自尊心を高めるような他者との差異を認識させ、自己のユニークさの認識を強め、それが幸福感を高めることになる。

　人との違いを意識することは、同時に人との共通点を意識することでもある。周囲の人間とは異なる自らの意見や行動を他者に認めさせ肯定的な評価を得るためには、その他者が自分の言動を理解し評価できるような、自分と共通した知識や価値観を持っていることが必要になる。少なくとも、自分にとって重要な他者が肯定的に評価してくれないと、自尊感情を高めることはできないのである。ユニークネスとは、他者との類似した背景の共有の上に成り立つ質的な差異である。自分自身の個性の認知、それを他者にも認めさせるための働きかけ、そして他者からの個性の承認と肯定という相互作用の

中で、自分独自の価値観やアイデンティティが形成されていくのである。

研究11のまとめ

　研究11-1から、オタクと腐女子と一般群のQOLに差は見られなかった。オタクであるなしにかかわらず、自分の生活を健康的でゆとりがある満足できるものと認識しており、オタクと腐女子が一般群よりも全体的な幸福感が低いわけではないのである。大学生活満足度が低い腐女子も全体的な幸福感が低いわけではないということは、研究10で考察したようにBL趣味が適応方略として機能していることを示すと解釈できる。

　さらに研究11-2から、オタクと腐女子は一般群よりも受動的幸福感が高いことが明らかになった。QOLに差がないのであれば、受動的幸福感が高い分だけオタクと腐女子の方が一般群よりも幸福なのだと主張することができる。趣味への熱中が幸福感を増進するのである。

Intermission
趣味と幸福感

・他者の承認と幸福感
　何事においても他者から否定されるよりは承認される方が、幸福感を増進させることは確かである。ただし、趣味の場合は必ずしも他者の承認は必要としないのではないかと考えられる。むろん、暴走行為や薬物乱用などの違法な行為は犯罪であり趣味ではない。個人に楽しみをもたらす合法な趣味であっても、過剰な時間、金銭、労力の投入は個人の健康を損なったり、生活を破綻させたりすることにもなる。

　19世紀ドイツのバイエルン国王だったルートヴィヒⅡ世は、自分の趣味の城造りと作曲家ワグナーへの傾倒のために国家財政を傾けたと言われている。現在、ルートヴィヒⅡ世が造ったノイシュバンシュタイン城やバイロイト祝祭劇場などは、ドイツの観光資源であり文化遺産となっている。結果的には、個人的趣味への浪費が未来への投資となり、後世の人々に大きな恩恵をもたらしたことになる。しかしこれはあくまでも結果論である。スケールは大きいが、ルートヴィヒⅡ世がその壮大な趣味に求めたものも、結局は自己満足である。

　その一方で、アウトサイダー・アートと呼ばれる芸術のジャンルがある。アウトサイダー・アートとは、芸術に関する教育や訓練を受けていない人たちが、芸術の既成の方法論や概念に一切とらわれることなく、衝動のままに表現した芸術作品のことである。子供や知的障害者、精神障害者、刑務所で初めて絵画などの表現行為に触れた人たちの作品もアウトサイダー・アートと呼ばれることが多い。アウトサイダー・アートは、他者から社会的に評価されることなど一切考えない表現行為である。表現したいから表現するという純粋な衝動により生み出された作品の中に、既成の芸術作品にはなかった斬新な美が現れる。純粋に自己の表現衝動の満足を追求した結果として、他者を感動させる美を生み出したのである。ここに趣味の純粋な形があると言ってよいだろう。

　合法で個人の健康や生活を破綻させない範囲の趣味で自己満足が得られれば、他者の承認は必ずしも必要ないのである。自分の趣味が社会的に評価されない、あるいは否定的に評価されるものであったとしても、自分が楽しいと思うことを自分の

責任の範囲で行い、それで満足感が得られれば、本人は幸福なのである。

　他者からの否定的評価は無視してもよい。そのような批判者は、文化的権威主義者でしかない。

・受動的幸福感を低下させるもの：文化的権威主義からの解放

　サブカルチャーとは、本来アメリカやヨーロッパにおける白人文化に対する黒人文化、あるいは異性愛者の文化に対する同性愛者の文化のように、支配階級のメインカルチャーに対して、支配され差別される階級の下位文化を指す社会学用語だった。一方、日本では支配や差別といった文脈を離れ、ブルジョア階級や知識人、教養人の高級な文化であるハイカルチャーに対する低級な大衆文化として、サブカルチャーという用語が用いられている。

　どの文化圏にも、富や知識を独占し、余暇を楽しむ充分な時間を持つ支配階級が楽しむ文化（ハイカルチャー）と、富も教育も時間もない労働者階級が楽しむ大衆文化（サブカルチャー）がある。支配階級の好む音楽、演劇、絵画、文学は、教養がないと理解することのできないものであり、楽しむにはあらかじめそれらについての知識が必要とされる。たとえ富豪であっても、ハイカルチャーの素養のない者は支配階級とは認められないのである。一方、労働者階級が楽しむ大衆文化は素養を必要とせず、すぐに踊れる音楽、筋がわかりやすく感情を揺さぶる演劇や小説、一目で理解できる絵画などが中心である。

　しかし、趣味に「高級な趣味」と「低級な趣味」があるのだろうか。我々は学校で音楽、美術、文学を学ぶが、そのほとんどは、支配階級の文化を権威として刷り込むことになっているのではないだろうか。

　知識や教養を否定するつもりは毛頭ない。知識や教養があった方が、いろいろなものをより深く楽しむことができるからである。オタク趣味や腐女子趣味にも、知識や教養は必要である。ここで問いたいのは、文化的権威から離れて、趣味を純粋に個人の楽しみと考えた場合、そこにはそれぞれの個人にとって「楽しめる趣味」と「楽しめない趣味」があるだけであり、そこに第三者が「高級」、「低級」という評価を加える必要があるのか、ということである。

　人間には、自分は正しいと思って安心していたいという欲求がある（第2章参照）。

そのために自分と態度や価値観が類似した人間の中で生活し、合意的妥当化により自分は正しいと思う。その欲求は、本来正しい／間違っているという評価が必要のない、個人の趣味の領域にも向けられる。趣味の領域でも、自分は正しいと思っていたいのである。

　クラシック音楽や純文学など、伝統的で文化的権威を持つ趣味であれば安心できる。野球やサッカーのように幅広い世代が熱中するスポーツは、合意的妥当化により安心できる。そして自分の趣味は正しいと思い、異質な趣味を持つ少数派を蔑み、攻撃的下方比較（第3章参照）を行うのである。

　文化的権威を教育により刷り込まれた少数派は、自己否定的な表象を形成することになる。自己卑下的な意識も強くなるだろう。恋愛強迫観念が生き甲斐感を低下させたように、文化的権威主義により刷り込まれた「自分の趣味は低級だ」という意識は、受動的幸福感を低下させるだろう。多数派の他者からの否定的評価が加われば、さらに受動的幸福感は低下し、自己卑下的な意識が強くなるのである。

　むろん、社会階層とは無関係にハイカルチャーを楽しむことはできるし、ハイカルチャーの楽しみを否定するつもりもまったくない。ハイカルチャーを楽しむことと、サブカルチャーを否定することは異なる現象である。他者の趣味を下等とみなす者は、自分独自の価値観を持つことができず、既成の権威に依存して判断することしかできない文化的権威主義者でしかない。高級・低級といった他者からの評価とは無関係に、自分の価値観を信じて楽しんだ者が受動的幸福感を高めることができるのである。

　趣味は息抜きであると同時に生き甲斐にもなる。趣味に関する第一義的な評価基準は、それが自分にとって楽しいかどうかである。趣味はあくまでも自分の楽しみと満足のためのものである。自分に満足と幸福感をもたらすものが、自分にとって価値のある趣味なのである。

第12章
総合考察

第1節
研究結果のまとめ

　オタクと腐女子の心理について総合的に考察する前に、ここまでの研究の結果をまとめてみたい。

　研究1ではオタクと腐女子の基本的な行動傾向について検討した。
・腐女子群、オタク群、一般群の順に排他的人間関係得点が高い。
・腐女子群、オタク群、一般群の順に美少年キャラクターが好きである。
・マンガやアニメなどの作品内での同性愛許容度は、腐女子群、オタク群、一般群の順に高い。
・現実場面での同性愛許容度では腐女子群が最も高いが、オタク群と一般群に差は見られなくなる。
・自身の変態性の認識度は、腐女子群、オタク群、一般群の順に高い。
・オタク群も一般群よりは同人誌志向性が高いが、腐女子群の同人誌志向性は圧倒的に高い。

　研究2ではオタクと腐女子のコミュニケーション能力を検討した。
・友人との付き合いに関してオタク群は一般群よりも気遣い得点が高く、友人の考えていることに気を遣い、自分も友人も傷つけないよう配慮しながら友人と付き合っている。
・腐女子群は一般群よりも話しかけスキル得点が低く、相手に話しかけるきっかけやタイミングをつかむことが苦手である。

しかし、対人行動を抑制するパーソナリティ傾向である特性シャイネスと、それと関連する公的自己意識、解読、記号化、統制の3つの基本的な社会的スキル、KiSS-18により測定した全般的な社会的スキルでは、オタクと腐女子と一般群に明確な差異は認められていない。オタクや腐女子が一般群よりも人付き合いが苦手で、全般的な社会的スキルやコミュニケーション能力が低いことを示す明確な証拠は認められなかった。

　研究3ではオタクと腐女子の外見の魅力を検討した。
- 外見の不満得点では有意な主効果は認められず、オタク群や腐女子群が一般群よりも自分の外見を魅力がないものと認識し不満が強いわけではない。また、ダイエットしたいという欲求にも差は認められなかった。
- ダイエット欲求がある者に限定しても、体型満足度に有意な主効果は認められていない。外見の不満や体型満足度に関してはどの群も不満が強く、オタク群や腐女子群が特に外見の不満が強いというわけではない。
- しかし、ダイエット欲求がある腐女子は自尊感情が低く、またダイエット動機に関しても、自分は人並み以下なので普通になりたいからダイエットしたいというように、自己評価がかなり低いことがわかった。
- また、腐女子群は一般群よりもオシャレ度、好印象自己呈示、下ネタの苦手意識が低く、擬態度、部屋の汚さが高かった。

つまり、腐女子群の外見の魅力自体が一般人よりも低いことを示す証拠は得られなかったが、自己呈示のレベルでは腐女子群は一般人に擬態したように見せようとしても、自分をオシャレに見せたり好印象を与えるような自己呈示をすることは少ない。また、自分の部屋は汚いし、平気で下ネタ話をするという残念な実態が判明した。

　研究4では腐女子とオタクのイメージを検討した。自分にとっての馴染みのなさ、親近感の低さを表す違和感と、異常で非常識なものであるというアブノーマル感の、2つのイメージを検討した。
- オタク群と腐女子群にとっては、マンガ・アニメ・ゲームオタクは身近

で違和感のない存在としてイメージされているが、一般群にとってオタクはいまだ違和感の強い存在としてイメージされている。
- 腐女子のイメージに関して、腐女子群にとって腐女子は身近な存在であるが、一般群にとってだけでなくオタク群にとっても、腐女子は違和感の強い存在としてイメージされている。
- オタクのアブノーマル感イメージでは群の違いによる有意差は認められなかったが、腐女子に関しては、一般群、オタク群、腐女子群の順にアブノーマル感イメージが強かった。

腐女子群自身腐女子を、オタク群自身オタクをアブノーマルな存在とイメージしているが、オタク群や一般群は、腐女子をオタクよりもアブノーマルな存在と認識しているのである。

研究5ではオタクと腐女子の恋愛意識を検討した。
- 異性との交際経験に関しては、全体の割合と比較するとオタク群では交際未経験者が期待度数より多く、一般群では逆に交際未経験者が少ないことがわかった。しかし、オタク群であっても異性との交際経験者は未経験者よりも圧倒的に多く、オタクはモテないから交際できないというわけではない。
- 異性不安尺度の3つの下位尺度――異性不安、異性対人行動、異性親和志向を比較した。その結果、腐女子群は異性に対する苦手意識が強く、他の群ほど異性と仲良くなりたいとも思っておらず、現実の異性との接触頻度も低い。それに対して、オタク群では異性と仲良くなりたい気持ちは強いが、苦手意識も強く、一般群よりは異性との接触頻度も低い。

腐女子群とオタク群は、一般群よりも「熱中しているものがあるから恋人がほしいとは思わない」、「恋愛は面倒くさいから恋人がほしいとは思わない」、「自分の趣味に力を入れたいから恋人がほしいとは思わない」のであるが、その一方で彼女ら・彼らは「異性との出会いの場がないから」、「自分には魅力がないのではないかと思うから」異性との交際が不安なのである。

研究6では腐女子群とオタク群の大学生活満足度を比較した。
・腐女子群は一般群やオタク群よりも承認得点が低く、みんなから注目され学校生活で充実感や満足感を覚えることが有意に少ないことがわかった。
・また、腐女子群とオタク群は一般群よりも被侵害不適応得点が高く、耐えられない悪ふざけをされたり、孤立感や浮いていると感じ、周囲の目を気にして不安や緊張を覚えることが多い。

オタク群は大学生活でからかわれたり、バカにされることもあるものの、一方では承認されていると感じることも多い。しかし腐女子群は大学の中で承認もされず、不適応感も強いのである。

研究7では腐女子群とオタク群をアタッチメントの観点から比較した。
・オタク群は一般群よりもアンビバレント尺度得点が有意に高く、オタク群は接近－回避の葛藤状態にあると言える。
・否定的な他者表象の指標である親密性回避の個人差による差はオタク群では認められないが、腐女子群では大きな差が見られた。
・腐女子群の親密性回避高群は低群よりも親との葛藤が強く、恋愛に関して否定的な自己評価が強く、異性からの拒否不安も強い、不安定な状態にあることが示された。

研究8では純愛物語に対する態度から腐女子群とオタク群を比較した。
・物語中の恋人たちの強い愛情、物語の中で永遠の愛という概念が実現することに関して、オタク群と腐女子群は一般群よりも強い魅力を感じていた。
・腐女子群は他の群よりも、愛のためにすべてを犠牲にすることも厭わない命がけの愛に強い魅力を感じていた。
・オタク群は他の群よりも、純愛の素晴らしさに強い魅力を感じていた。

研究9では歪んだ、猟奇的な愛の物語に対する態度から腐女子群とオタク群を比較した。

- 好きな相手を暴力で支配し自分だけのものにしようとする猟奇愛の物語に感じる魅力、好きなキャラクターがいじめられボロボロにされるところに感じる魅力、恋人たちを引き裂き翻弄する悲劇に感じる魅力、いずれも腐女子群、オタク群、一般群の順に高かった。
- また、腐女子群は猟奇愛物語を純愛物語として享受していることが示唆された。

研究10では腐女子のBL妄想を検討した。
- 原典では恋愛関係にないマンガやアニメなどの男性キャラクターを恋愛関係にするキャラクターBL妄想は腐女子にとって当然のことであるが、腐女子は現実の男性二人や、人間ではないものを男性キャラクターに擬人化してBL妄想する傾向も、オタク群や一般群よりも有意に高い。
- とは言っても、オタク群や一般群が現実男性や擬人化BL妄想をすることはほぼない。腐女子群でもそれは一般的な現象ではなく、腐女子の中でもごく一部に見られる現象である。

研究11では腐女子群とオタク群の幸福感を検討した。
- QOLに関しては、腐女子群とオタク群と一般群に差は見られなかった。腐女子やオタクが趣味から感じる幸福感はQOLのような包括的なものではなく、もっと限定されたものである。
- 他者の作品やパフォーマンスを見ることで得られる幸福感を受動的幸福感と名付けた。オタク群と腐女子群は一般群よりも受動的幸福感が高く、オタク群は一般群よりも生き甲斐を強く感じている。
- 腐女子群では恋愛強迫観念が高いと生き甲斐感が低くなる。

これらの研究から、オタクと腐女子について、いくつかの共通点と相違点が明らかになった。なぜそのような共通点と相違点が生じたのか、それらの背景には何があるのか考察を加えていきたい。

第2節 オタクと腐女子の共通点・相違点

・変態性とアブノーマルの自己認識

　本研究で明らかになったオタクと腐女子の第1の共通点は、変態性の自己認識である。

　変態性の自己認識（5段階評定）が4点以上で、自分に変態なところがあることを明確に認めているのは、一般群では15.5%しかいなかった。それに対してオタク群では56.4%、腐女子群では69.5%だった。腐女子群ほどではないにしても、オタク群も過半数が自分は変態だと認識しているのである。これがオタクと腐女子の第2の共通点である、アブノーマルさの自己認識につながる。腐女子は腐女子自身のことを、オタクはオタク自身のことを共にアブノーマルな存在としてイメージしているのである。

　なぜオタクや腐女子は、自らの変態性やアブノーマルさを高く認知するのだろうか。それは、社会の性規範から逸脱していると自覚しているからである。「変態」とは変態性欲のことであり、性的な行為や対象が倒錯し異常な形をとるものとされている。つまり、オタクや腐女子は、正常とされる対象から逸脱したものに性的欲求を向けていると自覚しているのだろう。

・一般人との距離

　腐女子やオタクは自らの変態性やアブノーマルさを認めている。ましてや一般人は、腐女子やオタクを異質な他者として攻撃しやすい。それがオタクと腐女子の第3の共通点である、大学生活における被侵害不適応得点の高さに結び付く。そして、性的娯楽享受の規範や異性愛規範、あるいは同性愛者の人権尊重の規範にも背く存在である腐女子は、オタクにとっても異質な存在なのである。

　一般人にとって、オタクは熱中の「程度」が異質なのであり、マンガ・アニメ・ゲームといった行動自体が異質なのではない。オタクは異質な存在とみ

なされ侵害されることがあっても、自己をアピールし承認されることも一般人と同様に多くなる。それに対して、一般人にとってもオタクにとっても腐女子は質的に異なる存在であるため、ますます攻撃されやすいのである。そのため、腐女子は腐女子であることを隠し、一般人に擬態する。自己アピールすることも少なくなり、周囲から承認されることも少なくなるのである。これがオタクと腐女子の相違点、大学生活での承認の違いを生み出すのである。

・恋愛物語への欲求

　オタクと腐女子の第4の共通点は、恋愛物語に感じる強い魅力である。オタクも腐女子も物語中の恋人たちの強い愛情、物語の中で永遠の愛という概念が実現することに強い魅力を感じるのである。

　その一方で、恋愛物語に対する態度はオタクと腐女子の相違点も生み出している。オタクは純愛に強い魅力を感じ、腐女子は命がけの愛に強い魅力を感じている。さらに腐女子群では、暴力で好きな相手を支配する行為を愛の発露と考えているのである。

　1970年代半ばくらいまでは、少年マンガに恋愛要素はほとんどなかった。しかし魅力的な女性キャラクターと共に、ほとんどの少年マンガで恋愛要素は不可欠なものになってきた。そのことが、少年マンガに多くの女性読者を生み出すことにもつながった。

　さらに2000年代以降、オタクの主要な特徴が「萌え」であるとみなされるようになった（菊池, 2008）。マンガやアニメ、ゲームのキャラクターに恋愛感情に近い「萌え」を感じることができる者がオタクと呼ばれるようになったのである。恋愛要素の多い作品を見てそのキャラクターに（擬似的な）恋愛感情を抱く。その帰結として、オタクたちは恋愛物語に魅了されるようになったのである。

　腐女子群も当然オタクとしてノーマルな恋愛物語を楽しむ。しかしそれだけでなく、腐女子は恋愛要素のない男性キャラクター同士の恋愛を妄想し、またBL作品として作られた商業誌を楽しむのである。ただし、同人誌や商業誌のBL作品には、ノーマルな恋愛物語とは異なる特徴がある（第4節で後述）。

・恋愛強迫観念と受動的幸福感

　腐女子とオタクの第5の共通点は、恋愛強迫観念によって恋愛意識に差が見られることである。恋愛をしたいと強く思っているにもかかわらず、腐女子とオタクの中でも、恋愛強迫観念高群は低群よりも「熱中しているものがあるから恋人がほしいとは思わない」、「恋愛は面倒くさいから恋人がほしいとは思わない」、「自分の趣味に力を入れたいから恋人がほしいとは思わない」という、一見すると矛盾する回答をする傾向が認められた。

　また、第6の共通点は腐女子もオタクも受動的幸福感が強いことであるが、やはり恋愛強迫観念高群は低群よりも受動的幸福感が低くなる。恋愛強迫観念に関連した腐女子とオタクの相違点は、腐女子群では恋愛強迫観念高群は低群よりも生き甲斐得点が低くなるが、オタク群ではその差が見られないことである。つまり恋愛強迫観念が高くなると、腐女子やオタクたちは、本当は恋愛したいのに「趣味があるから恋人はほしくない」という態度をとったり、受動的幸福感や生き甲斐感が低下したりと、オタクライフや腐女子ライフを素直に楽しめなくなってしまうのである。一般群よりも恋愛物語に強い魅力を感じる腐女子と、オタクの中でも特に少女マンガの呪い（第13章で後述）を強く受けている者は、恋愛強迫観念が強くなり、オタクや腐女子としての楽しみや幸福感を若干低下させるのである。

第3節
オタクの変態性

・何が「正常」かを規定する性規範

　前節で、オタクと腐女子の第1の共通点は変態性の自己認識であり、「オタクや腐女子は、正常とされる対象から逸脱したものに性的欲求を向けている」と述べた。では、「正常」とは何だろうか。オタクと腐女子の変態性の自覚について詳しく考察する前に、現代における性規範について振り返ってみよう。

　現代の日本における性規範、つまり性的娯楽享受の許容度には、男女の非対称性が存在する。男性は娯楽としてポルノグラフィを楽しみ、娯楽として

性的行為を楽しむことも許容されており、性風俗産業が社会の中に組み込まれている。これは男性にとって都合のよい性規範である。男性と比較すると、女性の性的娯楽享受に対する社会的許容度ははるかに低い。

　性は人間という種の存続に不可欠なものであり、時代や社会によってさまざまな価値観が存在する。性は人間に繁栄と豊饒をもたらす神聖なものとみなす文化的価値観がある。その一方で、性を単なる快楽行為とみなす文化的価値観もある。快楽行為である性は人間にとって娯楽となる。しかし、性を神聖なものとみなす価値観から考えると、性を娯楽に貶めることは、人間性に対する許しがたい冒涜である。また、家族制度を社会の最小単位と考える多くの社会では、無軌道な性は家族制度を破壊し、社会を破壊することになるために、認めることはできない。そのためには、性を娯楽として享受することを制限する規範＝性規範が必要になる。

　性を聖なるものとするためには、「愛」という概念が必要になる。それは愛し合う2人の互いに対する忠誠を必要とする。しかし、複数の人間と愛し合う「自由恋愛」は家族制度を破壊し、家族制度の上に成り立つ社会を破壊する危険思想となる。

　歴史を振り返ると、常に富裕層の特権階級が自分たちに都合のよい社会制度を作ってきた。特権階級の男性たちは、自分たちが性を娯楽にすることを許容される社会的制度を作り、労働者階級の男性たち用の性的娯楽制度も用意し、性的娯楽を楽しむことを目標に彼らが労働に励むよう仕向けた。しかしその一方で男性たちは、女性たちには貞淑さを義務づけた。自分の妻が自分以外の男の子供を産むことを阻止しようとしたのである。男性は女性に忠誠を尽くさないが、女性には男性に対する忠誠を求めたのである。

　この不平等性は「愛」という概念では維持することができない。そのために、男女の権力格差を作り出したのである。経済力や法的権利を男たちが独占し、女性を男性に従属する存在に貶めた。女性が男性に従属するしかない社会制度を、特権階級の男たちが作り上げ、それを「正常」と定義したのである。

・成熟した大人の女性からの逸脱

　では、オタクはどこが「変態」なのであろうか。第1章で触れたように、若者向けのエロマンガの絵は写実的な劇画からアニメ絵が中心になり、「美少女マンガ」や「ロリコンマンガ」と呼ばれるようになった。性欲が向けられる対象が、現実の成熟した大人の女性から、現実には存在しないアニメ絵の「少女」に変わったのである。

　ロリコンマンガ誌の表紙は、一見少女マンガ誌のように見えるアニメ絵の可愛い少女が微笑む絵柄であり、それまでのエロ劇画誌の表紙とはまったく印象が異なっていた。このアニメ絵の表紙が、エロマンガを買うことに対する抵抗感や羞恥心を低減する。未成年にしか見えない少女、あるいは幼女を性的対象とするエロマンガ雑誌が、書店やコンビニエンスストアで、少年マンガ誌や少女マンガ誌と並んで販売されていたのである。

　山岡（2003）は、「女子大生はオタク男を何故嫌うのか」という調査を2002年に行った。女子大生はサンリオ系とかディズニー系のキャラクターグッズをたくさん持っているが、キャラクターものに熱中するオタク男は気持ち悪い存在と毛嫌いされていた時代の研究である。

　どんなキャラクターに熱中するオタク、どんな領域に熱中するオタクが嫌われるのか。いろいろ調査した結果、それはいわゆる美少女もの・ロリコンものであることがわかった。美少女キャラクターを性的な欲求の対象にするようなマンガ・アニメ・ゲームにはまるオタク男を、女子大生は最も嫌悪していたのである。

　『ルパン三世』の峰不二子のようなセクシー系の大人の女性キャラにはまるオタク男に対する嫌悪感、さらにはAV女優にはまるオタク男に対する嫌悪感は低かった。大人の男性がセクシーな大人の女性キャラクターに魅力を感じるのは、当然だから許せる。大人の生身の女優の性行為を描くAVに興味を持つのも、大人の男性だから許せる。しかし、中高生くらいの年齢のアニメ絵の美少女キャラクターの性行為を見て喜んでいる大人の男性を、女子大生は気持ち悪い存在と思い嫌悪するのである。

　2010（平成22）年12月、東京都議会で「東京都青少年の健全な育成に関す

る条例」の改正案として、図書類等の販売および興行の自主規制とする対象に以下のものを加える条文が可決された。

  漫画、アニメーションその他の画像（実写を除く。）で、刑罰法規に触れる性交若しくは性交類似行為又は婚姻を禁止されている近親者間における性交若しくは性交類似行為を、不当に賛美し又は誇張するように、描写し又は表現することにより、青少年の性に関する健全な判断能力の形成を妨げ、青少年の健全な成長を阻害するおそれがあるもの

　これは、まさしくオタク向けのロリコンマンガ・アニメ・ゲームを規制する条例である。2014年、この条例改正案により定められた不健全図書の新基準が初めて適用されたのは、『妹ぱらだいす！2 ～お兄ちゃんと5人の妹のも～っと！エッチしまくりな毎日～』（KADOKAWA）であった。これは「美少女ゲーム」や「エロゲー」と呼ばれるゲームのマンガ版である。
　成熟した大人の女性の劇画絵という制約を離れた性的想像力は、エロ表象としての女性の絵を低年齢化させ、その設定を「妹」としていった。これは幼児性愛や近親相姦を禁じる性規範から、明らかに逸脱するものである。また同様に、成熟した大人の女性の劇画絵という制約を離れた性的想像力は、猫耳に尻尾の獣人など、異世界の存在にも容易に変容していく。劇画絵から解き放たれたオタクたちの性的想像力は、さまざまな性規範を逸脱していくのである。
　このような性的表象を用いたマンガ・アニメ・ゲームを娯楽として楽しむ者は、自分には変態なところがあるし、自分のようなオタクはアブノーマルな存在だと認識するようになる。そして腐女子の場合は、さらに異性愛規範からの逸脱という要素が加わるのである。

第4節
腐女子の変態性と「愛」の概念

・同性愛を許容する世界的潮流

　どの社会であっても、異性愛を中心に性的規範が形成されてきた。そのため、それに抵触する性的少数者は、どの社会においても差別の対象とされてきた。

　1970年代まで、多くのキリスト教文化圏の国では、同性愛は違法行為であった。例えばアメリカでは、州によって最高刑は異なるが、同性愛行為は無期懲役を含む犯罪であった。多くの臨床家や精神医学者が診断の基準として使用している、アメリカ精神医学会『精神障害の診断と統計マニュアル』の第1版（DSM-Ⅰ、1952年）では、同性愛者であるということは「病的性欲をともなった精神病質人格」と診断され、治療対象とされていた。その後同性愛者の人権擁護運動が盛んになり、同性愛者を拒絶せず同じ社会の一員として受け入れようという気運が高まったため、この診断基準は見直され1974年のDSM-Ⅱ第7版で「性的指向障害」となり、1980年のDSM-Ⅲでは「自我異和的同性愛」という診断名が登場した。「自我異和的同性愛」とは、本人が同性愛者であることで苦しんでいる場合は治療対象となるという診断である。逆に言えば、同性愛者であることを肯定している者に関しては、治療対象から除外されるようになったのである。その後の検討を経て、1994年のDSM-Ⅳにおいて同性愛は精神疾患リストから完全に削除された。

　1975年、WHOの国際疾病分類第9版（ICD-9）では「性的逸脱及び障害」の1つに「同性愛」という分類名が挙げられていた。しかし1990年、WHOは「同性愛はいかなる意味でも治療の対象にならない」との宣言を出し、1993年のICD-10で明文化している。さらに、アメリカ合衆国最高裁判所は、2015年6月26日に合衆国憲法修正第14条の法の下の平等を根拠に、すべての州での同性結婚を認める判決を出した。このように、同性愛者を含む性的少数者の人権に対する意識は高まり、社会的に定着してきた。

　イスラム教文化圏では、現在でも同性愛を違法行為とする国が多い。また

2013年、ロシアでは同性愛の宣伝行為に対して罰則を与える法案が成立し、「同性愛と異性愛が社会的に平等であるという歪んだ理解を抱かせる情報」を未成年者に広めた者を刑事罰の対象とした。このように世界の流れに逆行する国もあるが、国際社会では性的少数者を異常とみなすことは不適切という規範意識が強くなっている。

しかし、それは同性愛者に対してである。男性同士の恋愛物語を性的娯楽として楽しむ腐女子に対しては、「異常とみなすことは不適切」という規範は適応されない。それどころか、BLは男性同性愛者差別だという指摘もある。

・BLは男性同性愛者差別か？

溝口（2015）は、1992年5月発行のフェミニズム系ミニコミ誌「CHOISIR」（ショワジール）20号で展開された「やおい論争」について詳しく紹介している。この論争は、ゲイ（男性同性愛者）男性である佐藤雅樹による「ヤオイなんて死んでしまえばいい」というエッセーが発端となった。

> こいつら、男同士の絡みを眺めて何が面白いのだろうか？　オジさんや野郎どもが、女同士の絡みを舌なめずりして、ハッハッと興奮しているように、ヤオイも感じているとはさすがに思えない。男たちは、ヤリたい！という、ただそれだけの、愚かにも単純で健全な欲望（笑）だけであるが、ヤオイにとっては、やりたい対象としての男、ではないような気がする。自分がやりたいわけでもないのに、男の、しかも男同士のセックスを眺めてニタニタ喜んでいるのなら、それはもう立派な変態だ。なんて気持ち悪い奴ら、こんな奴ら死んでしまえ！――と、眺められる対象であるゲイは叫んでいいはずだ。

佐藤はこのように書いた後で、次のように主張している。

> 腐女子が好むのは妄想をかき立てる美しい男の外見だけであり、ゲイの人格を認めず人間扱いしていない。社会の表面に出てくるのはきれいなゲイか笑わせてくれるゲイか、どちらにしても個性的なゲイだけだ。表面に出ない

地味なゲイはどこへ行ったら良いのか。BLやマスコミに造られるゲイのイメージと一致しない、大多数のゲイは抑圧され孤立するだけだ。腐女子はゲイのイメージを歪め、ゲイを抑圧する差別者だ。

　第9章で論じたように、BLは男性同性愛者の恋愛物語ではなく、男性異性愛者同士の恋愛物語であり、そのことが純愛物語を生み出す構造を持っている。溝口は、このような定型BLが異性愛規範的であり、同性愛嫌悪的（ホモフォビック）だと主張している。「俺はゲイじゃない、君だけが好きなんだ」という決まり文句は、自分の気持ちは純愛で、男なら誰でも好きになる本物のゲイは変態だという同性愛嫌悪が背景にあるのというのである。また溝口は、BL作品に登場する本物のゲイは、男なら誰でも性の対象とする乱交的な人物として、否定的に描かれることが多いことも指摘している。
　BLが現実の男性同性愛者の姿を描いたものではなく、女性のための純愛ファンタジーであり性的ファンタジーだと主張しても、BLを不快に思うゲイは「ファンタジーなら妖精かなんかでもよいはずだ、何で人間の男性である必要があるのか」と問うだろう。人間の男性同士の恋愛を描いている以上、現実の男性同性愛者との関連は不問にできない。「ヤオイなんて死んでしまえばいい」というエッセーを書いた佐藤はおそらく、自分たち現実の男性同性愛者を理解し、受容してくれるものという期待を込めてBL作品を見たのだろう。しかしBLに流れる同性愛嫌悪を感じ取り、裏切られたと感じたのではないだろうか。その失望感が「死ねばいいのに」という表現になったのだろう。だからこそ、このエッセーの最後を、「ゲイと女は互いに相手を認め合い、尊重し合うことができるのだろうか」という期待を込めた問いかけで締めくくっているのではないだろうか。
　第1章で明らかになったように、腐女子は作品世界だけでなく、現実世界においても同性愛許容度が高い。しかしBL作品では、異性愛者である主人公の純愛を引き立たせる道具として同性愛者が使われる。異性愛者の男性同士の純愛物語であるBLを成立させる世界観には、同性愛嫌悪が組み込まれているのである。腐女子がどのように思っていても、どのように主張しても、BL

を不快に思うゲイが存在する限り、ゲイ差別という批判から逃れることはできない。ゲイを許容しているつもりなのに、自分が好むBLでは嫌悪している。これも腐女子のジレンマである。そのことも、腐女子の変態性やアブノーマルさの自覚を強めるのかもしれない。

・BLの二重の安全装置

　前節で述べたように、男性に都合よく作られた性規範が、女性の性的娯楽享受の許容度を低く抑え込んできた。その男性中心の性規範は、女性作家が女性読者のために創ってきた性的娯楽であるBLにも組み込まれている。それが第4章で触れた、BLの二重の安全装置である。

　第1の安全装置は実行不可能性である。女性はBL作品で描かれている性行動を実行することはできない。第2の安全装置は、性を聖なるものにするための「愛」の概念である。

　BL作品では、男性同士の愛の帰結としての性行為が描かれる。それが猟奇的な描写であっても、過剰な愛の発露と理解される。「愛がなければ性行為をしてはいけない」という社会規範が、BLに組み込まれているのである。

　女性にとっての実行不可能性と、愛の帰結としての性愛という二重の安全装置が組み込まれたBLは、女性が（男性に都合よく作られた）社会の性規範を逸脱することができないように造られた、安全なポルノグラフィである。このことは女性作家の中に、そして読者の中にも、男性に都合よく作られた性規範が社会規範として意識に深く埋め込まれていることを示している。

・「権力構造のズラし」

　性差別を撤廃し、女性の権利を拡張しようとする思想や運動をフェミニズムと呼ぶ。フェミニズムの中にもさまざまな考え方があるが、その1つにラディカル・フェミニズムと呼ばれるものがある。家父長制の下では、男女の生殖機能の違いから労働の分業が生じ、男性が社会的に利益を得るシステムが歴史的に社会制度化され、支配と被支配という権力構造が生み出されたと主張するのである。「男性＝攻め＝支配」であり、「女性＝受け＝従属」であ

り、性差別の温床だという主張である。

　ラディカル・フェミニズムの観点では、ポルノグラフィは女性の人間性を否定し商品化する女性の敵である。ポルノグラフィの社会的容認は女性蔑視を再生産し、女性解放の障害になると主張して、厳罰を伴うポルノグラフィの法的規制を求めている。しかしこの考え方は、女性がポルノグラフィを楽しむ権利まで奪うものでもある。

　堀 (2009) は、男女間ではどうしても権力差が生じてしまうが、権力差がない男性同士でなら、さまざまな関係性を自由に創ることができると主張する。年長者や権力を持った上位者が「攻め」で、若年者や権力を持たない下位者が「受け」という現実の権力関係をなぞった関係性も可能であり、逆に下位者が「攻め」で上位者が「受け」である「下克上」な関係性も、権力差がない完全に平等な関係も、自由に選択できるのである。堀 (2009) はこの関係性の自由度を、権力構造の存在は不問にしたままその関係をずらしていくという意味で、「権力構造のズラし」と表現している。権力構造に組み込まれた男女ではこの「ズラし」が成立しにくいが、男性同士なら自由に「権力構造のズラし」を成立させることができるというのである。

　権力差のある男女関係では、フェミニストの視点で説得力のある純愛物語は成立しない。男性同士の性愛では妊娠はしない。妊娠、出産、哺乳という分業が生じない関係であるから、権力差も生じない。権力差のない男性同士の関係ならば、フェミニストにとっても説得力のある純愛物語が成立するのである。

・それは猟奇でも暴力でもなく、愛の行為

　第9章で考察したように、異性愛者である男性同士のBLは、一人の相手だけを愛する純愛物語を必然的に創り出す構造を持っている。小谷 (1994) はSF評論の中で、BL作品は「ポルノグラフィの方法論を応用して具体的な性描写を克明に描いているにもかかわらず、基本的にキャラクター双方の愛の絆（すなわち純愛）を追求することが主眼になっている」と論じている。第10章で検討したように、好きな相手を暴力で支配し自分だけのものにしようと

する猟奇愛に、腐女子群は純愛を感じ取っているのである。

　守（2010）は、BL作品だけではなく、レディースコミックと呼ばれる男女の性愛を描いた女性向けのポルノマンガでも、男性向けポルノマンガと比較すると、女性や女性役（受け）の内面のモノローグが重視される傾向が強いことを指摘している。守はこのモノローグが、女性や女性役がその行為を嫌がっているわけではなく、望んでいることを明示しているのであり、主体性を完全に奪う暴力ではなく「愛の行為」であることを示す構造を持っていると論じている。猟奇愛志向性が純愛至上主義により強められるという研究9の回帰分析の結果は、守の主張と整合するものと解釈できる。「愛」こそが、女性向けポルノグラフィに不可欠な要素なのである。

Intermission
「自分たちだけが正しい」と主張する人たち

　科学的に何事かを主張するためには、自分たちの学会内部だけでなく、外部の人間をも納得させるための客観的なデータが不可欠である。そのためにも、データから結論を導き出したプロセスを検証することが重要なのである。

　「自分は正しい」、「自分たちこそが社会の主流であり、自分たちこそが正義だ」と思っている人々がいる。データなし、議論のプロセスも開示しないで、自分たちだけにしか通用しない専門用語を使い、自分たちにしか通用しない理屈で話をする者は、どの業界であっても、どんなに権威や権力を振りかざそうとも、それは悪しきサブカルチャー、閉鎖的な下位文化である。

　趣味の範囲であれば、どんなサブカルチャーでも認めよう。人々がどんなに異端視し、異常視し、変態視するものであっても、それも人間の文化的営みであり、本人に幸福感と満足感を与えるものであるのなら、私は否定するつもりはない。私が否定するのは、自分もサブカルチャーでしかないのに、自分たちだけが正しいと思い込み、自分とは異なるカルチャーを持つ者を否定し、実際に攻撃し、排除しようとする文化的全体主義者たちである。

　自分とは異なるカルチャーを持つ者を否定する者たちは、自分たちが下位文化であることに気づかない、視野の狭い者でしかない。彼ら／彼女らは、自らの説得力のなさを、自分の専門性の高さと都合よく解釈することができる、自己愛に満ちた認知システムを持つ者たちでもある。正しさの認識、多数派の認識は思考を低下させ、他者への偏見を強めることになる。「自分が正しい」という認識は、必然的に自分と異なる者は正しくない者という認識を生み出す。歴史を振り返れば、いつの時代もこのような思考に取り憑かれた者たちが戦争を起こし、異国民を、そして自国民を虐殺してきたのである。

　自分とは異なるカルチャーを持つ者を否定し攻撃する「自分たちだけが正しい人たち」のことを、私は否定する。お前たちが「正義」だと言い張るのなら、私は確かに「悪」だろう。お前たちが「神の僕(しもべ)」ならば、私は「悪魔」になろう。お前たちが「光」を支配するのならば、私は「闇」に生きよう。そんな「独善的な正しい

人たち」よりも、自分の異常性と変態性を認め、多数派の価値観とは異なる価値観を持つ少数派であることに密かなプライドを持つサブカルチャーの人々を私は信頼する。「正しい人たち」から疎外され、迫害されたサブカルチャーの側に、私は立っていたいと思う。

第13章
腐女子とオタクの未来に向けて

第1節 少女マンガの呪い

・アイデンティティ確立の不平等

　古典的な少女マンガには、男性から愛されることによって自己を肯定し、コンプレックスから解放され、自分の居場所、自分が自分であることの価値を認識する構造になっているものが多い（藤本, 1998）。つまり、古典的な少女マンガは、男性は自分が何を為すか＝自分の行為によりアイデンティティを確立できるのに対して、女性は男性からの「愛」がなければ自分の価値を認識し、自分を肯定しアイデンティティを確立できないという、アイデンティティ確立の不平等性の観念を女性に植え付けてきたということができる。

　1970年代の少女マンガ編集部は編集者のほとんどを男性が占める完全な男性社会で、保守的な価値観で少女マンガ誌を作っていた（石田, 2008）。アイデンティティ確立の不平等性は、男性編集者の下でマンガを作成することを余儀なくされた女性マンガ作家たちが社会から与えられ、自分自身の中に植え付けられた女性ステレオタイプである。この自分自身に対する女性ステレオタイプから自由になり、性愛に対する恐れを解消し、性愛に対する肯定的な態度を形成するための装置がBLであると考えられる。

　藤本（1998）は、女性のBL志向性に対して、「少女たちは"性"を自らの体から切り離し、少年の体に仮託することで、"性"を自由に操ることに成功した。少年愛が少女達が"セックスで遊ぶ"ことを可能にしたのである」と論じている。BLにより女性がポルノグラフィを気楽に楽しむことができるようになり、第11章で論じたように、BL妄想によって腐女子たちは、さまざまな関係性を「攻め」と「受け」の概念で弄ぶことができるようになった。

しかし、そのような性意識の変換装置を機能させる動力源は、古典的少女マンガにより、至高の価値があるものと刷り込まれてきた「愛」なのである。女性が自分自身に対する女性ステレオタイプから自由になるために必要とした概念が、その女性ステレオタイプを形成させた中心概念である「愛」だという、皮肉な構図が見えてくる。古典的少女マンガが植え付ける「女性は男性から愛されなければ、自分の価値を認め自分を肯定し、アイデンティティを確立できない」という観念は、「恋愛しない人間には価値がない」という恋愛強迫観念に直結するだろう。

・「安定型腐女子」の自己承認と「不安定型腐女子」の苦悩
　腐女子とオタクの相違点として、親密性回避の効果を挙げることができる。腐女子は親密性回避によって、親との葛藤や否定的自己評価が高くなる群と低くなる群の2群に分かれるのである（研究7）。これはオタクでは見られない反応だった。親密性回避が高い腐女子は親との葛藤が強く、恋愛に関して否定的な自己評価が強く、異性からの拒否不安も強い不安定な状態にある。しかし腐女子でも親密性回避低群は、それらのネガティブな指標が他の群と比較しても低く、安定した状態にある。
　このように、腐女子群は安定型と不安定型に分けられるが、安定型腐女子にはさらに2つのタイプが考えられる。1つは古典的な少女マンガをあまり読まないで、例えば少年マンガを読み、そのキャラクターを追いかけてBLにたどり着いた腐女子である。古典的少女マンガをあまり読んでいないために、少女マンガの呪いにかからなかったのである。このタイプは、恋愛強迫観念も低いと考えられる。素直にオタクライフや腐女子ライフを楽しみ、受動的幸福感と生き甲斐感を感じるのである。
　2つ目のタイプは、少女マンガの呪いを解いた腐女子である。古典的少女マンガを読んでいて、愛されない人間には価値がないという恋愛強迫観念が高かったとしても、恋人から愛されれば自分には価値があるという意識が強くなる。恋愛強迫観念が高い分、恋人に愛されている限りは自己評価が高くなり、自己肯定感も高くなるのである。周囲から愛されて、肯定的自己表象

と肯定的他者表象を形成していれば、他者との交流に苦手意識も持たず、自分を承認してくれる受容的で良好な人間関係を形成することができる。

　それに対して不安定型腐女子は、古典的な少女マンガを読み、「女性は男性から愛されなければ、自分の価値を認識し自分を肯定しアイデンティティを確立できない」という観念を植え付けられて成長した群である。男性に愛されれば少女マンガの呪いは解けるが、愛されないと呪いは深くなる。男性から愛されたいけれど、愛されない自分には価値はない。そのような意識が強くなれば、自己の否定的表象が形成されていく。そして自分を愛さない他者に対しても否定的表象が強くなる。その結果、不安定型腐女子になっていくのだろう。

　不安定型腐女子は寂しさをBL趣味やオタク趣味で紛らわせることには慣れているので、恋人がいないことには耐えられる。しかし、好きな人や恋人から拒絶されることには耐えられない。親密な関係を渇望しながら、親密な関係から遠ざかってしまうのである。また、男女の恋愛物語では、物語中で愛される女性主人公と愛されない自分を比較して、ますます否定的自己表象が強くなってしまう。それを避けるためにBLにのめり込むのである。恋人がほしいのに異性から遠ざかってしまう。その苛立ちが猟奇愛に向かい、自分の好きなキャラクターが虐められるのを楽しむようになるのかもしれない。

・腐女子と夢女子

　オタクと腐女子の相違点として、BL妄想がある。腐女子は原典では恋愛関係にない男性キャラクターの恋愛を妄想する。そのための道具として同人誌を必要とする。オタクにとって同人誌はなくてもよいものであるが、腐女子にとって同人誌はなくてはならないものである。自分のBL妄想を形にした同人誌、自分のBL妄想を盛り上げてくれる同人誌を必要とするのである。通常のオタクにとっては公式の情報が重要であり、アマチュアの妄想は偽物でしかない。

　オタクには夢女子と呼ばれる女性たちがいる。アイドル、あるいはマンガやアニメのキャラクターと自分の恋愛を妄想し、それをイラストや小説、マ

ンガなどの形で表現し、インターネット上で発表する女性たちである。

　オタクには、自分の好きなキャラクターを「俺の嫁」と表現する者が多い。「俺」となっているが、男性オタクだけでなく女性オタクも多用する表現である。この言葉に代表されるように、オタクは実在するアイドルや実在しないキャラクターに対して、恋愛に近い感情である「萌え」を抱く者が多い。夢女子はそのアイドルやキャラクターに対する愛情が極端に強くなった者である。同じキャラクターやアイドルが好きなオタク同士は、その魅力について語り合いたいと考える。しかし夢女子は、自分以外の者がそのキャラクターやアイドルに好意を向けることを許さないと思うようになり、キャラクターやアイドルを独占したいと思うようになるのである。

・世界から身体を切り離した妄想世界の神
　アイドルやキャラクターを使った妄想をするという意味で、夢女子と腐女子には共通点がある。しかし、対象に対する関わり方が、夢女子と腐女子では決定的に異なる。夢女子は自分をキャラクター化することで、アイドルやキャラクターが存在する世界に入り込み、自分との恋愛を妄想し、アイドルやキャラクターを自分だけのものにしようとする。ある意味、幸福な関係妄想なのである。それに対して腐女子のBL妄想では、その世界に自分は存在しない。自分が愛する男性キャラクターだけの世界であり、自分はその世界を神の視点で眺めているのである。

　腐女子と会話をしていて、「その世界に自分が存在するのなら、男性キャラクターだけが愛し合う部屋の空気や天井、シーツになりたい」という言葉を聞くことが多い。人間としてキャラクターと関わるのではなく、環境を構成するものとなって愛し合う二人を間近で見ていたい、二人の鼓動や息吹を感じていたいというのである。

　藤本（1998）が指摘するように、確かに腐女子たちは自分の身体から性を切り離したのだろう。しかしそれは同時に、自分を世界から切り離すことにもなってしまったのではないだろうか。自分を世界から切り離すことによって、誰にも傷つけられることなく、妄想世界の神としてキャラクターたちの

愛を眺めていられるようになった。しかしそのことが、世界からの疎外感や世界との違和感を生み出してしまうのではないだろうか。

・世界の外側でキャラクターを弄ぶ

　権力を実感するのは他者の人生を左右するときだろう。権力とは無縁な者でも、妄想の中では神になれる。BL妄想世界の神である腐女子は、自分の妄想世界の中で、自分が好きなキャラクターを幸福にすることも不幸にすることもできる。通常は、自分が好きなキャラクターが活躍する場面とハッピーエンドを見て受動的幸福感を得る。しかしそれだけでは物語は盛り上がらない。好きなキャラクターの勝利を劇的なものにするためには、敗北も必要なのである。

　スポーツやゲームも含めて、戦いを描いたマンガやアニメでは、敵の強大さを強調するために、主人公が一度完膚なきまでに叩きのめされることが多い。その後特訓を行い、強大な敵に逆転勝利する。敵が強いほどこの逆転勝利のカタルシスは大きい。マンガやアニメでは、主人公がボロボロになることが、最終勝利の前提条件になるのである。最終勝利のカタルシスを味わうためには、主人公が叩きのめされる場面も必要になる。

　しかし、腐女子の猟奇愛志向性はそのような単純なものではない。腐女子はキャラクターを愛し、キャラクターの幸福な場面を見たいと思う。だからこそ、男性同士ではあっても「愛」が不可欠になる。しかし、腐女子のキャラクターに対する愛は、ハッピーエンドには留まらない。自分の好きなキャラクターが、虐められボロボロにされるような場面も見たいと思うようになる。

　幼い子がお人形遊びの中でさまざまな物語を考えるように、腐女子はキャラクターを弄ぶのである。子供がお人形の手足をもぎとって遊ぶように、腐女子は自分の好きなキャラクターが虐待される場面も見たいと思うようになるのである。

　自分がその世界の外にいるのであれば、何でもできる。腐女子は好きなキャラクターが愛に包まれ幸福になる場面も、虐げられ翻弄されボロボロになる場面も見たいと思うようになる。自分の好きなキャラクターが虐待される

場面であっても、それは「愛」のためなのだと腐女子は理解し、命がけの愛、あるいは虐待者を狂わせるほどの強い激しい愛の物語として享受するようになる。

　男性同性愛を許容しながら、同性愛嫌悪が組み込まれたBL作品を享受する自分。愛を求めながら愛から遠ざかってしまう自分。葛藤から自由になるために、世界から自分を切り離してしまった自分。現実社会で承認されず侵害され孤立する自分。コンプレックスを抱えた自分。腐女子の猟奇愛は、腐女子が抱えるさまざまなジレンマの反映なのかもしれない。

第2節　少女マンガの呪いを解く方法

・「萌え」によるオタクの民主化

　経済社会の評価基準が経済効率や生産高あるいは利益や給与の額などの数字であるように、学校での評価基準もテストの点数や成績、あるいは部活動の成績などの数字である。ある意味、古典的なオタクの評価基準も集めたアイテムの数や、その希少価値と金額のような「数字」だった。

　序章で紹介した岡田斗司夫（1996）のオタクの定義は、可能な限りの金と時間と労力などの、自分の持つ資源を趣味に投入した自分を正当化するためのものだったといえる。多くの数字を投入した先に達人の境地が広がるのであって、その資源を持たぬ者はオタクにはなれないという特権階級意識である。岡田の主張に関しては、ガイナックスの創立メンバーではあるが仕事ができずにクビになったコンプレックスの裏返しという意識も透けて見える。多くの人々を感動させる作品を作るクリエイターになることができないで、知識も含めて自分の持ち物自慢に終始するのである。オタクの本質的なカッコ悪さを体現しているという意味で、岡田はまさしく「オタキング」なのだろう。

　そのような富裕層オタクの特権階級意識を打ち砕いたのが「萌え」なのかもしれない。たまらなく好きなんだからそれでいいじゃないか、その思いを誰かに語りたいだけで評論家になろうと思っているわけじゃない、特権階級

になろうと思っているわけじゃない。自分の「萌え」のままに動いているだけなのが現代のオタクなのである。「何かに熱中する」という、オタクの初期衝動のままに動く現代の萌え系オタクたちは、旧世代のオタクが持つ逆差別的な特権階級意識を、意図することなしに無意味なものにしてしまった。「萌え」によってオタク界の民主化がなされたのである。誰もが作品への愛、キャラクターへの愛、声優への愛、何に対するものであっても、自分の熱い想いのままに楽しめばよい。その愛と熱中が、受動的幸福感と生き甲斐感を高めるのである。

・「BL妄想力」を超えて

　では、腐女子はどうなのであろうか。残念ながら腐女子は自らを隠蔽する存在である。人間には承認欲求がある。誰であっても自分の存在を認めてもらいたい。しかし、一般人に対しては腐女子であることを隠蔽することが、腐女子界の掟なのである。

　本書で明らかになったように、腐女子は趣味の仲間との関係に依存するあまり、オタクよりも一般人との交流に苦手意識を強く持っている。また、大学生活でからかわれたり無視されたりはするが、注目され承認されることは少ない。人として認めてもらいたいのに一般人から認めてもらえず、自分の趣味と趣味の仲間との関係にますます依存するという「腐女子のジレンマ」が生じるのである。

　このような腐女子たちにとって、趣味以外の現実の生活はつまらないものである。しかし、そのつまらない現実を少しでも面白く感じるために腐女子が身に付けた能力が、BL妄想なのである。つまらない現実、時として自分を拒絶し傷つける現実世界で生きていくために、現実世界を少しでも面白く認識するための力が必要になったのである。

　腐女子はオタクとして作品世界を楽しむ。これはオタクとしての趣味の楽しみである。さらに、腐女子視点でBL妄想を行って、その作品世界をさらに楽しむ。同じ作品でも、腐女子はオタク視点と腐女子視点、二重の意味で楽しむことができる。通常のオタクよりも作品世界を楽しみ尽くす。好きな

キャラクターが愛し愛される幸福な場面を想像するだけでなく、中には好きなキャラクターを虐待することを想像して楽しむ腐女子もいる。

さらに腐女子の中には、現実世界のさまざまな現象をBLに変換し妄想して楽しむ者までいる。現実の男性同士の人間関係をBLに変換して妄想したり、人間以外の機械や建物、国、社会現象、さまざまなものを男性キャラクターに擬人化し、BLに変換して妄想したりする。現実にコミットすることなく、現実世界をBL妄想の世界に変換し楽しむ。そうすると、つまらない現実世界も、少しは楽しく見えてくる。

妄想ならどんなことでも可能である。社会規範をどんなに逸脱する行為も、好きなように楽しめばよい。しかし、趣味と妄想を楽しむだけでは、つまらない現実との乖離が大きくなるだけなのではないだろうか。作品世界で得た受動的幸福感を、もう少し現実世界での自分の幸福感にするためには、腐女子が切り離した世界とのつながりを取り戻すことが必要になるのではないだろうか。

・オタクの中のオタクとしてオタクと接する

社会心理学でいう「社会」とは、自分以外の他者のことである。人は他者と、すなわち社会と影響を与え合って生きている。現実社会とのつながりとは、まずは友人とのつながりであり、異性とのつながりである。

オタクも腐女子も、趣味の友人関係に関して心配する必要はないだろう。問題は異性とのつながりである。本書で明らかになったように、オタクも腐女子も異性不安が強く異性との接触頻度が低いし、恋愛に対する態度も共通している。「熱中しているものがあるから」、「恋愛は面倒くさいから」、「自分の趣味に力を入れたいから」恋人がほしいとは思わないという態度をとるけれど、本当は異性との出会いの場がないから、自分には魅力がないのではないかと思うから、異性との交際が不安なのである。

不安を打ち消し恋愛の社会的スキルを高める方法は、経験値を上げることである。恋愛の経験値を高めるには、恋愛するしかないのである。

第1章で考察したように、腐女子はオタクでもある。オタク群よりもオタ

ク度の高い、オタクの中のオタクである。そして、多くの若者はマンガやアニメやゲームが好きである。無理に共通点のない相手に合わせる必要はない。自分が好きなマンガやアニメやゲームが好きな相手と、その話をすればよいのである。

　腐女子でもオタクでも、自分の好きなマンガやアニメやゲームの話は、相手が異性であってもいくらでもできるはずだ。お互いに熱く語ることのできる共通の話題、お互いに感動できる共通の体験、お互いの心がふれあい通い合うと思うことができる時間があれば、相手が同性であっても異性であっても、二人の絆はぐっと強くなっていくだろう。

　むろん、一般人と仲良くなることもよいだろう。しかし、熱く濃い話ができるという意味では、オタクはオタクと、あるいはオタクは腐女子と付き合う方が楽だし、楽しい関係になるはずである。

　また、腐女子はオタクと付き合うことで、オタクの認識を変えることができる。幸い、オタクは腐女子よりも、異性と親しくなりたいという欲求が強い。共通の話題があって、腐女子が少し好意的な態度を示せば、簡単にオタクと仲良くなれるはずである。

・趣味の不一致をバランス理論で解消する

　心理学にバランス理論（Heider, 1958）という考え方がある。相手と良好な関係を作るためには、同じ対象に対する態度を一致させればよい。同じものが好き、あるいは同じものが嫌いな相手とは、バランスのとれた良好な関係を作ることができる。自分と同じ作品が好き、自分と同じキャラクターが好き、そこが一致していれば良好な関係が生まれるのである。

　しかし、良好な関係を作ることができても不一致は必ずある。BL趣味の有無という、オタクと腐女子の決定的な不一致はどう解消すればよいのだろうか。理論的にはオタクをBL好きにしてしまえばよいのであるが、それは現実的ではない。腐女子がBL趣味を捨てることも現実的ではないだろう。ではどうやって不一致を解消すればよいのだろうか。結論から言えば、無理をして不一致を解消する必要はない。その不一致の重要度を低下させればよいので

ある。

　バランス理論で不一致が問題となる態度とは、二人にとって重要度の高い態度である。相手との良好な関係が重要であり、二人にとって重要度のとても高い対象X_1に対する態度が一致していれば、それよりも重要度の低い対象X_2に対する態度は、一致していなくてもあまり問題にはならなくなる。自分と彼女は同じ作品を同じように楽しみ、共に熱く語り合うことができる。彼女との関係は自分に幸福感をもたらす。彼女は腐女子であるが、そんなことは問題ではない。このように、オタク男性の意識を変えていくのである。

　それは腐女子の意識を変えることにもなる。恋愛は特殊な人間関係である。他者からどんなに嫌われていても、恋人から愛されれば恋愛関係は成立するのである。他者から愛されることは、自分は愛される価値がある人間だという認識を与えてくれる。それは自己表象を肯定的なものにし、自己肯定感を高めてくれる。それは性的存在としての自信も与えてくれる。

　自分の意識が肯定的に変化すれば、世界も少し肯定的に見えるようになる。少女マンガの呪いも解けていくのである。

　社会性がなかったり、興味の範囲が局所限定だったりと、確かにオタクにはステレオタイプ通りの問題がある人もいる。でも、一般人でも社会性のない人はたくさんいる。それでも、少なくとも本人の主観的には、夢中になれるものを持っている人の方が、持っていない人よりもはるかに幸せである。同じものに夢中になれる二人が出会い、熱く語り合い、一緒に感動し、心を通わせる。同じ趣味の相手と出会い、現実生活とのバランス感覚さえ失わなければ、オタクとオタク、オタクと腐女子、腐女子と腐男子は理想的な恋愛関係を作ることができるのである。

おわりに
半径5メートルから現実世界を変える革命

・夢中になれるものを持っている幸せ

　世界を変えることは難しい。妄想世界では簡単かもしれないが、現実世界

を変えることは難しいのである。

　しかし世界全体を変えることができなくても、半径5メートルくらいの現実世界を変えることはできるだろう。自分の半径5メートルの世界を、自分にとって今よりもっと快適で楽しく美しい世界に変えることはできるはずだ。自分の好きなものを集め、ディスプレイする。自分の好きな音楽を流し、好きな映像を映すこともよいだろう。それを一緒に楽しむことができる友人や恋人、家族が自分の半径5メートルにいれば、現実世界は今よりもっと快適に楽しく、美しくなる。そして自分の好きなものを一緒に楽しむ友人、恋人、家族がいれば、自分にとって快適な現実世界の半径を少しずつ大きくすることができる。

　何かに打ち込んで熱中している人を、バカにして笑う人がいる。適当にオシャレして、適当に遊んで、適当にテレビやネットを見て、適当に美味しいものを食べているだけの人がいる。その人たちにいったい何が残るのだろうか。その人たちが追いかけているのは自分の楽しみや感動ではなく、マスコミの情報だけだろう。マスコミのおすすめ情報をいつもチェックしている自分は高感度人間だと思っているのかもしれないが、それは虚像である。自分の価値観がない人は情報に流されるだけである。本当の自分の楽しみを見つけることのできない人は不幸である。

　夢中になれるものを1つでも持っている人は幸せである。それは人生を豊かにしてくれる。子供の頃、世界は新鮮な驚きと喜びに満ちていた。いろいろなものを好きになり、時間を忘れて熱中して幸福な時間を過ごした。夢中になれるものを持っている人は、子供の頃の幸福な時間の延長に生きている。

・趣味が現実を豊かにする

　熱中し打ち込むことができる趣味がない者は、趣味がもたらす満足感や幸福感を得ることができない。何かに熱中している者をバカにする者、オタクだと揶揄する者、それは受動的幸福感さえ得ることができない貧しい人々である。熱中できる趣味もなく貧しい人生しか送ることができない者は、下方比較（第3章参照）による偽りの幸福感を味わうことしかできない。経済的利

益や健康の増進などの、明らかな有益さしか理解できない貧しい価値観しか持ち合わせていない者にとっては、趣味への熱中は無価値なものとしか思えないだろう。しかし、熱中にこそ人生を豊かにする効果がある。それが幸福感を高める大きな価値を持つのである。

　趣味に関して、他者の評価など気にする必要はない。「自分が楽しむことができる趣味」と「楽しむことができない趣味」があるだけであり、それは相性である。高級な趣味と低級な趣味などというのは権威主義でしかない。自分の生活を破綻させない範囲で、自分の趣味を楽しめるだけ楽しんだ者の勝ちである。受動的幸福感を味わい尽くした者の勝ちなのである。

　自分が好きなこと、面白いと思うもの、美しいと感じるもの、それが自分にとって価値あるものである。この素朴な価値観を大切にすることが、人生を楽しみ幸福になるために必要なのである。周りの人に「いい歳をして」とか「大人のくせに」などと言われても、それが広い意味で人の迷惑にならない限り、自分の趣味を押し通せばよいのである。それが多様な価値観を認めさせることであり、異なる価値観を持つ人々がお互いを認め合い、多くの人が生活しやすい豊かな社会を作ることになる。多様な価値観を尊重し合える豊かな社会で暮らすことが、多くの人の幸福感を高めることになるのである。自分にとって快適な現実世界の半径を広げることで、そして仲間を増やしていくことで、人は現実世界を変えてきた。

　第1回のコミックマーケットの参加者は約700人だったが、それが56万人を超える参加者を集める巨大イベントになった。確かにイベントは一夜の夢かもしれない。しかし普段は何でもないイベント会場やアリーナが、スポーツファンを集めればスポーツの祝祭空間に、音楽ファンを集めれば音楽の祝祭空間に、オタクを集めればオタクの祝祭空間になる。いろいろな領域のオタクたちの祝祭空間が現実世界に出現するのである。

　イベントが終われば祝祭空間も消え、ただの空っぽの会場に戻る。しかし、祝祭参加者たちの脳裏には、祝祭の記憶が感動や高揚感と共に刻み込まれる。人々は次の祝祭を待ち望む。自分たちの手で新たな祝祭空間を作り上げる者も現れてくる。自分たちの現実を変え、快適で楽しく美しい自分の空間の半

径を少しでも拡大しようとする。

　幸福感と充実感を感じるために、自分の人生を生きるために、現実世界を変えていくのである。

あとがき

　本書は、聖徳大学心理学科で私が指導した卒業論文の研究データを再分析した結果を元に書き下ろしたものである。同じ項目を何年も続けて調査することもあり、それらは1つの研究データとして分析した。オタクや腐女子をテーマにしなかった卒業論文の研究データの方が多いが、同時期に収集したオタク度尺度と腐女子度尺度を対応させ、本研究の目的に合わせて再分析を行った。また、直接卒論のデータは使わなくても、日々の会話の中で腐女子やオタクの実態について身をもって示してくれた者も多い。その意味で、本書は私と私のゼミの卒業生たちとの共作と言ってもよいだろう。彼女たちとの出会いがなかったら、本書が生まれていなかったことだけは確かである。

・腐女子の群を可視化するために

　BL作品論でも腐女子の自分語りでもなく、ポップな現象をハードな心理学の手法と視点で分析していく、それが本書の企画コンセプトだった。

　BL作品論は腐女子にしかできない。実際、過去の社会学系の腐女子研究では、BL作品の内容分析から腐女子論を展開していた。むろんそのようなアプローチも必要だろう。しかし、客観的なデータに基づいた研究がなければ、腐女子の実像は見えてこない。また、面接調査や事例研究を否定するつもりもないが、少数の事例だけでは調査対象となった人たちのことは理解できても、やはり全体像はわからないのである。

　大学生の過半数がオタク性を自認しているというデータもあるので、オタクに関しては、ある程度の数のデータをとればそれなりのことは見えてくるかもしれない。しかし、腐女子は大学生全体の20％いるかどうかである。男子学生の多い共学校では、もっとパーセンテージが低いだろう。まして、腐女子は自分の嗜好を隠蔽し、一般人に擬態する傾向が強い。かなりの数のデ

ータを注意深くとらないと、腐女子の姿は可視化できないのである。

　従来の腐女子論が主としてステレオタイプと個人的体験談だけで語られてきたのは、その全体像を可視化できなかったためである。本書では客観的な調査データを用いて一般群やオタク群と比較することで、腐女子の実像を初めて明らかにした。その意味で、本書の腐女子研究とオタク研究における意義は大きいと自負している。

・夢の呪いを打ち破れ

　夢はある意味、呪いである。夢をかなえた一部の人間しか、その呪いを解くことはできない。本書では「少女マンガの呪い」という表現を使ったが、これも「少女が愛されて幸福になる」という夢の呪いである。

　しかし、夢と希望がなければ、人は積極的に自分の人生を生きることができない。自分が努力すれば、自分の生活空間が今よりも少し美しく快適になる。もうちょっと頑張れば少しだけ夢に近づく。夢は呪いであると共に、生きる原動力にもなるのである。

　むろん、自分の能力からかけ離れた夢はかなわないし、そのような夢を持ち続けることは現実逃避でしかない。だから自分の半径5メートルくらいから確実に、現実を変えていくのである。仲間ができれば、変えられる現実の半径が広がっていく。恋人や家族ができれば、確実に現実は変わっていくのである。そして、自分たちの祝祭空間を現実社会の中に創り上げよう。夢の呪いに挑み打ち破ることも、勇者の使命なのである。

　本書では「オタクの本質的カッコ悪さ」という表現を用いた。これにはオタクを貶める意図はなく、単に世間でカッコイイと評価されることに熱中している人は、オタクと呼ばれないからである。

　極論すれば、他者を感動させるような何かを達成できるのは、ほんの一握りの人間でしかない。多くの人は自分の職業や子育て、学業や人間関係などの日常生活から得られる承認と達成感、それに趣味から得られる受動的幸福感を糧に生きている。それが現実なのである。そうであれば、受動的幸福感を味わい尽くした者の方が、ずっと幸福である。

現代の大学生世代では、過半数が自分のオタク性を認めている。したがって、オタク層を少しでも幸福にすることができれば、現代の若者の過半数を幸福にすることになるだろう。人間関係は確かに面倒くさいものでもある。一人で受動的幸福感を味わうのもよいだろう。しかし、仲間がいた方がもっと楽しくなるのも事実である。

　2015年10月19日の「朝日新聞」夕刊に、中年期の心の健康を保つには、趣味を持つか仲間と一緒に運動することが有効だという研究結果を紹介する記事が掲載されていた。記事の元になった研究結果を見ていないので慎重に考えないといけないが、やはり趣味は精神的健康の維持と増進に効果があるようである。そしてその効果は一人よりも仲間がいる方が大きいのである。

　趣味による受動的幸福感は、精神的健康を維持し増進することにも貢献すると考えることもできる。中高年になり老人になる未来も含めて、誰でも人生を豊かにし幸福になりたいと思って生きている。そのような豊かで幸福な人生に最も近い位置にいるのは、実は趣味への熱中と受動的幸福感の中に生きているオタクや腐女子なのではないだろうか。

　オタク諸君、腐女子諸君、現実とコネクトしよう。現実に一歩踏み出そう。その一歩から君の現実を変えていこう。君の現実を、君の人生を君自身の手に取り戻そう。君の人生を、君が楽しみながら生きていこう。夢の呪いに挑み、呪いを打ち破るのだ。

　　　Don't Dream It Be It　　　　　夢を見るんじゃない、夢になるんだ！
　　（*Rocky Horror Picture Show*）　　　（ロッキー・ホラー・ショー）

　　　　　　　　　　　　　　　　　　　　2016年5月13日の金曜日
　　　　　　　　　　　　　　　　　　　　　　　　山岡　重行

引用文献

相川充(1991). 特性シャイネス尺度の作成および信頼性と妥当性の検討に関する研究 心理学研究, **62**, 149-155.

Ainsworth, M. D. S., Blehar, M. C., Waters, E. & Wall, S. (1978). *Patterns of ATTACHMENT: A psychological study of the strange situation*. Hillsdale, N.J.: Lawrence Erlbaum Associates.

Atkinson, R. L., Atkinson, R. C. & Hilgard, E. R. (1981). *Introduction to psychology* (8th ed.). New York: Harcourt, Brace, Jovanovich.

Allport, G. W. (1954). *The nature of prejudice*. Cambridge, Massachusetts: Addison-Wesley.

Bartholomew, K. & Horowitz, L. M. (1991). Attachment styles among young adults: A test of a four-category model. *Journal of Personality and Social Psychology*, **61**, 226-244.

Baumeister, R. & Leary, M. R. (1995). The need to belong: Desire for interpersonal attachments as a fundamental human motivation, *Psychological Bulletin*, **117**(3), 497-529.

Bowlby, J. (1969). *Attachment and loss: Vol. 1 Attachment*. New York: Basic Books.

Bowlby, J. (1973). *Attachment and loss: Vol. 2 Separation: anxiety and anger*. New York: Basic Books.

Bowlby, J. (1980). *Attachment and loss: Vol. 3 Loss*. New York: Basic Books.

Brennan, K. A., Clark, C. L. & Shaver, P. R. (1998). Self-report measurement of adult attachment of adult attachment: An integrative overview. In J. A. Simpson & W. S. Rholes (Eds.), *Attacment theory and close reationships*. New York: Guilford Press, pp. 46-76.

Brewer, M. B. & Miller, N. (1984). Beyond the contact hypothesis: Theoretical perspectives on desegregation. In N. Miller & M. B. Miller (Eds.), *Groups in contact: The psychology of desegregation*. Orlando: Academic Press.

Byrne, D. & Nelson, D. (1965). Attraction as a linear function of proportion of positive reinforcement. *Journal of Personality and Social Psychology*, **1**, 659-663.

Cheek, J. M. & Briggs, S. R. (1982). Self-consciousness and aspects of identity. *Journal of Research in Personality*, **41**, 330-339.

榎本秋(2009). オタクのことが面白いほどわかる本――日本の消費をけん引する人々 中経出版

Fenigstein, A., Scheier, M. F. & Buss, A. H. (1975). Public and private self-consciousness: Assessment and theory. *Journal of Consulting and Clinical Psychology*, **43**, 522-527.

Festinger, L. (1957). *A theory of cognitive dissonance*. Stanford, California: Stanford University Press.

Hazan, C. & Shaver, P. R. (1987). Romantic love conceptuarized as an attachment process. *Journal of Personality and Social Psychology*, **52**, 511-524.

Heider, F. (1958). *The psychology of interpersonal relations*. New York: John Wiley & Sons.

堀あきこ(2009). 欲望のコード――マンガにみるセクシュアリティの男女差 臨川書店

堀あきこ(2012). リアルとファンタジー、その狭間で見る夢 ユリイカ12月号「特集 BLオン・ザ・ラン!」, 第44巻第15号 青土社 pp. 178-183.

堀井俊章(2011).大学生における対人恐怖心性の時代的推移 横浜国立大学教育人間科学部紀要.Ⅰ, **13**, 149-156.
堀毛一也(1994).恋愛関係の発展・崩壊と社会的スキル 実験社会心理学研究, **34**, 116-128.
藤本由香里(1998).私の居場所はどこにあるの?——少女マンガが映す心のかたち 学陽書房
藤本由香里(2007).少年愛／やおい・BL ユリイカ12月臨時増刊号「総特集BLスタディーズ」, 第39巻第16号 青土社 pp.36-47.
石田喜美・岡部大介(2014).「少女文化」の中の腐女子 宮台真司(監修)辻泉・岡部大介・伊藤瑞子(編)オタク的想像力のリミット——〈歴史・空間・交流〉から問う 筑摩書房 pp.329-369.
石田美紀(2008).密やかな教育——〈やおい・ボーイズラブ〉前史 洛北出版
岩月謙二(2002a).女性の『オトコ運』は父親で決まる 新潮社
岩月謙二(2002b).女は男のどこを見ているか 筑摩書房
岩月謙二(2002).母を恋して太る人, 父を愛してやせる人 マキノ出版
河村茂雄(1999).生徒の援助ニーズを把握するための尺度の開発——学校生活満足度尺度(高校生用)の作成 岩手大学教育学部研究年報, **59**(1), 111-120.
金田一「乙」彦(2009a).オタク語事典 美術出版社
金田一「乙」彦(2009b).オタク語事典2 美術出版社
金田淳子(2007).やおい論, 明日のためにその2。 ユリイカ12月臨時増刊号「総特集BLスタディーズ」, 第39巻第16号 青土社 pp.48-54.
菊池章夫(1988).おもいやりを科学する 川島書店
菊池聡(2000).「おたく」ステレオタイプと社会的スキルに関する分析 信州大学人文科学論集, 人間情報学科編, **34**, 63-77.
菊池聡(2008).「おたく」ステレオタイプの変遷と秋葉原ブランド 地域ブランド研究, **4**, 47-78.
小谷真理(1994).女性状無意識〈テクノガイネーシス〉——女性SF論序説 勁草書房
Kretschmer, E.(1921). *Koerperbau und charakter.* Aufl. Berlin: Springer.
Lewin, K.(1935). *A Dynamic Theory of Personality: Selected Papers.* New York and London: McGraw-Hill Book Company, Inc.
Lippmann, W.(1922). *Public Opinion.* New York: Harcourt, Brace and Co.
松谷創一郎(2012).ギャルと不思議ちゃん論——女の子たちの三十年戦争 原書房
宮崎あゆみ(1993).ジェンダー・サブカルチャーのダイナミクス——女子校におけるエスノグラフィーをもとに 教育社会学研究, **52**, 157-177.
溝口彰子(2000).ホモフォビックなホモ, 愛ゆえのレイプ, そしてクィアなレズビアン——最近のやおいテキストを分析する クィア・ジャパン, **2**, 193-211.
溝口彰子(2015).BL進化論——ボーイズラブが社会を動かす 太田出版
水間碧(2005).隠喩としての少年愛——女性の少年愛嗜好という現象 創元社
守如子(2010).女はポルノを読む——女性の性欲とフェミニズム 青弓社
森川嘉一郎(2007).数字で見る腐女子 ユリイカ12月臨時増刊号「総特集BLスタディーズ」, 第39巻第16号 青土社 pp.124-135.
諸橋泰樹(1994).女性雑誌にみる"痩せ"ブームを探る 松井豊(編)ファンとブームの社会心理 サイエンス社 pp.115-140.
緑川英子(1993).女子中学生の自己体位に対する意識と食行動——会津若松市内中学1, 2年生女子を対象として 会津短期大学研究年報, **50**, 81-95.
中村陽吉(2000).対面場面における心理的個人差——測定の対象についての分類を中心にして ブレーン出版

中島梓(1998).タナトスの子供たち——過剰適応の生態学　筑摩書房
中森明夫(1983a).『おたく』の研究①——街には『おたく』がいっぱい　漫画ブリッコ(1983年6月号)　セルフ出版
中森明夫(1983b).『おたく』の研究②——『おたく』も人並みに恋をする？　漫画ブリッコ(1983年7月号)　セルフ出版
中森明夫(1989).僕が「おたく」の名付け親になった事情　おたくの本(別冊宝島104)　JICC出版局　pp. 89-100.
野村総合研究所オタク市場予測チーム(2005).オタク市場の研究　東洋経済新報社
大塚英志(2004).「おたく」の精神史——一九八〇年代論　講談社
岡部大介(2008).腐女子のアイデンティティ・ゲーム——アイデンティティの可視／不可視をめぐって　認知科学, **15**(4), 671-681.
岡田斗司夫(1996).オタク学入門　太田出版
岡田努(1995).現代大学生の友人関係と自己像・友人像に関する考察　教育心理学研究, **43**(4), 354-363.
押見輝男(1992).「自分を見つめる自分」——自己フォーカスの社会心理学(セレクション社会心理学 2)　サイエンス社
Richmond, V. P. (2000). *Image fixation measure*. Unpublished manuscript. Morgantown, WV: West Virginia University. (リッチモンド, V. P.・マクロスキー, J. C.　山下耕二(編訳)(2006).非言語行動の心理学——対人関係とコミュニケーション理解のために　北大路書房)
Rosenberg, M. (1979). *Conceiving the self*. New York: Basic Books.
Sheldon, W. H. & Stevens, S. S. (1942). *The varieties of temperament: A psychology of constitutional differences*. New York and London: Harper & Brothers.
Snyder, C. R. & Fromkin, H. L. (1977). Abnormality as a positive characteristic: The development and validation of a scale measureing need for uniqueness. *Journal of Abnormal Psychology*, **86**, 518-527.
Tajfel, H. & Turner, J. C. (1986). The social identity theory of intergroup behavior. In S. Worchel & W. Austin (Eds.) *Psychology of intergroup relations*. Chicago : Nelson-Hall Publishers.
田崎美弥子・中根允文(2008). WHO QOL26 手引改訂版　金子書房
戸田弘二(1988).青年期後期における基本的対人態度と愛着スタイル——作業仮説(working models)からの検討　日本心理学会第52回大会発表論文集, **27**.
戸田弘二(1991).アタッチメントとその後の人間関係　繁多進・田島信元・青柳肇・矢沢圭介(編)社会性の発達心理学　福村出版　pp. 108-122.
冨重健一(2000).青年期における異性不安と異性対人行動の関係——異性に対する親和指向に関する他者比較・経時的比較の役割を中心に　社会心理学研究, **15**(3), 189-199.
辻泉・岡部大介(2014).今こそ、オタクを語るべき時である　宮台真司(監修)辻泉・岡部大介・伊藤瑞子(編)オタク的想像力のリミット——〈歴史・空間・交流〉から問う　筑摩書房　pp. 7-30.
Wells, W. D. & Siegel, B. (1961). Stereotyped somatotypes. *Psychological Report*, **8**, 77-78.
Wills, T. (1981). Downward comparison principles in social psychology. *Psychological Bulletin*, **90**, 245-271.
山田田鶴子(2007).少女マンガにおけるホモセクシュアリティ　ワイズ出版
山岡重行(1994).ユニークネス尺度の作成と信頼性・妥当性の検討　社会心理学研究, **9**(3), 181-194.

山岡重行(2003).女子大生は男性オタクをなぜ嫌悪するのだろうか？ 筑波大学社会心理学研究会(2003年2月15日)発表資料 未公刊
山岡重行(2006).異性に嫌われる欠点の分類と否定的恋愛指向性の検討 日本グループダイナミックス学会第53回大会発表論文集, 66-69.
山岡重行(2011).テレビ番組が増幅させる血液型差別 心理学ワールド, **52**, 5-8.
山本眞理子・松井豊・山成由紀子(1982).認知された自己の諸側面の構造 教育心理学研究, **30**(1), 64-68.
吉本たいまつ(2007).「オタク喪男」とボーイズラブ――801ちゃんと一緒に ユリイカ12月臨時増刊号「総特集BLスタディーズ」, 第39巻第16号 青土社 pp.136-141.
湯山玲子(2014).文科系女子という生き方――「ポスト恋愛時代宣言」! 大和書房
Zimbardo, P. G. (1977). *Shyness: What it is, What to do about it*. Reading, Massachusetts: Addison-Wesley Pub. Co.
Zimbardo, P. G., Pilkonis, P. A. & Norwood, R. M. (1975). The social disease called shyness. *Psychology Today*, **8**, 68-72.

謝辞

　前述のように、本書は私が指導した卒業論文のデータの再分析に基づいたものである。卒業論文のテーマと本人がオタクであるか、あるいは腐女子であるかはまったく無関係であることを明記しておく。以下にデータを使用させてもらった元の卒業論文の著者名とタイトルを、感謝を込めて記載する。

岩澤 麻希
「自己受容度とダイエット意識の関連についての研究」
清野 未来
「対人関係の観点から見た腐女子の特性」
黒田 沙彩
「他者評価としての『痛い』使用頻度、及び反個人主義と認知的熟慮性の関連」
西部 美穂
「外見における社会的比較と自己評価」
小田 瑞希
「女子力について：公的自己意識の側面から考える」
佐野 朱菜
「オタクとBL嗜好者の恋愛意識と幸福感」
山東 素子
「外見的劣等感と化粧行動の関係」
関根 縁
「愛着スタイルが否定的恋愛志向性に及ぼす影響」
白石 真梨絵
「規範意識と社会的スキルの観点から見た腐女子の特性の研究」

須田 真奈美
「BL嗜好者における純愛物語志向性の低下について」
髙岡 リサ
「友人関係から見たシャイネスの研究」
上間 恵利子
「BL志向性とキャラクターへの歪んだ愛情」
和田 知花
「BL嗜好者の対人関係と純愛志向」
吉野 菜穂
「ジャニーズオタクのイメージとアイドルに対する独占欲の検討」
吉澤 麻衣
「自尊心の観点から見た腐女子の特性の研究」
（ABC順）

　明治大学情報コミュニケーション学部の問題発見テーマ演習で共にオタク文化や腐女子文化についてディスカッションを行った諸君にも感謝する。諸君とのディスカッションや、そのためにさまざまな資料を検討したことも本書の血となっていることを明記したい。

　　明治大学情報コミュニケーション学部　問題発見テーマ演習
　　　山岡ゼミ　ゼミ生一同

Special Thanks

to

GENET
AUTO-MOD
TOKYO DARK CASTLE

・

池田 麗

・

宮下 基幸（福村出版株式会社）
榎本 統太（福村出版株式会社）

and

YOU

著者

山岡 重行（やまおか しげゆき）
社会心理学者。博士（心理学）。臨床心理士。
少数派の意識と、少数派に対する多数派の差別意識を様々な角度から研究。その一環として血液型性格が生み出す差別の研究や腐女子研究を行う。また、伝説のカルトバンドAUTO-MODの元メンバーでもあり、東京のアンダーグラウンドなサブカルチャーシーンの目撃者でもある。
おもな著書に『ダメな大人にならないための心理学』（ブレーン出版、2001年）、『ダメラバ恋愛講座──知って得するラブセオリー』（河出書房新社、2006年）、『腐女子の心理学2──彼女たちのジェンダー意識とフェミニズム』（福村出版、2019年）。編著に『サイコ・ナビ心理学案内』（おうふう、2010年）、『サブカルチャーの心理学──カウンターカルチャーから「オタク」「オタ」まで』（2020年）、『サブカルチャーの心理学2──「趣味」と「遊び」の心理学研究』（2023年）、『血液型性格心理学大全──科学的証拠に基づく再評価』（以上福村出版、2024年）。

腐女子の心理学　彼女たちはなぜBL（男性同性愛）を好むのか？

2016年6月10日　初版第1刷発行
2025年4月1日　　第4刷発行

著　者　山岡 重行
発行者　宮下 基幸
発行所　福村出版株式会社
　　　　〒104-0045　東京都中央区築地4-12-2
　　　　電話　03-6278-8508／ファクス　03-6278-8323
　　　　https://www.fukumura.co.jp
装　幀　河原田 智（polternhaus）
印　刷　株式会社文化カラー印刷
製　本　本間製本株式会社

©2016 SS-YAMAOKA
Printed in Japan
ISBN978-4-571-25045-3

定価はカバーに表示してあります。
落丁本・乱丁本はお取り替えいたします。

福村出版◆好評図書

山岡重行 著
腐女子の心理学 2
●彼女たちのジェンダー意識とフェミニズム

◎3,500円　ISBN978-4-571-25052-1　C3011

大好評『腐女子の心理学』の続編。より大規模な調査をもとに，腐女子の恋愛観やジェンダー意識を読み解く。

山岡重行 編著
サブカルチャーの心理学
●カウンターカルチャーから「オタク」「オタ」まで

◎2,500円　ISBN978-4-571-25056-9　C3011

様々な若者文化を分析し，これまで「遊び」と見なされていた行動から人間を見つめ直す新しい心理学の提案。

山岡重行 編／サブカルチャー心理学研究会 著
サブカルチャーの心理学 2
●「趣味」と「遊び」の心理学研究

◎2,700円　ISBN978-4-571-25063-7　C3011

陰謀論，アニメ・マンガオタク，百合，オーディオマニア，ギャル，女子力，鉄道などを心理学的に分析する。

山岡重行 編著／サトウタツヤ・渡邊芳之・藤田主一 著
血液型性格心理学大全
●科学的証拠に基づく再評価

◎4,500円　ISBN978-4-571-24117-8　C3011

血液型ブームが去った現在，あらためて血液型と性格の関連を再評価し，ブームの実態を心理学的に検証する。

山﨑尚彦 著
オタク・スペクトラム
●オタクの心理学的研究

◎3,600円　ISBN978-4-571-25065-1　C3011

定量的データと膨大なコンテンツ紹介でオタク文化を網羅的に分析する。心理臨床支援にも役立つオタク論。

C. ホデント 著／山根信二 監訳／成田啓行 訳
はじめて学ぶ
ビデオゲームの心理学
●脳のはたらきとユーザー体験（UX）

◎2,200円　ISBN978-4-571-21045-7　C3011

長年ゲームの開発に携わってきた心理学の専門家が，ゲームのおもしろさと心理学の関係をわかりやすく解説。

川﨑寧生 著
日本の「ゲームセンター」史
●娯楽施設としての変遷と社会的位置づけ

◎4,600円　ISBN978-4-571-41070-3　C3036

日本で普及した娯楽施設，ゲームセンターを店舗の形態により4種に分類し，各々の盛衰と現状を分析する。

◎価格は本体価格です。